在俗世自在生活的——

大圓滿之道

Fearless Simplicity

The Dzogchen Way of Living Freely in a Complex World

措尼仁波切——著
Tsoknyi Rinpoche
劉婉俐——中譯

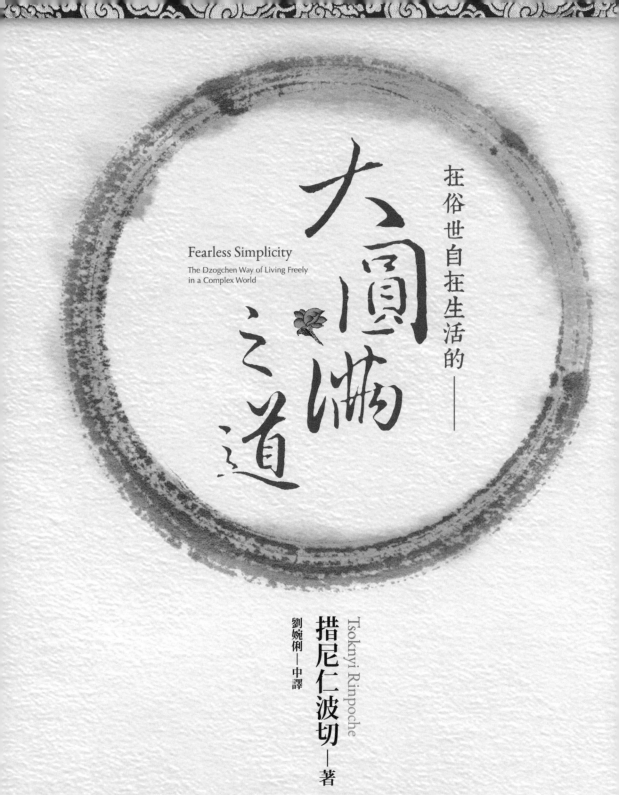

目錄

前言

索甲仁波切

很高興能介紹這本措尼仁波切的法教合集，有著美麗書名的《在俗世自在生活的大圓滿之道》。在許多的場合中，我滿心歡喜地觀看著措尼仁波切傳法時，總是被他真正卓越的特質所觸動。對我來說，他是一位結合了傳統與現代的上師。由十六世大寶法王所認證的措尼仁波切，從當今最偉大的上師處：包括怙主頂果・欽哲仁波切、祖古・烏金仁波切、康祖仁波切（Khamtrul Rinpoche）、囊千的阿帝仁波切（Adeu Rinpoche of Nangchen）、與紐修堪仁波切等，接受了藏傳佛教寧瑪派與竹巴噶舉派的訓練。如今，當措尼仁波切傳法時，他還是保存了對真實教言與法教精神的全然信守，一如大手印和大圓滿的偉大實修傳承所傳下的內涵。從他所了知的深蘊，讓我想到往昔的傑出上師，像他這般年輕上師便能具現傳承如此深刻的智慧，真是令人無比振奮。且在他慷慨、直接與謹慎的傳法風格中，也與他的父親、偉大的祖古・烏金仁波切極為神似。

同時，措尼仁波切以一種欣喜的鮮活性、充分意識到現代生活的複雜性和今日男女的需求，來對我們講述。他有一種天賦的能力，能夠以清楚、易於了解的方式，來闡明最深奧的課題，也如同他所規劃的法教藍圖，能使聽眾不斷地回歸其本身的經驗，讓他們去發現身上的佛法真理。從他在我位於法國列若林（Lerab Ling）和其它各中心傳法的情形，我能直接明白為何他會被全球眾多聽過他傳法的本覺會（Rigpa）學生如此地欣賞了。大家傳頌的特質之一，是他的仁慈——他的人性和從不消褪的助人熱忱。我覺得自己最幸運的地方，就是能把他算進最親密的友人之列。

我們最大的幸運是仁波切已於歐洲、北美與南美、澳洲、和東南亞傳法達十五年之久。我知道促使他這麼做的動機，是儘可能利益人們與法教的不動搖誓願。事實上，他扮演了一個重要、或許是歷史性的角色，將大圓滿教法傳授給許多來自西方的優秀佛教老師。在與他有過多次長時間、迷人的討論之後，我知道他深深關注佛法的未來，以及要如何呈現出最好的法教，以便讓佛法能更容易讓現代人親近。我隨喜這本書；它將會是修行者的極大加持，我也祈願這本書讓仁波切的語音與佛陀的法教，觸及各地的人們，引領他們越來越靠近解脫。

英文版序言

《在俗世自在生活的大圓滿之道》是措尼仁波切從西元一九九八年到二〇〇二年間，在不同國家的各種地點，針對大眾、小眾或個別學生，所做的許多開示、約莫七十五次的合集。在某些情況下，相同主題的法教會被統整、合併；其它法教則以最初所講的內容呈現出來。在整個蒐集、謄寫、挑選、與編輯的過程中，仁波切協助了整個工作的方向與潤飾，總結成為這本書。

由瓊楚仁波切（Kyungtrul Rinpoche）所編纂的寧瑪派上師證悟金剛歌的手稿，最近被帶出西藏。在這個珍貴的典籍中，包括了第一世措尼仁波切所寫的一首金剛歌。一聽到這個消息，措尼仁波切就要求將這首金剛歌翻譯出來，並收錄在這本書中。找到這首歌，就好像是找到一處寶藏，在其中濃縮了整本《在俗世自在生活的大圓滿之道》要義。

在先前的草稿中，我們稱這本書為《福慧之薈供》（*A Feast of Merit and Wisdom*）。這是對措尼仁波切名諱的雙重諧仿，取二資糧（措尼）以及薈供（措）一詞。稍後，仁波

艾瑞克與瑪莎（Erik and Marcia）
誌於納吉寺（Nagi Gompa）

切決定用現在這個書名，因為似乎更忠於內文。我們透過將現場口傳編纂成書寫文字的過程，盡最大的努力來保留仁波切傳法風格的況味。

我們和許多朋友一塊經歷這個非比尋常的旅程。我們要感謝索甲仁波切在百忙之中撥冗撰寫前言；感謝謄寫者裘安娜．拉森（Joanne Larson）和邁可．敦德（Michael Tweed），他們也幫忙編輯；還有本覺會從西元一九九九年起所分享一些列若林的謄寫稿；謝謝主編凱瑞．莫潤（Kerry Moran）；文稿編輯崔西．戴維斯（Tracy Davis）；校對丹尼爾．寇福（Daniel Kaufer）和克里絲汀．丹尼爾斯（Christine Daniels）；以及我們仁慈的施主李察．吉爾（Richard Gere）。

如果可以的話，請您用一場盛宴、薈供的方式，來接近這本書；了解廚房裡的所有工作人員，都是用最佳的可能善意、材料和技藝來準備這場盛宴的。請以一種愉悅的心境讓其滋養您。在迴向的部份，願我們都發願成為大圓滿的瑜伽士，獲得證悟、並投生在銅色山淨土，與大主廚蓮師同桌共飲。

金剛歌

阿拉拉吙！

一切諸佛怙主金剛持，
具恩如父上師吾祈請。

無生之心廣大虛空中，
無盡現象無論怎現起，
不予取捨迎拒悉化空，
無生瑜伽士心俱自在！

此自在之空樂吾歌詠，
汝等幸運男女請諦聽！
末法時期之人難專注，
汝等具器男女請諦聽！
僅是眼見抑或值遇吾，
瑜伽士之業緣皆具義，
此即與難遇者之晤面。

汝之一切無數世俗行，
汝之一切可能染污念——
任其入於離念不二境。

離於見者/所見諸概念，
當汝保任心之體性時，
修者/禪修俱融於虛空，
甚且泯除「離念禪定」語。

爲此空性大樂則無竭，
是爲吉祥如父上師慈。

吾乃欣受肉、酒、手印瑜伽士，
猶如印度孔雀大啖於毒物，
一切煩惱悉爲五智大莊嚴，
若汝欲享汝父覺受，隨吾來！

無論任何吾所經驗之煩惱，
吾乃五毒爲道無染瑜伽士，
汝等一切男女尊卑之施主，
與吾所締任何業緣皆具義，

汝等必當投生吉祥拂塵洲，
離於疑惑具不可思議之利。

吾乃欣享諸顯瑜伽士，
此乃金剛乘之所擅處，
橫越下乘概念之疆界，
吾乃欣悅上乘瑜伽士。

免於心念造作詠此曲，
祈願汝心欣享金剛乘，
願攜汝至吉祥拂塵洲。

於名為瑟蔣（Serkyam）之聖地，吾之具器弟子卓敦．措嘉（Drodön Tsogyal）與敦祝．卓瑪（Döndrub Drölma）以重禮提供了吉祥的緣起，此乃雅旺．措尼（Ngawang Tsoknyi，第一世竹旺．措尼仁波切）所述，藉享受任何現起之任運，以密咒金剛乘為道。善哉，善哉，善哉！

第一部份

開胃菜

佛法的日服量

往昔所有的偉大上師都曾教導過這個同樣的訊息：積聚資糧、清淨罪障、並接受具德上師的加持。在我闡述的這個傳承中，前行法和本尊成就法被認為非常、非常重要。我不認為諸佛和過去的所有大師，創造出這些只是為了要讓我們誤入歧途。

金剛乘包含了許多獲得證悟的法門，相對來說也較不艱難。在這些法門中，某些最簡單也最容易入手的，是虔誠心和悲心，以及對心性的指認。將這些法門與前行法結合在一起，你會快速地進展。大圓滿是金剛乘中最高、最頂尖的法乘，但並不是要抓住最高法教而排拒其他的；同樣地，杜撰你私有、個人的大圓滿觀點來修學，也是毫無意義的。這麼做只會讓你的「大圓滿」是造作的，是你造出來的某種東西。稱你自己的理論為大圓滿，是愚蠢地偽裝，根本和真正、真實的法教無關。

你看，大圓滿並不是你所蒐集、帶回家後的一些資訊所造出來的。大圓滿是關於**如何解脫**。只是接受大圓滿的法教並不夠：你必須應用之，活在其中。現在我們仍是被包裹在染污的經驗中。我們從自身的煩惱與二元感知，為自己造了一個籠子，困坐其中，日復一日。一旦我們清楚地了解自己的處境，就有了一個選擇：要不是留在這個籠子裡，就是運用大圓滿的教訣來打破這個牢籠、獲得自由。

具有開放的虔誠心，加持就會進入我們的相續之中。當我們以一種深深信任感完全放下時，就可能了悟本然覺醒的狀態。這個修行並不是某種新的哲學立論，也不是一種我們獲得的新概念，而是徹底、完全放下一切概念性心態之道。

要達到無念的覺醒並非不可能，也不是非得要極為困難才行。但是，這需要我們積蓄福德、清淨罪障，並和一位具德上師產生聯繫；這三項極為重要的條件，會在法教中一再地被強調。

當然，我們可能被告知：「坐下來，完全放下；只要自然就行了。」但我們真的辦得到嗎？我們試著要放下，但事實上卻做不到。我們仍舊緊抓著——緊抓著要放下的概念。我們抓住別的東西；然後試著放下。我們總是抓住某個東西不放，愈加抗拒。事實上，我們並不是真的想放下。這是違背我們的天性的，可以這麼說。我們寧可持續被自我宰制著，這是一個很頑強的習氣。不管我們被說過多少次要丟下一切、百分之百地不造作和自然而然；我們仍舊緊抓著放下的概念。我們一直抓住那個我們所要認出的東西：「現在，就是現在，我要認出心性。」我們執著於本然的狀態，抓住「就是這個」的概念。

換句話說，雖然我們試著要放下，有一部份的我們卻仍舊牢牢不放。所以，這就永遠不是真正的本然狀態。需要某個東西來徹底粉碎這個概念性的心態，將它打成碎片。虔誠心的氛圍，提供了一個根本之道。在虔誠的時刻我們完全敞開心胸，就好像是一切哲學概念的覆蓋、所有的包裹、所有我們用來區分現實的概念，都被全部剝除。充滿真正的虔誠心，是最清淨的概念性狀態之一。然後，假如我們已經接受了認出心性的根本口訣，就能認出自覺（self-aware）的本初覺性。

充滿真正的悲心，也提供了同樣的可能性。當你對一切眾生感覺到真誠的同理心時，此情緒的清淨消解了概念之心。自動地，你的心變得廣大敞開。而且在這個時刻裡有一個機會，假如你已經接受了精要口訣，就可以運用之。你可以認出自覺的本初覺性，並真正、確實地到達本然的狀態。

否則，看起來我們是拒絕處在本然狀態中。當然這是我們習氣使然的緣故，這是非常難以打破的頑固習氣。這是為何有許多修行用以促進對心性指認的原因——以打破日常概念之心與自我的習氣。衷心的虔誠心和悲心，是達到本初狀態的最好促因。

前行法促進了大圓滿非概念禪修的指認和修學。假如我們覺得很難就是放下，前行法是一個讓它變容易的法門。前行法是淨化、集資與加持的導管。究竟上，我們必須倚賴自己的根本智。前行法能夠強化、敏銳化此根本智。

積聚福德或使用概念性的法門，就像是在做蠟燭，而大圓滿直指心性的口訣，就好比是點亮這根蠟燭。你必須擁有這兩者——蠟燭和火柴——來照亮黑暗。福德不足，你可能認出心性，但這個指認很快就消失了。你不能集中精神；你少了蠟燭。猶如黑暗中的火柴，指認一閃而逝。你需要一個穩定的基礎來承載與滋養這個火苗，而積聚福德就是在形成這個基礎。

很多善緣必須聚在一起，才能讓我們修持精神之道。有些人真的想要修行，但他們的生活環境讓他們很難這麼做。有的人想要花三年時間閉關，但他們根本沒有錢。還有一些人有很多錢，卻沒得到任何法教。有時候人們有了非常棒的老師和法教，但處境卻頗為複雜：他們老是和伴侶吵架，家裡沒有一刻的平靜，或是工作佔據了所有的時間。你可能得改變你的環境，要這麼做必須要有福德。為此，沒有比前行法更好的法門了。

是諸佛的仁慈讓我們有了完整之道，而前行法便是這個完整之道的一環。通常學生不想修前行法，是因為他們不了解前行的目的。有些學生甚至會認為前行法是一種懲罰！事實上，前行不是一種用來折磨人的懲罰手段——根本不是。你自己的懶惰會說道：「喔，拜託，前行法是如此困難，可能毫無意義，我不要做。」但你必須粉碎這個懶惰的習性。的確，修行的主要障礙就是懶惰。從一開始就把懶惰碾碎，你的懶惰就會嚇得逃跑，哀嚎著：「嗚，我沒辦法接近這個人；這太過份了。」大禮拜會剔除你身體的萎靡不振，就像供曼達會剝掉你的貪執一樣。

要讓修行能真正進展，你還必須開展正確的發心：「我要禪修來清淨我的障礙，特別是我主要的敵人、我執，並利益一切眾生。」以這種發心，你能朝向證悟而進展，而非朝向僅是建造出一個強大、壯碩的自我。這有著天壤之別。

當你生起這種發心時，自我可能會起鬨而試著在你心中製造疑情。別理它。自我可能會說：「這不是真的。你怎麼能幫助一切眾生？你怎麼能清淨自己？」當這種聲音冒出來時，要注意，不要聽它的！記住我們的進度，端賴發心的純淨。精神修持是靠心念，這代表我們的心態、發心。正確的發心絕對是必要的，因為這會確保我們的行為帶領我們走在正確的方向上。

通常人們到我的閉關中心來，是因為他們想要免於痛苦。他們想著：「我要做佛教徒的修行，以便讓自己免於不喜歡的煩惱。」這是一種發心，若能持續下去也無妨。另一種發心在眼界上更為寬廣些：「我想幫助一切眾生了悟其俱生的覺性。」這是一種利他慈心的發心。所有心態中最好的，是以一種真正、不矯作的方式來發心。但通常，這不太可能，我們只得在一開始用堅定的菩提心來營造之。

今日似乎有許多人對自己和生活感到不滿，彷彿一般世俗的目標並不足夠。不知怎麼地，自我對日常感到厭倦了；自我需要不一樣的燃料。假如你拿精神性的燃料給了你的自我，你的自我會長得更強壯，而你會以重振的活力回到世俗生活中，但這並不是精神修行的目的所在。坦白講，很多人發現他們的一般自我已經受夠了世俗社會，他們想為自我打氣，但一般的燃料不夠好。他們聽說有一種來自西藏深山的特定精神燃料，就想著：「那會讓我打起精神來！讓我的雙手去拿一些吧！那我就會更好、更壯、更棒。即使當我走過時代廣場時，也會奏效。」所以他們就前往深山，去取得西藏燃料的注射，好提振他們的自我。只要這能夠使某人接觸到法教，這種心態也還算可以，但這稱不上是佛法的真正目的。

我執非常微細。實際上我們所做的每件事，似乎都是餵養自我的另一種方式。自我哄騙我們認定一條似乎是真正精神修持的道路，隨後自我就搶先竄上去！即便唸誦著**嗡 嘛呢 唄美 吽**，也會被自我所挪用。我們坐在禪坐墊上，擺好坐姿，但這是出於自我所致。我們在小關房中燃香、在佛像前頂禮，但這仍然全是為了自我。我們需要某種東西來破除自我的緊抓不放。對治這個最有效的藥劑，就是積聚福德和淨除罪障，同時伴隨著虔誠心和悲心。

假如你不知道如何以真正的方式從一開始發心，佛法的修行可能無非是吞下你每天維他命的另一種方式而已，一種保證讓「我」更強壯、健康的藥劑。當你把精神修持當做是營養品時，在每當覺得有點疲累或有些煩躁的時候便服用。你坐下來修行，以便覺得舒服些；你試著透過修行來平衡自己，然後回到日常活動中就忘卻一切。相信我！有些人就是有這種心態。他們告訴自己在生活中需要靈性——畢竟，徹底物化（materialistic）並不是政治正確（politically correct）。所以他們就在每天早晨服用一些，每天晚上再服用一些。他們應用靈性的光輝來拭亮他們的日常生活。這是一個很明顯的趨勢，有一些所謂的老師強調這個途徑，告訴學生只消每天禪坐幾分鐘就會變得快樂許多。這麼一來，他們試著讓精神修持變得容易些、更開胃、更美味——試著彎曲佛法好適應人們的心態。但這不是真正的靈性。不要搞錯、誤將這類的修行與真正的事情混為一談。

縱使你只修行一點點，也要試著以真誠的方式來做，有真正的見、修、行。即便只是一會兒，也要讓此修行成真。不然，最好什麼都別做，因為到最後你可能用佛法把自己弄得更陷入迷惑之中。假裝自己是個修行人，在手腕上戴著念珠，是沒有用的。假如這是自然發生的，很好，沒問題。但假如你的動機是要讓別人尊敬，要製造出一個更好的形象、因為你在禪修或深具靈性，你只是在偽裝罷了。

你也不應該使用「佛法亮光劑」（Dharma polish），用精神修持來讓你染污的狀態變得更漂亮和更愉悅。某個人可以推廣精神修持的價值，就像在幫一台運動器材打廣告：「每天使用兩次，三週之後，你的迷惑保證會被清乾淨！」聽起來不錯，但並不是真的奏效。

要真正擁抱精神修持，你需要對自己誠實，並真誠地欣賞你所做之事。真正的誠實與感念，讓你對生活有信心。不要欺騙自己。假如你修行只是為了吹捧你的自我，佛法就不啻是一張面具。你只是在愚弄自己而已，這是沒用的——你最好不要多此一舉。但假如你的發心是純淨的，就不是在愚弄自己。

誰會知道你是否在愚弄自己呢？業力。業力無時無刻地跟著你，從不闔上眼睛。即使當你單獨在浴室時，業力也在看著。小心點！不管你在做什麼或是到哪裡，業力從不睡覺，因為業力是你所有行為和動念的自然結果。業力是你一切所作所為的持續證人，現在和未來皆然。不管其他人知道你的行為與否，根本沒關係：業力和諸佛會以百分之百的準確度知道。相信你自己；相信你的清淨發心和善業。

清淨發心並不是那麼難以理解。你所要做的，就是牢記在心，並身體力行。不要像跑來見我的某個人，拿著裝有水的杯子、十湯匙的糖、十湯匙的辣椒、十湯匙的油，和許多其它東西，混在一起亂七八糟。他說：「仁波切，這味道不好，我要它好吃些。你能不能想想辦法？」我說：「好的，我試試看。」我開始倒掉一些水，這個人跳起來，叫著：「喔，拜託，不要倒水！我拒絕拿出任何東西。」猜想著我該怎麼做，我問道：「那我加一些糖可以嗎？」他又拒絕了：「不行，不行，我不想加任何東西——只要讓它好吃就行了。除了改變味道之外，我什麼都不要變。」那該怎麼辦？對我來說，這很簡單。我只是說道：「好，好，我會替你祈請。」因為除了祈請之外，別的事我都不能做。像這樣拒絕改變的人，遑論說要放下自我了。但是他們還是想要有事情發生！他們是在等一個永不會到來的奇蹟。我所能做的只有祈請。

我並不是說一個人要完全狂熱地堅持佛教和改善吾人此生的現況毫無關係，只是為了來生。真正地去修持佛教的修道，這一生會自動改善，猶如預設般。你可能也會認為這一生有改善來生的責任，當你圓滿佛法時，這實在是非常容易達成的目標。

在這本書中，我將討論進入完美修道的理由和方法。要怎麼做的簡短版，是我們得生起菩提心。為了要生起菩提心，我們必須先安靜自心。透過修止便可達成。藉由止的修行，我們達到安止的狀態，既然已獲得某種平靜，我們就可以用慈心進一步讓一切眾生感到自在，並以悲心幫助眾生免於痛苦。

佛陀不共法教的重點，在於空悲不二的見。單是悲心或空性，都不夠。空性是離於對自我的執著，而悲心則是對一切眾生的仁善，這也包括自己在內。這兩者不可避免地彼此互相關連著。

在藏傳佛教中有兩種趨徑：一是從慈心和悲心的法門開始。藉此，吾人累積福德，並慢慢地了悟空性見；另一種趨徑，是吾人透過大圓滿的不共法教來獲得正見，悲心會自然顯現為空性的表達。心性被認出是空與覺醒的；從空性的表達看來，悲心自然湧現。這彷彿是一條路逐漸向上走，而另一條路則從上往下看。在此的重點是，不管你從哪裡開始，悲心、虔誠心、慈心、和菩提心，永遠都是必須的。這是真的，當你試著認出本覺，且在你認出本覺後，這些特質都必須俱現在本覺的表達之中。

稍後在這本書中，我會同時討論這兩種方法。有些主題在某些脈絡中，會被用來做為了悟心性的輔助，而在別的脈絡中則做為一種增上。雖然在具德上師的加持下，我們可能會有對本然狀態的一瞥；但是我們並不能維持這個指認，除非積聚二資糧並清淨罪障。基於大圓滿的善巧方便，我們被指引自心不惑的面向——心的體性。凡夫心（藏文稱 sem）或妄心，是染污的面向。從修學本覺的本初觀點看來，會發現介於迷惑和不惑之間的不同。當我們禪修、禪修、禪修不惑的面向後，就會逐漸變得更加開放。當這種開放心漸增時，從空性的狀態中，悲心就會自然現起。這個悲心是究竟的悲心，是空悲不二的，稍後我會更加詳述這個主題。

因為我不想再重複於《覺醒一瞬間》（*Carefree Dignity*）一書中所說的內容，請自行參照這本書。對於了解我將呈現在此的資料，本書中的名相是很重要的。

發心

我們的佛法修行是否會朝向正確方向進展，端賴乎我們的心態、我們的意圖。發心極為重要：它是一切事物穩固或墮落的所在，不僅在精神修道上如此，任何我們所開始從事的事物也是如此。因此，在佛教的修行中，持續地端正、改善我們的心態特別重要。

我們需要培養的心態，是充滿了菩提心的心態。這個證悟的心態有兩個面向：第一個面向是迫切地想要清淨我們的惡：「我想要讓自己除去一切的缺點，所有自我中心的煩惱，如貪、瞋、癡等等一切。」第二個面向是真誠地想要利益一切眾生：「在去除自己的所有煩惱後，我要利益一切眾生，我要帶領每個眾生達到圓滿證悟的境界。」

這種慈悲的菩提心，應該包括了自己和其他所有人。我們有對自己感覺慈悲的種種理由，在日常的心境中，我們不自主地被自私的情緒所佔滿；當這些情緒佔據自心時，就會缺乏自由來維持不被影響。被貪、瞋、癡等等的感覺所橫掃，我們失去控制，在這些過程中也飽受痛苦。在這樣的狀態中，我們無法幫助自己，遑論他人了。我們需要以平衡的方式，用悲心來和自身的痛苦產生關連，對自己運用悲心，一如我們可以對待他人般。為了要幫助他人，我們必須先自助，好讓我們能夠進一步擴展自己的力量。但我們不應該只侷限在自助上。我們的悲心必須也同樣囊括其他所有眾生，以便在自己免於煩惱之後，能受悲心所感而幫助一切眾生。

此時在我們的修行中，假如我們試著體驗菩提心而有一點造作，是無妨的。因為之前我們並沒有必要這麼想，所以需要刻意改變或調整我們的意圖成為新樣貌。這種對自身心態的改弦易轍，確實是必須的。我們可能還不是完美的菩薩，但舉止應該猶如我們已是如此。我們應該像是一位菩薩的樣子，就好像我們戴上一副面具，讓自己看起來像是別人。真正、確實的菩提心，唯有在已了悟見的自然表達時，才會現起。但是，在尚未自動、完全地體驗到這種菩提心之前，我們需要作意地試著朝向這個方向邁進。雖然此時我們的努力可能會覺得有些造作，但這是完全無妨的——想當然爾這是好的、必須的造作。

需要改進我們的心態，修正我們的動機，並不特別難以了解，也不是真的難以做到。雖然可能很簡單，但也不表示我們就應該藐視其重要性。這時，我們應該重複地培養菩薩的發心，這是十分重要的。看輕這點，視其為次要的或不重要的修行，會嚴重減損精神修持的真正進展。因此，一再地，在所有處境中要盡力地發起菩提心。

在西藏有許多的牲畜：許多牛、羊、和犛牛，這些動物的皮需要經過處理，才會有用；要經過特定程序的軟化。獸皮一旦經過處理，就變得有彈性，也可以用做各種用途：宗教器物、用來綑綁佛龕上的特定供品、以及供做一切家用。但首先皮革需要以正確的方式來準備：需要被軟化、充滿彈性。假如皮革只是一如原樣地被丟著，就會硬化而變得僵硬不堪；之後什麼也不是，只是張堅硬的獸皮而已。人們的心態也是如此。我們必須使心變得柔軟，這需要刻意的努力。我們需要讓自己溫柔、平和、有彈性、且順服，而不是沒有規矩、刻板、頑固的自我中心。

讓我們的心變柔軟，不僅是在精神修持方面，對一切進展來說都是必要的。我們所做的一切，都需要有一種敞開心胸和有彈性的態度。一開始，這種改進我們心態的行為絕對是造作的。我們小心翼翼地試著要成為一位菩薩，要有想要幫助一切眾生的悲心。這種作意的努力是重要的，因為它能發自內心地使我們真的變柔軟。假如我們不培養這種心態，我們原先刻板的心意，會讓究竟菩提心的正見無法生長。這就像是試著在冰雪覆蓋的聖母峰頂播下種子——種子永遠都不會生長，只會凍結。另一方面，當你已經用菩提心來為性格暖身時，你的心就像是溫暖、濕潤的沃土。既然萬事俱備，任何時候自明覺性（self-knowing wakefulness）、究竟菩提心的大圓滿正見被種下時，就能自動地生長。事實上，在這樣接納的環境中，絕對沒有任何東西能阻止其生長的！這也就是為何在一開始要穩定地修學菩提心，是如此重要的原因。

「法」一字，在本書的脈絡中，指的是法門。法是一種法門，用來克服在我們相續中、在我們自心中的染污——是一種完全免於我們隱藏且滋長煩惱的方法，同時法也是一種用來了悟我們身上本初覺性的方法。「法」一字，有十種不同的含意，在此脈絡中，我們所談的是其中兩種：教法和證法。教法是你從一堂課或一場開示中所聽聞者，在教法中，包括了佛所說的法語、三藏，以及由許多博學、成就的印度與西藏大師對佛語所作的釋論。

透過聽聞解說形成了教法，並藉由運用這些法門，某些東西在我們的經驗中被揭顯出來，這樣的洞見便叫做證法，這包括了對我們自己心性的了悟。為了要接近這第二種的法，為了要運用證法，我們需要正確的發心。再次地，這個正確的發心是想要使自己免於煩惱，並帶領一切眾生證悟。我們絕對必須要有這樣的心態，否則我們的精神修持會扭曲成個人利益的尋求。

基本上有三種煩惱：貪、瞋、癡。當然這三種可以再進一步區分為更細、更精細的細節，直到八萬四千種不同的煩惱。但這主要的三種，以及所有其下的細分，都根源自無明、根本的無知。這些是我們需要免除的煩惱，其主要的根源是無明。

有人可能會認為：「我接觸佛法的修行，是因為我的自我有些不爽，我的自我不是很聰明，不太能夠成功。我來這裡修行，是為了要增進我的自我。」這樣的心態並不是靈性的。

這裡有另一種心態：「我的自我非常努力，我必須好好照顧我的自我。我得輕鬆一下。我來這裡修行和放鬆，這樣我的自我就會更健康，我就能好好工作。」這類的心態無妨，但只是無妨而已；這只是微不足道發心的一滴。

事實上，我們能夠有更廣大的觀點。只要我們懷有、永存著貪、瞋、癡、慢、和嫉的煩惱，煩惱就會繼續和我們過不去，也使別人和我們的相處變得困難。我們需要解除煩惱，需要有這種心態：「我必須免於這些煩惱。」

當你們離開在修院（Gomde）的這個閉關後，我要你裸然地回到家。你可以認為將你的煩惱留下，是一種捐獻！坦白講，這便是這類地方的目的。去參加閉關或聽法，以這種態度：「我去是為了得到一些東西；我得獲得某些東西。」是不對的。反而，必須要有這種態度：「我修行精神之道，是為了失去某些東西——去掉我的貪、瞋、癡、慢、競爭性的嫉妒。」

接著，我想要建議你以自在面對整個過程的方式來修行。逐漸地開展自在的態度，來包容更多、更廣。一旦你讓自己免於所有這些惱人的煩惱而變得裸然時，並不是如你往後躺、放輕鬆般，這樣是不夠的。你可以喚醒一種對一切眾生的責任感，他們正像是你過去的樣子，被煩惱所折磨著。你可以開始幫助他們——先是一個、再來是兩個、三個，最後到所有的眾生。

不然，岡波巴所說的可能會成真：假如你不是正確地修持佛法，會變成你投生在下三道之因。這可能會發生在許多人身上。事實上，這在老修行者當中比初學者更常發生。

有人會把佛法當成僅是在迷惑或生氣時，所使用的一種藥劑，這當然不是精神修行的真正目的。在這種情境下，你會做一些修行直到安靜下來，然後你就把修行擱在一旁，不管了。下一次你生氣了，就再做一些修行來覺得好些。當然，用這種方式來恢復個人的平靜，是修行的次要目的之一，但這不是真正的目的，這麼做是把佛法當成是一種治療的方法。你當然可以選擇這麼做，但我認為這不能讓你獲得證悟。覺得有一點不快樂，就修一些法，變快樂。覺得有一點生氣，然後覺得沒問題，接著又覺得不快樂。假如你就是這樣持續下去，在心中抱持著這種極為短暫的見，那麼就沒有進步可言。「昨晚我睡不著——我的心很亂，狗在隔壁房間叫個不停。現在我的心有點顛倒，所以需要修一座來平復。好吧，今天早上就來禪修。」

不要用這種方式來修行。佛法的修行並不是為了僅是讓自己覺得舒服些而已。精神修持旨在藉由了悟來讓自己解脫，也藉由慈悲的能力來解脫他人。修行是為了覺得舒服些，只會讓一個人退回原來的層次——不能有任何真正的進步。在吾人臨命終時，只恰好在最後一座結束時覺得變好的，就這樣而已——除此之外什麼都沒有。以這種「只覺得變好」的心態，成為在西方弘傳的佛教型態，在未來我們可能會發現證悟上師的極度缺乏，他們會成為瀕臨絕種的物種。

請了解這種「覺得變好」的追求，是一種輪迴的目的。這完全是從佛法當中借來的世俗追求，並利用所有佛法的特殊法門，來讓自我微調成一個妥當、可用的個體。世俗目標的定義，就是試著以一種目標導向的心態，來為自己獲得某些東西——「所以我覺得蠻好的」。我們可能會用精神修持來達到這個目的，一個好的理由會比其他法門好上許多。假如我們踏上這種修道，做一些小小的精神修持，假裝很認真地在做。這種欺騙，在檯面下隱藏著自我中心、唯物主義的目的，可能包含了像是「我皈依佛、法、僧，所以我必須純淨」之類的。慢慢地，當我們對精神修持變得更狡猾時，便會將唯物主義的目的攤開。這是相當可能的：人們絕對會這麼做。但假如這是你所修行的方式，到最後你哪兒也去不了。一個人怎麼可能因為自私而解脫呢？

當我們開始失去對這世界幻相的信心時，便是重點所在了：我們對幻相的信任程度開始變弱，我們變得失望。運用精神修持來滋養自我、使其恢復強健，但仍舊保持對這些虛幻目標的信任，是不會讓我們自由的。真正的自由並不是對幻相的強健信任，反而，代表徹底地**超越**迷妄。這聽起來可能不太舒服，但卻是真的。這或許是一則不愉快的消息，尤其是我們得自我承認：「我真的一直在愚弄自己，我為何要做這些修行？我完全錯了嗎？」你要怎麼去假裝這不是真的？面對事實是不太愉快的。

在此真正有幫助的，是持續地修正、改善我們的發心：了解我們為何要修行、哪裡是我們究竟前往之處？在這點上努力並提昇菩提心的高貴發心。然後所有的法門和修行，皆可用來幫助你朝此方向前進。

我必須再次強調這點：假如我們想要邁向勝義諦，就必須形成真正的發心。這包括了對其他一切眾生的悲心，眾生持續地以任何在心中現起之物來染污自己。慈悲的發心即是：「眾生如此強烈地相信自己的念頭、信以為真，是多麼悲哀啊！」這種迷妄地相信自己的念頭，即是我所稱的「老祖父的概念」。首先，我們認定自己的念頭是真的，接著，我們接受這種迷妄，這就成為我們的老祖父。你知道在你的經驗中，自己是怎麼樣地因為這種迷妄而痛苦的。記取其他一切眾生讓自己被框在老祖父的迷妄中，以悲心，形成想要解脫所有眾生的發願。這就是真正的發心：請生起之。

除非我們有全然清淨和真正的發心，金剛乘和大圓滿的修行不會讓我們變好。巴楚仁波切是一位偉大的大圓滿上師。他沒有任何主要的寺院，但有一個數千修行者聚集的營地，稱做巴楚營（Paltrul Gar）。一再地，他教導那些聚集在他周遭的人，清淨發心的重要。他創造出一個情境，稱做**三種機會**來改善這些修行者的發心。第一個機會是在清晨時喚醒人的鑼聲，一聽到這個聲音，人們就有機會想到：「對，我必須改善我的發心，我必須讓自己為別人服務；我必須清除煩惱並協助所有眾生。」他們必須重複地將此牢記在心，以便調整其目標。

第二個機會出現在巴楚仁波切的主帳中。一走進去，你必須繞過一座佛塔，在圍帳的入口，你必須縮身才能穿越。把入口刻意做得狹窄，好讓你必須停一會兒想著：「這是第二個機會來調整我的發心。」

第三個機會出現在巴楚仁波切傳法時，這時他會直接地說道：「你必須修正與改進你的發心」——就像是我現在告訴你的一樣。

假如這三個機會都不奏效，那麼大多數的情況，巴楚仁波切會把你踢出營外。他會說：「你只是在愚弄我，我也只是在愚弄你。一點意義都沒有，所以請自便。離開去當個商人、結婚、生子，滾蛋吧！既不能當個修行人也不能做個俗人，有什麼用？離開去當個俗人吧！偶爾存著好心就行了。」他的意思是，打扮成個佛法修行人，只是裝個樣子，根本就不對。這麼做對別人不誠實，尤其對自己也不誠實。

發心很容易說，但有時卻不容易做到。我們總是忘了最簡單的事，一部份是因為我們不把它當一回事。我們寧可學更高深、更困難的東西。但最簡單的，也可以是最深奧的。當一個法教以絞盡腦汁的方式來呈現、難以理解，但你終於弄懂時，你可能覺得很滿意。但這種暫時滿意的感覺，並不是真正的利益。要真正地讓自己、整個人浸潤在佛法當中，你需要正確的發心。請徹底地在任何時間都運用之。

在金剛乘的法教中，我們發現有許多關於如何增進發心的教訣。事實上，假如真的學到應該怎樣發心，全部的菩提心法教都含括在其中。以你自己的經驗，培養正確的發心，會自動地轉變成菩提心。

我已經在這裡傳法達十五年之久了。講授見、空性等等，這一切當然都很重要，但當我回顧整個傳法的範疇時，真正區隔一個人的修行是否朝向正確的方向或是走錯方向的界線，總是回到了發心上。這就是樞紐所在。

沒有純淨的發心，不管我們運用多深奧的法門，仍舊會變成精神的唯物。修學成為一位菩薩，並培養菩提心，是為了「我可以快樂」，代表某些東西在一開始便被扭曲了。反而，應該以發起真正的菩提心來擁抱你的修行。

紐修堪仁波切是我的根本上師之一，他會一再地教導發心。他談得如此之多，坦白講，有時我會覺得有些無聊，想著：「他昨天就說過了，今天又再講。可能明天還會講。這實在有點太過了，我已經聽過了。」這種抗拒正是非常好的證明，證明自我不喜歡純淨發心的法教。就在這裡，當一個人覺得抗拒利他態度時，這就是應該面對的點，可能會很棘手。要承認這點，並願意在當下就去面對，是非常務實的、非常實際的。我想修行的要旨，就是在抗拒的那個時間點上，運用佛法的教授。不然，我們到最後只是在覺得好時才修行，而避免在覺得無聊或不安時修行。就在覺得沮喪、不安或不快樂時，把這些心境當做是真正好的修學時機，當做是一種加持，並且把佛法用在當場，想著：「我真高興有這個機會來修持禪定。我深感到高興，來吧，不快樂、沮喪、每一種痛苦，靠近點！我真高興看到你們！」當我們在日常的基礎上，修學這種「歡迎的修行」時，就會進步並真正地轉化。否則我們只是把主要問題，拖延到某個不確定的未來或明天，然後又是明天。我們一再地拖延著，直到醫生說道：「抱歉！你的大限已到，沒有明天了。」

我可以向你保證，如果你好好地運用，佛法就會很行得通。我非常相信覺醒的佛陀法教，是極為高深與珍貴的。佛法的修行能夠永遠、徹底地解決我們基本的問題。我們的所有迷惑、我們的所有煩惱障都會徹底地消弭。不僅我們個人可以獲得解脫，還可以擴展我們的能力來利益他人，在深刻、真實的層面上，而非僅是表面。只為了暫時、膚淺的目的來運用佛法，就好像常見的治療情況——有點自我改進般地修行——是把佛陀的法教降低到自助書的層級。不需要這樣，已經有太多這類的書了——堆積如山的新世紀自助書，建議這類或那類的治療。假如這就是我們希望從佛法中得到的，可以轉向已經存在的、容易了解的自助書。這些書真的很有用。但假如佛教傳承的未來不外乎是另一種自助的版本，我覺得有點悲哀。某個僅是想要更強壯自我來面對世界、賺更多錢、影響別人、和成名的人，也許並不需要佛教。

這一類的佛法開示在過去的西藏可能不曾聽過，那時並不需要這個，因為西藏充滿了真正的修行者。你只消看看山坡，就有人坐在那裡修行。到任何地方去，都會看到隱士的住處，散落在山脈的各側。在歷史上的任何時候，竹巴噶舉傳承都充滿了偉大的修行人，他們捨棄了一切物質的考量。這些人非常樂於僅有任何舉手所得之物，也樂於讓任何會發生之事發生；他們免於一切煩惱的包袱和任何對自身的憂慮。也許他們在一開始會擔憂一些，也許是在修行的開頭六個月，但隨後他們就超越了瑣碎的煩憂。他們不會將一輩子花在應付煩惱上，他們應付、同時也繼續實修。他們不會待在精神物化的繭裡。像這般、裹在自私的煩憂中死去，不是很悲哀嗎？

尤其是當我們來到金剛乘的修行時，必須也要有一定的勇氣、某種心理的力量，以及一顆開放、柔軟的心。這種特質並不表示我們是搞不清狀況，或是被一個接著一個的念頭佔據。而是，我們應該有一種想要了解如何修行的意願，伴隨著開放的心胸。這種內在膽識的特質，在金剛乘中是非常重要的：有膽識並不是一種侵略式的，像是你準備好和任何反對你的人戰鬥般，而是準備好做任何需要去做的事。這是一種非常重要的特質。

要當一個金剛乘的修行人，需要某種程度源自信心的內在力量，這不是打鬥者的侵略力；更像是拒絕屈服於任何障礙或困難的準備：「我不會讓步，不管這有多艱難。我會接受任何狀況，並運用修行來自動解脫這個狀態！」這麼做而不是怯懦、害怕，老是躲開困難的處境。以一種怯懦、膽小如鼠的心態來面對人生，是很難成為一個金剛乘的修行者的。

我在這裡所討論的法教，是屬於金剛乘的。梵文中的**金剛**（vajra）一字，意指「鑽石」，是一切物質中最堅硬者。鑽石可以切割其它任何物質，但卻不能被其它任何東西所切割。鑽石的強度和不可穿透性，象徵著當金剛乘的正見在我們的心續中揭顯時，我們就開展出一種不為障礙或困難所動搖的特質。不管任何可能出現的傷害，是煩惱或肉體的痛楚，我們都有某種不為所動的特質，而不是馬上就不知所措或被障礙所擊倒。金剛乘的真正修行者在面對困逆時，是屹立不搖的。

我們在真正改進發心上是可以成功的，不僅對自己、對能夠幫助他人來說，都是很棒的。

沙拉醬

我傳法的風格，不一定是屬於我自己的個人風格，雖然那是我常使用的。我傾向於強調智慧的方式。同樣顯著的，是強調法門或方便的方式。請了解方便和智慧必須一直是攜手並進的，我們也必須一直將兩者結合起來修行。換句話說，我們需要結合福慧二資糧。另一種說法，是強調結合二諦：勝義諦與世俗諦的需求。方便和智慧、福德與智慧、世俗諦與勝義諦的結合，就像是在飛行中的大老鷹，需要雙翅來飛翔。這隻老鷹展開翅膀、遨翔天際，是基於雙翅的佐助。寂天菩薩曾說：「展開方便與智慧的雙翅，飛向證悟的境界、諸佛的淨土。」重點是兩隻翅膀同樣重要。想像有一隻鳥是以一隻翅膀來飛翔：牠可能想要飛離地面，但飛不了多遠就會很快墜下。

還有許多其它這類的譬喻。人類不是也需要兩條腿嗎？說話的時候，我們不是需要上下雙唇嗎？吃飯的時候，我們不是需要上下排的牙齒來咀嚼嗎？在目測距離時，我們不是需要雙眼嗎？要敲鑼時，我們不是都需要槌子和鑼來敲出響聲嗎？同樣地，在修持佛法時，我們也同樣需要方便和智慧、方法和洞見。這不是某人的發明或聰明的想法；這就是實相的狀態，這是放諸四海皆準的自然法則。

最好的狀況，是以認出心性、配合善巧金剛乘法門的方式來修行。這些法門包括了皈依、菩提心、前行、本尊法等。同時修持這些，既不捨去其一，也不捨去別的，是圓滿二資糧的最甚深方式。這是將基帶入道上的方法，這也是我們想要再思惟多一些的議題。

不管我們運用何種佛教的修行，都應該一直記得二資糧必須圓滿。從聲聞的修學初階，直到包括大圓滿（Ati Yoga）在內都是如此。有各種圓滿二資糧的方法；在此，我將討論一種大圓滿獨特的趨徑。

認出空性——亦即了悟無我、沒有獨立個體性的洞見——是本初覺性本身的狀態。修學這個狀態會圓滿智慧資糧，在任何你所修的正式修行中，不要將超越參考點的此智慧資糧拋諸腦後，反而，應該以對空性的指認來包含此不共修行。這樣的修學圓滿了福德資糧，你也不需抓住任何的概念或掙扎便可這麼做。如此一來，僅是修學對心性的指認，你就自動地圓滿了福慧二資糧。

藉由金剛乘的甚深法門，二資糧的圓滿可以極為廣大，利用某些善巧方便來進一步強化對心性的指認，我們可以更快速地開展、進展到更深的層面。

讓我來介紹其中的一些法門。佛教修道的入門，即是皈依，包括了視佛為你的導師、以法為修道、且以僧團為道上的同伴，以這三者為依持，即是皈依。我們以三寶為皈依的對象，稱做外三寶，以證得圓滿證悟的狀態。換言之，你可以說：「我相信外三寶，以便了悟與實證內三寶。」

一旦我們了解在外在世界生活的日常俗務上，我們對各種事情已經有了某種程度的皈依後，就不難理解皈依了。舉例來說，做為大學生的我們，受到教育規制的幫助與佐助，我們尊敬大學為何，學校也讓我們得到了學位。在此我們便是皈依大學，在那方面的意義上，大學是值得皈依的。我們所接受的世俗薰陶，讓我們得到完整的教育、智識上的學位，這和佛法的教授是相同的。我們的同學及教職員，便是大學的僧團，是我們尊敬的對象、我們在教育之道上的幫助者。以佛教的用語來說，有佛、代表證悟的究竟狀態；有佛所傳的法，是達到證悟狀態之修道上所用的；然後是僧團的同伴、我們的同修，提供我們援助和幫助以抵達目的地。當我們以這種方式來皈依時，便是接受了捨棄傷害他人、及遮止傷害他人之因的戒。

一般而言，真實有兩個面向：權相與實相。我們皈依權相，這是迷惑的狀態，以了悟真相。一旦我們還未了悟事物的實相，便需要尋求皈依對象的協助。會有一些有益的影響生起，以舊有的名相來說，這便是加持。

透過皈依，我們事實上是在請求影響。我們**想要**被諸佛所經歷的事物所影響；我們**想要**諸佛證悟的境界來撼動我們的心，這便是皈依的真正目的。這事實上是可能的，因為諸佛的證悟境界並不是固著的、實體的，而是非物質的。既然我們的心也不是由實體所造成的，這兩者——介於我們的心和諸佛的證悟之心——之間的聯繫便可生起。用實體來影響我們非物質的心，會有一些影響，但僅是浮面的。真正的加持，唯有透過我們內心非物質功德的分享，才會產生。

我們可能會覺得自己迷失、無助或一文不值而扭曲了皈依的行為：「我除了順從佛、法、僧之外，什麼事也做不了。」於是我們等在那裡，期待著諸佛帶著我們、把我們丟向證悟的境界，猶如往水塘丟擲石塊般。抱歉，事情不是這麼回事。這不是皈依的正確方式。反而，將皈依視為願意了悟證悟的狀態，好讓我們能夠了解諸佛的智慧與我們本俱的本初覺性在根本上無二無別，這才是真正的皈依。

一旦我們以真實的、有效的方式建立起皈依的態度，下一步就是成為一位菩薩。受菩薩戒，基本上表示我們下定決心要幫助其他眾生，我們也主動地建立要這麼做的基礎。換句話說，已經受了菩薩戒，我們就算屬於菩薩之列。這並不表示僅是受了菩薩戒，就成為完美的菩薩了。反而，這表示我們朝向這個方向的目標；我們邁向完美的菩薩。受了菩薩戒，猶如種下了成為菩薩的種子，我們創造出幫助與利益他人的基礎。

菩提心、證悟的態度，就像是我們本性的滋潤劑，彷彿是在我們本性沙拉上的沙拉醬。沒有菩提心，就會有一點太乾了。我們通常對經驗的固化與執著方式，導致我們被染污，逸離本性。這種追求讓我們變得十分枯燥、躁動與不安。我們總是以一種非常限制與心胸狹隘的方式，追逐著這個或那個。我們的視野與目標都必須敞開，我們可能一下子無法生起真正與圓滿的覺醒心境，但是最起碼可以開始形成一個願望、一個決心：「我想要利益一切眾生，為此我將修持佛法。」我們是可能經驗到這種開放、這個起點的，就在此時、此刻。

真正的菩提心，是覺醒之心，當然已經俱現在我們身上、是我們的本性，但卻被我們日常思考的方式所遮蔽，被包裹在染污概念的殼中。要立即羽翼豐滿地見到菩提心並不太容易，我們彷彿需要一點一滴地抄襲覺醒之心，透過形成一個念頭來加以模仿。除了摹寫覺醒心態之外，真的別無他法。當一個新的小玩意兒在美國被發明後，在中國馬上就有人做了一個仿冒品來銷售。真正的小玩意兒還是在美國，但仿冒品卻到處都是。同樣地，我們需要用形成對一切眾生的悲心之念，來複製菩提心。這並沒有錯。菩提心沒有版權，也不是公司行號的產品，所以我們並不會挨告。我們只是想要模仿我們所聽到的種種，關於諸佛與往昔大師所證悟的覺醒狀態。

現在我們已經聽聞了許多大手印與大圓滿的法教，談到我們應該全然地離於造作的概念、徹底地自然，了悟心的本初、自然狀態。在這裡我卻說：「形成想要利益眾生之念。」我們可能會覺得：「這是造作的，假如我試著構成某個並不是已經存在的事物，那麼我就是在腐壞心的本然狀態。」我們甚至可能覺得罪惡感和羞怯於這麼做，結果一事無成。當然，假如你已經了悟一切諸佛覺醒狀態的本初覺性，是很好的，不管怎樣，都不要退縮。假如這在你自身的經驗中確實現起，一點問題都沒有。但假如不是這樣，而你對造作菩提心覺得有罪惡感，到頭來你一無所有——既沒有真正的東西，也沒有仿冒品。很多人就絆倒在這個問題上。

做個仿冒品、造作一個概念，假如是有幫助與有用的，完全沒問題。假如一個仿冒品就像真品般有用，有什麼問題呢？在此的重點是，假如我們沒有任何東西，假如我們對菩薩的心境沒有自發的動機，那麼抄襲是無妨的，因為這樣你至少有某個東西。當你不斷改進，就會變得越來越好，到最後這個仿冒可能是完美無瑕的。模仿一切菩薩所發的誓戒，一點都沒有錯；事實上，我們應該這麼做。

皈依與發菩提心，都包括在被稱為前行修法的四次十萬遍殊勝法門之中。修前行法，是非常珍貴的一件事。我們由皈依並兼做大禮拜開始，禮拜十萬次。有時我們發起堅定的菩提心，與皈依、大禮拜一起。皈依的目的，如前所述，是為了出離輪迴，並朝向圓滿證悟的目標。我們尋求三寶的協助來做到。

下一個前行，是禪修與持誦金剛薩埵。金剛薩埵是總集了其他所有證悟佛部的佛。金剛薩埵被稱為諸佛的本然形相，且是淨化之佛。這個修行去除我們所有的惡業和障礙、在破犯誓戒方面的所有過失與毀墮——這會阻礙我們在證悟之道上進步。

接著是供曼達。目的是為了要消除各種我執，和執著於某物是我個人所有的任何概念性心態。藉由外、內、密的曼達供養來給出所有事物，消除一切的執著型態。同時，自動地，圓滿了福德資糧。

據說最初的供曼達，出現在佛陀獲得圓滿證悟之後，那時天界之王、梵天（Brahma）與帝釋（Indra），請求佛陀傳法。在獻給佛陀一個千輻的金輪與一只神奇珍貴的右旋白螺後，祂們祈請佛陀開始傳法、轉法輪。

之後，當藏王赤松德真邀請蓮師入藏，在西藏建立佛陀法教時，他撰寫了四句偈頌來獻供。在他向蓮師供曼達並請法時，獻上了整個王國、衛藏的三個省份，當做供品。以整個王國為供時，他唱誦了這四句偈，時至今日仍舊傳頌著：

大地塗香敷妙花，
須彌四洲日月嚴，
觀爲佛國作供獻，
有情咸受清淨刹。

有人告訴我，拜赤松德真王敬獻此供的吉祥緣起之賜，才讓金剛乘的法教得以在西藏的國土中，以自然和非常吉祥的方式，維續了這麼長久的時間。

這般吉祥緣起的成分是什麼？是徹底降伏了我執所構成的。這基本上便是我們所修的供曼達——把可能執著於「我」和「我的」一切事物都放下。我們可以說赤松德真王完全地敞開他自己。他將任何可能執著於是他的東西，全都給了蓮師，藉此他使自己變成真正適合金剛乘法教的法器。

藉由徹底地降伏我執，赤松德真王為西藏的金剛乘法教建立了可靠的基礎。將他的整個王國獻出去，不僅是個不可思議的勇敢行為，也是一個暫時與我執劃清界限的方式。當然，在一刻接著下一刻中，我執不會完全、永久地被消弭。這是一個透過嚴謹修學而發生的過程。但是，暫時地擱置我執，仍是非比尋常的一件事。

有人可能會問道：「我怎麼能獻出須彌山、四大部洲、日月等等，當這些並不是真的屬於我時？我怎麼能給出這些？它們也不屬於赤松德真王，所以他怎麼能給出去？」並不需要這麼雞蛋裡挑骨頭。事實上，我們的世界的確是屬於我們的。任何我們透過五根所感知到的事物，以及任何發生在心識田上的事物，都構成了我們的世界、我們的生活，既然是我們自身經驗到的內容，就是我們的、可以給出的。我們個人的經驗並不屬於任何其他人所有。因此，我們能夠給予任何我們感知為我們世界的東西。

供曼達的目的之一，是為了消除我執。另一個目的是為了圓滿福德資糧。任何施予的舉動，便是一個供養，不僅是被施予的對象，也包括了要創造出那個對象的努力。舉例來說，當你供養一盞油燈時，不僅是點燃燈芯的動作，也包括了你要注入奶油或油、製造燈具、組成燈具的心力等等的工作。這個原則應用於其它形式的供養亦然。基本上，所有的能量便是創造福德的來源。

有些人蠻能了解福德的概念，但對其他人來說卻難以理解。福德絕對是存在的，就像這世界上的其他東西，福德是由因緣所形成的。一切萬法來自於因與緣，任何地方都沒有獨立存在的個體。凡事都倚賴因和緣。舉例來說，任何物質都倚賴四大。尤其在西方，因為強調物質性，事情是非常相倚相成的。如同其他事物般，福德也倚賴因和緣。透過福德資糧，善境可被創造出來。例如，值遇佛法並接受修行的教訣，需要一定數量的善緣使其自動出現，這件事的發生需要福德。

供曼達是一個非常甚深的修行，這也是為何供曼達在西藏傳統中是前行之一的原因。

我個人覺得所有的前行都十分重要，但在其中，最為甚深的可能是上師瑜伽與供曼達了。這並不代表其它的就不甚深，反而可能是最甚深的。人們常跑來告訴我說：「我了解要做大禮拜、皈依的原因，我也了解金剛薩埵修行的淨化面向，但是我就是不懂供曼達的目的，我也不了解上師瑜伽。」這類的陳述，顯示這些修行實際上是多麼地深奧。自我不那麼願意去接受它們，自我是非常聰明的，也想要對任何會瓦解它的事物、對任何證明有害其伎倆的事物，製造出疑惑，這便是我執。這是真的——你自己檢查看看。任何時候對自我有害的東西出現時，自我就會試著對它掀起疑惑。我們在一開始就得認出這個詭計。

大禮拜對人們來說是易於了解的。有些人視大禮拜是很好的身體運動，他們覺得大禮拜對心臟很好：「喔，我了解。大禮拜增強我的雙腿和背部。假如我禪坐了一段長時間就會背痛，於是我就做大禮拜來矯正。我可能會覺得昏沈或懶惰，但是大禮拜會砍掉懶惰。我想皈依是很重要的：不管我們做什麼，都需要某種型態的指引。所以我們有佛陀做為導師、法做為修道或技巧、以及朋友做為僧團。我完全了解皈依，金剛薩埵是本然形相或悲空的顯現，我懂。藉著持誦咒語與觀想這些向下充滿我全身，嗯，我不太清楚什麼是惡業與障礙，但是我覺得罪惡感變少了。所有對我自己覺得不好的感覺都沒有了，所以挺好的。業力，所有這些東西，嗯，我不是真的明白——不過沒關係，我肯定有一些包袱，一些煩惱的習性，我應該要清除它們；這是有道理的。

不過供曼達我就不懂了。供養整個世界——世界甚至不是屬於我的。須彌山甚至也不存在，什麼是四大部洲，事實上不是有七大洲嗎？為什麼要供養日和月呢？這是荒謬、瘋狂的談話。還有關於加持的事情，我也不懂。以及我們為何必須向上師祈請，上師充其量不過是血肉之軀的人，不就像我們一樣？這有什麼意義？」

這些疑惑的出現，是因為我們沒有真正了解上師瑜伽中「上師」的真正涵義。上師並不只是你所遇到的某個人而已，上師的原則代表許多事情。有**法身**、**報身**、**化身**、與**體性身**（svabhavikakaya）的上師；有活生生傳承上師的上師；以及示現為我們生活環境的上師，和我們所閱讀經典的上師；之後還有我們自性的上師。我們必須了解所有這些面向，都是上師。假如你從一棵樹學到了某些東西，那麼這便是象徵性覺受的上師。你可以說：「好吧，我將以樹為所依；我從那兒學到了某些東西。」假如你的太太讓你不好過，而你從這件事學到了某些東西，你的太太在這種情境下，便是你的上師。

上師瑜伽的目的在於接受根本、傳承上師們證悟的加持。對自己心性自明覺性的指認與穩固，沒有活生生上師的直接口傳，這是不會發生的。因此，與一位活生生上師有聯繫並修持上師瑜伽，是不可或缺的。

前行在正行之前，是有非常好的理由。前行的每一個環節，都意味著像是一支杵，要碾磨、壓碎你的懶惰。想像你正在做辣醬，藏文稱achaar，用一個石臼和一支杵。當你在做這個西藏辣醬時，你要不斷地加入大蒜、薑、紅辣椒、和香料，把它們一起搗成滑順的醬料。前行也是一樣的：你先是用大禮拜來粉碎你的懶惰，接著用金剛薩埵，再用供曼達和上師瑜伽，直到所有的懶惰都消失無蹤。假如你是以一種有效、徹底的方式，真正做完這些修行的話，就沒有任何懶惰的空間、可貪圖個人的舒適——根本不可能。

在我們做完所有的前行法後，會發現自己可以禪坐上一個小時、五個小時、六個小時，這真的覺得像是在休息：「先前我所經歷的是這麼地辛苦，但這沒什麼——我可以輕易地坐著禪修幾小時。」這是因為懶惰已經被徹底擊潰了。

你可能會認為只要做十萬遍就夠了，但在我們的傳統中每項都要做十萬遍。做到這個數量，就不可能偷懶。除非你真的堅持下去，真的督促自己、並花上很多力氣，你是永遠無法完成的。就這樣，因為你每個修行都做上十萬遍，懶惰就不敢跑回來。懶惰會對自己嘀咕道：「假如我待在這裡，只是會討上一頓打而已，假如我敢再跑回來，可能會再被打十萬次。所以我再也不想待在這傢伙的身邊了。」我不是在開玩笑；這的確是真的。

對已經證得自明覺性的修行者來說，修前行法可以完全抹去所有的懶惰，毫無懶惰的殘存。同時，這些修行也圓滿了二資糧並去除一切的障礙。藉著去除障蔽的穩定過程，心的體性可以更深、更進一步地被彰顯。所有這些都是透過前行的修行而發生的。

當我們打算開始金剛薩埵的修行時，最好接受金剛薩埵的灌頂。這讓我們能夠了悟三金剛——身、語、意在本性上是俱生三門的真相。在金剛乘中有四種層級的灌頂：寶瓶灌頂、秘密灌頂、智慧灌頂、與文字寶灌頂。一旦我們接受了灌頂，運用善巧方便就像是在擠壓我們的身、語、意，以一種別無選擇的方式，讓身、語、意被了悟為俱生三金剛，即金剛身、金剛語、和金剛意。沒有別的選擇；這是不可避免的。

在金剛乘中有太多要學習的，也有許多善巧的法門。舉例來說，五毒在本性上是五智，這五智是五方佛——亦即，假如煩惱的體性被認出，那麼就真的可說吾人不用壓抑或排斥煩惱，反而，煩惱可以被了悟為是本初覺性的五種型態、五智。稍後我會再就此做更詳盡的解說。

金剛乘是珍貴與稀有的，密咒乘的法門並非時常傳授。在此賢劫千佛出世中，金剛乘的法教僅在其中兩位：釋迦牟尼佛與之後文殊佛示現的時代，才會存在。除此之外，金剛乘是不會出現的。為什麼會這樣？金剛乘的法門僅出現在適合的時間，也就是煩惱以熾盛與嚴酷的方式清楚顯現的時期。我們目前的時代就是這些時期之一。

當煩惱非常強烈與粗重時，在煩惱中潛藏的智力也相對強烈。強烈的煩惱製造出大問題。每當有更多問題和混亂時，就有機會讓強大的洞見產生。目前這個機會垂手可得，現在正是金剛乘的法門可被運用的時候。以金剛乘的非常深奧與迅速法門為基礎，是可能在此身與此生中，獲得真正與圓滿證悟的。假如我們不在此生證悟的話，據說也會在三世、五世、至多十六世證悟；亦即，吾人不破犯三昧耶、不培養不淨觀、也不違背法教。因此，金剛乘的修行者最多在十六世中，保證可以獲得證悟。

諸佛的一般法教，多半是在培養一種寧靜的、不複雜的心境，離於強烈的煩惱。正因為是這種強調，也就沒有強烈智力的俱現，也就不提供了悟智慧與迅速獲得證悟的機會。利用顯教的法門，吾人必須歷經三大阿僧祇劫的修道，這是非常、非常漫長的時間。這條道路提供了一個邁向證悟的極溫和、穩定旅程，相較於金剛乘，是不複雜與更安全的道路。

但是，現在，我們有了這個機會，與其壓抑煩惱，不如了悟其本然的純淨。要運用這個，並真正了解金剛乘，你必須有強大的智力，否則你無法掌握這些法門。你需要非常敏銳的俱生智慧，來消除或破除心的概念性框架。概念之心想要讓你停留在概念的疆界裡。

金剛乘的修行者應該不要鄙視煩惱。煩惱就像是煙，假如有煙，就有火。換句話說，當你看到某人有著非常強烈的煩惱時，那個人也有許多的智慧。誰知道？透過善巧方便，這個人或許能了悟在煩惱中的本初覺性。這個人可以在金剛乘的修道上有極大的進步。當然，這並不表示一個人就應該被困在煩惱中。當我們被煩惱所宰控時，不折不扣地就像是個凡夫：我們在修道上沒有進步。

請不要誤解這點。我剛剛所講的，是在金剛乘的修行中，我們欣賞煩惱。我不是說你必須要**製造**出更多的煩惱。不要認為：「當我在上師面前時，我應該表現出一些瞋心；這樣他說不定就會教我金剛乘。」請不要自找麻煩！

我們根本就不需要製造煩惱。反而，在自然現起的煩惱中，我們會發現一些力量、一些智力。這種力量可被理解為是本初覺性的燃料。想像著另一端——某個人從不會生氣、從不會煩躁、從不會沮喪、也從不會欣喜；他沒有念頭要傷害別人，也沒有念頭想要幫助別人。這種性格是無精打采和自滿的，滿足於昏昏然。

我們毋須擔心會變成這樣，因為不會如此：現在我們處在一個情緒極度混亂的時代。也許在未來，會再度出現這種情緒平靜的類型。據說當彌勒佛出世時，會逐漸地沒有疾病，人類的壽命將會延長，因此人們會經驗到不用擔心生病或不舒服；會有許多食物，所以任何時候吾人想要吃東西，只要伸出手就可以拿到一些；也不需要費力地去照顧自己，所以對自己的生存沒有希望或恐懼。吾人只要坐下來、放輕鬆，不用擔心任何事。因為沒有太多的情緒困擾，所以也就沒有任何人是適合金剛乘法教的法器。因此，就不會有金剛乘的法教傳出。

當然，今日我們根本就不是這種處境；我們是處在相反的情境中，煩惱熾盛。當我們運用這些金剛乘的善巧法門來消除迷惑時，越來越少迷惑產生，特別是當我們已經了悟本初覺性的本性時。一些法門會斷除迷惑的耳目；一些法門會撕去迷惑的臂膀；一些會剝除迷惑的肌膚。藉由對這些法門的運用，迷惑生起的時刻越來越少，直到迷惑完全消失為止。

請認清如幻經驗與相信如幻經驗為真之間的差別。這是兩回事。如幻經驗早已發生；其場景也已經產生，這便是我們目前所處的狀態。我們還未能夠免於一刻接著一刻的幻相。我們所需要面對的，關鍵行為的重點所在，是除此之外的別件事。我們**可以**轉移並消除對這些如幻經驗的信以為真，這就像是我們已經睡著並開始做夢，沒辦法對它怎樣。但在夢中，我們可以面對自己對夢境的信以為真；我們可以認出這不過是個夢，並不是真的。一旦我們在做夢時，發現夢也只是個夢時，便有可能醒過來。你了解這個譬喻嗎？在夢中，你正在做夢，假如你知道你在夢中所經歷的只是個夢時，那麼你就能找尋一個方法醒過來。但你不知道要怎麼醒來。你了知這是一個夢境，但你缺乏方法醒過來，所以在夢中，你到處去尋找這個方法。尋找方法也是這個夢的一部份，然後你可能遇到在夢中的夢大師，夢大師教導你；這個法教也是這個夢的一部份。但因為你運用了夢的法教，你回到了最初的狀態，這就好像是你醒過來了。夢大師傳給你一個夢法門來真正地叫醒你，於是你就醒過來了。你並不是**真的**從夢大師處得到醒來的狀態，因為夢大師也是個夢。但你從他那兒得到了方法，你運用它，於是你醒了過來。

同樣的脈絡，佛陀也曾經說過：「佛陀未曾說法，現在不曾說法，未來也不曾說法。」在許多的法教中，有許多層面來了解這個教示。有不了義的層面，也有了義的層面。我們不需要執著於每個教示都是勝義諦。

在了悟心性後，我們運用各種法門來圓滿之。我們需要加強觀的部份以進步。開展觀的力量是困難的，但我們不應該放棄。想要參加世界盃足球賽的球員，要不斷地訓練。他們試著圓滿其力量，以便有資格參加世界盃的賽事。你得生之為人，這是成為世界盃球員的基本要求。你可以訓練一隻猴子去成為世界盃的冠軍，但牠沒辦法打球，因為它是隻猴子；一隻猴子只能表演猴子的行為。同樣地，你需要先了悟心性，對心性的了悟、心性的力量，需要透過各種法門來慢慢地圓滿。

金剛乘中本尊雙運的描繪，告訴我們方便與智慧缺一不可。雙運是本尊的本性——空性與覺受的雙運。覺受的面向顯現為男性，而空性的特質則是女性。不了解這些雙運本尊的真正意義，吾人可能會認為：「為何本尊總是雙運？難道祂們不曾滿足嗎？看起來祂們好像一起被困住了！」事實上，這個象徵代表了空性是一種完全不受任何蓋障所沾染的狀態，這個狀態顯現為樂空不二。這也是將本尊描繪為赤裸的目的，祂們全然開展的大樂裝扮，象徵著我們五蘊、五大、與五根的本尊，透過空樂不二的指認，以其最清淨的本性完全揭顯出來。

有藉由貪而獲得解脫、藉由瞋獲得解脫、藉由癡獲得解脫的途徑等，就這樣，在金剛乘中有許多甚深的法門。密咒金剛乘是極為甚深與極有效的。

當你運用金剛乘的法教時，對什麼是什麼，要以清楚、免於任何錯誤認知的方式來加以運用。我們必須清楚知道目的與象徵的意義，才不會對金剛乘法教的甚深本質產生扭曲。在這世界上，是非常、非常難發現比金剛乘法教更為深奧、珍貴的東西了。這是我個人的看法。

為何如此？為了克服煩惱，不要被困在煩惱之中，或被煩惱所襲捲，再沒有比了悟心性更為甚深的法門了。你可能想要將一個痛苦的煩惱粉碎成碎片，但你不能用核子彈來將此煩惱炸掉。即便有成千上百顆核子彈同時爆炸，也不能阻止分別心製造出更多的煩惱。假如有人殺掉了這世界上的所有人類，分別心仍舊會繼續製造煩惱。透過業力，所有人的心會投生在別的世界，一如以往地繼續運作。

不管吾人服用任何藥物，也沒辦法阻止分別心攪動自私的煩惱。這不是像電影《駭客任務》中，你服用了藥丸後就從現實中醒來。沒這麼容易發生；真的沒辦法做到。當然有藥丸可以服用，有藥丸讓你減少感覺、讓你不會有感覺、或是讓你感覺不到任何東西，變成徹底遺忘——沒有煩惱、沒有覺醒、沒有什麼都沒有（no nothing）。

但是，沒有任何藥丸能讓你真正變得更慈悲、更少攻擊性，讓你更有智慧、更不會被困在煩惱中。據我所知，目前沒有這樣的藥物。在未來，誰知道？但等待著這種藥丸在某天面世，肯定是沒有幫助的。最好在目前就運用實際的修行方式！

首先我們需要的是了悟心性，並開展此力量。當我們持續地開展此了悟的力量時，有一天就能達到穩定。

現在可以問一些問題嗎？

學生：我不想質疑佛法，但我難以結合佛法與現代心理學。

仁波切：我不覺得在心理學方法和佛教法門之間，有任何真正的扞格。重點是方法管用與否。假如有用，很好；就沒有扞格。假如仍有瞋心或怨恨的痕跡留下，那就不是真的奏效，也就不是那麼好的一個方法。真正的考驗在於心理學的方法是否真的有效。

舉例來說，有人發現一再地感覺到攻擊性的原因，這個人開始探討：「為何我會變得如此生氣？似乎沒有太多的理由，這是非理性的。」於是這個人發現有一些之前的原因，過去落在**我**身上的某些事情並沒有真正地解決；或許是爸爸和媽媽在我小時候對我的虐待，或是其他人對我的凌虐。因為了解這個，這個人可以踏出對自己的憎恨。吾人更加了解自己，就有更多的自知之明。但對爸爸和媽媽或是任何的加害者，仍有一些怨恨；那一部份的問題並沒有真正地解決。吾人對自己的瞋心已經消失，但仍有一些其它的怒氣存留著。這表示這類的療法就一併消除瞋心的角度而言，並非真的那麼有用。

但假若療法進行地更為深入些，於是這個人可以真的原諒怨恨的目標，並完全消弭瞋心，這表示治療是有效的：瞋心被捨棄與解決了。換句話說，當這個方法奏效時，就很棒。透過這個方法，吾人經歷到一種解脫。吾人免除了那一種的煩惱。那麼這就是真正的治療，真正的治癒。

我必須承認對某些型態的西方療法有些意見。即便它能解決人們的許多問題，但有一種怪罪父母或童年問題的傾向，對每件事都是如此：「你很好，一點問題都沒有，但你有問題是因為你父親對待你的方式，所以你父親不好。」在這件事上暫時有些釋懷，因為你把問題的焦點從自身轉移開來，以其方式看來也合乎邏輯，言之成理。但這製造了另一種煩惱的根本，就是對自己父母的怨恨。

佛教心理學試著從不同的角度，去解決整個問題。你開始讓自己習慣於認為一切眾生、無數的眾生，是你自己的父親與母親。其他眾生是悲心的首要對象。與其累積對自己父親與母親的怨恨，你應該責無旁貸地視一切眾生是你自己的父親與母親。假如你修學視爸媽為你的敵人，然後被告知要視一切眾生是你的爸媽，基本上這就表示：「一切眾生是我的敵人！」

在此的重點是誠實，你不需要怪罪任何人。你甚至不應該怪罪自己。要了解這是非常重要的要點：你所經驗到的一切是空相，是空相的非實質存在。了解空性，當場就解決了每個問題。

佛教有許多法門。有兩個主要的法門可以運用在此情況下：一個是分析式，另一個是放下。分析式的禪修包括了試著追溯瞋心到底在哪裡、是從哪裡來的、是由什麼所組成的，等等。假如吾人發現——就像吾人也能在心理治療上發現的——實際上，並沒有真正的瞋心可在任何地方找到，瞋心不是由任何東西所組成的，那麼這個方法便能實際解決問題。

在其他的法門中，稱為禪坐或「放下的修學」，你僅是放下概念之心的一切涉入；這也能從問題的核心直接解決問題。有時分析式的禪修並不夠，因為概念性的心態仍會徘徊在問題上。這也是為何我常強調第二種法門、放下的修學的緣故。在藏文中稱做 jo-gom，字面上的意思是「鬆坦的修學」。

在分析式的修學中，吾人可能會試著找到一個情境發生的原因，並用理解的方式來解決問題。舉例來說，我檢視為何我會感覺是這個樣子：「是什麼讓我覺得是這個樣子？在童年時的爸媽或某些事件造成的？」假如是**我**和分析之心被認定為真實的話，試著在調查的**我**，仍被認為是真的在那兒，那麼就很難真正原諒，因為傷害真的已經對**我**造成了。不管這個人怎樣努力告訴自己：「他們真的沒辦法；你不能真的怪他們，因為他們也被困在自己所做的事情上，為什麼不就這樣放下。」事實上很難這麼做，因為緊抓著**我**不放，要那個受到傷害的人放下並不容易。

另一方面，當我們發現透過修學放下，這個**我**實際上並不真的存在，是可以就這樣丟掉的。那麼就更加容易解決整個問題了，在此的技巧主要是放下這個**我**。我了解這並不是那麼容易，但我也明白假如我們成功的話，是會非常有用的。在這件事上請相信我。

止：利益

好，現在我們都在加德滿都的河谷，有污染、生活困苦，我們的所有計畫和藍圖都持續地被阻斷。當人們一飛來這裡時，想著：「真是塊淨土！我到達了佛國！我所計畫的都能順利、簡潔地付諸實行。」但是接著怎麼了？一旦你試著做某些事，你就被告知：「不是今天，明天再來。沒問題……會發生……但不是今天。」即使你派給某人一項困難的差事，他們也會說：「沒問題，我明天會處理。」到某種程度你了解這並不像在美國，人們可以說不要。在這裡他們說：「當然！對！沒問題。」你想這真是太棒了：「兩、三天之內，我就可以做許多事！」然後你發現「好的」實際上表示「不好」。我相信你們許多住在這裡的人，都熟悉這檔事。

有些人心中帶著特殊計畫和目標來到尼泊爾，一個佛法修行者可能會想著：「好，我有六個月待在這裡，我要先見見這位上師，然後是那位上師，再來是第三位上師。我要請這個和這個法，並接法；然後我要去這個和那個聖地修行。我將會有這樣和這樣的證悟，然後回家。」

假如你是個外國的救援志工，你可能會想著：「我將要執行這個特別的計畫，這將會在這個和這個日期完成。」假如你是個登山客，你可能會想著：「我將要攀登這座山，並在這個區域登山。假如還有時間，我將去這個和這個地方。」你可能會有一堆不同的計畫，但到最後你好好去過的地方，只有你計畫要做的百分之二十。對這種特殊的處境，一點辦法也沒有；這只是安排計畫習氣的一種寫照。同時，尼泊爾人也相當知足。他們很隨和，也喜歡微笑地說道：「沒關係，沒問題，明天，沒問題，五點鐘，可以嗎？」於是你等到五點鐘，什麼事也沒發生。他們會說：「抱歉，突然有事情。明天，兩點鐘，沒問題。」第二天一樣，什麼也沒有。

在尼泊爾的外國人要面對一種對照，介於凡事都照固定行程的習性並因而認定事情就會按時發生，與實際在尼泊爾的現實之間的對照。在尼泊爾凡事都比較鬆散，也沒那麼固定。假如我們能夠在這六個月期間放下一點點我們死板的預期，當我們回家時可能會是個比較快樂的人，即使我們沒有完成多少事。但假如我們開始找缺失並死纏著沒發生的事，就會發現只是按部就班是行不通的。另一方面，藉著學習不要太在意，我們有機會變得更快樂。

我想要在這裡傳達的是，假如我們想要學習如何以一種知足、開放和自由的方式，與自己和周遭環境自在相處，那麼尼泊爾是一個學習這些的好地方。刻板地目標導向，並想要依照特定行程而敲定每件事——「我想現在就達成這個；我想要準時地完成那個。」——只會讓我們在這裡更緊張而已。要進口我們僵化的西方行程心態，並將其疊放在東方混亂的現實中，是一種充滿挫折的練習。我們必須明白其中的差異。在這個尼泊爾明顯的混亂中，這個世界的幻相似乎變得更為顯著。要試著讓這個幻相變得更固實，是令人挫折的，因為根本就不可能。我們不能讓一個幻相固體化；這不是幻相的本質。

幻相的基本特質是迷惑。當我們了知這僅是幻相時，幻相馬上就變得更易著手。西方的習氣是對抗本性，並試著將幻相組織成某種堅實與結構性的事物。這種方式基本上是有問題的，因為本來就沒有用。但似乎許多人喜歡挫敗自己，充滿壓力地嘗試把事物的如幻本質固定，讓本來已存在於我們自身的自在、開闊、覺醒、和自由的機會，白白失去，我們不知其蹤。

我想讓我們發現到有一個方法能讓我們不全然被困在對客體的迷戀上——一個安住在

自性上的方法。我們不但能夠自由自在，也可以在日常行為的活動中不迷失。而且，處在此本然狀態中，還帶來了一定程度的明晰。這種明晰可以顯現為悲心。

在這世界上有許多人談論悲心。這是個掛在很多人嘴邊的字眼，當然這是非常重要的。假如我們真的成功地成為一位真正的菩薩、一個有著證悟心境的人，這是很棒的。但要讓這個真的發生，有許多因素必須結合在一起。我們心中真正俱現菩提心的第一個絆腳石，便是我們被所感知客體佔據的習性，在某種意義上，我們的注意力以較為僵化的方式，聚焦在「我得到了那個」。在這種迷戀上沒有真正的休息。我們持續地注視著客體，被這種努力搞得疲憊不堪。我們的經驗是將自心執著在不同事物上的混合體，一個接著一個，被這麼做弄得筋疲力盡。因為我們幾乎不斷地被這個、那個、和下一個事情所佔據，幾乎沒有任何自由的時間，能為別人做些事、關心別人。在我們的心中沒有真正悲心的任何空間。這是第一個障礙：被個人得失所佔據。

在這種情況下，一位見習菩薩、試著要成為一位菩薩的人，會怎麼做？首先，了知要從這種忙碌、這種一個接著一個持續關注某一客體中安靜下來是有必要的。容許這種狀態來放鬆一下，好讓止的功德有機會在你的心中浮現。這些功德通常稱做**大樂**、**清明**與**無**

念。透過修學，這些功德在你心中益發明顯。在這裡或許「自在」會比「大樂」較適合些。我們越自在，就越願意敞開一些。當我們的心態不是專門以「我」為目的時，就能更加準備好去分享。有一種感覺想要讓所有的朋友都自在，慢慢地擴展到包含了周遭的所有人、整個區域。

首先，靜下來是需要的，隨之而來是祈願別人安好並關懷其福祉的修心。這一切都是從我們自身的自在開始的——換言之，離於痛苦並且自己不覺得有太多需求。唯有當我們不再需求過多時，才能開始去關懷。為了要讓菩提心是真誠的，在訓練自心去關懷別人變得可行之前，我們需要一種基本的平靜感和自在感。

對我來說，這個過程似乎是按照以下程序而來的：假如我們沒有靜下來，就表示我們仍是忙碌的。這種忙碌穿透了我們全身的系統，包括了脈和在脈中流動的氣。這變得快速和不安，讓我們的明點乾竭。若不靜下來，就不會有自在。我們愈安靜，就愈能放鬆與安頓；這讓氣有空間能更自由地循環著，而明點也更能充滿我們的系統。當這麼發生時，就會覺得有種自然的喜悅，能夠轉為悲心。這種自身的自在，接納或對自己的生存狀態有某種感情時，就能穩定地擴展到旁及他人。這是禪定修行真正的開端。

從自身的自在所發展出來的真正溫暖，是和成為一位菩薩的**見解**有一點點差異。後者的配方是「我要帶領一切眾生到達證悟境界」的想法。

這個見解是一種面向。另一個面向是當我們修行時實際上的真正感覺。這兩者之間可能會有相當大的差距！藉著放鬆並感覺一點點的自在，我們就能真正讓一切眾生獲得證悟？這似乎有點放肆，若不是有點大膽的話。不過，我們必須從某個地方開始，好讓這個目標能夠成真。我們相信：「我現在正在利益一切眾生。」但並非真是如此。現實上來說，我們所**能**做的，就是從某個地方開始，放鬆下來，有一種喜悅感，並將之擴展為悲心，然後逐漸地成為包容一切。

從對你自己培養出一些同理心開始，從你的右手臂開始：「這隻小手臂真不錯，還有小巧可愛的手指。雖然，當我年輕時，它們看起來更好些。啊，可憐的小手指——能怎麼辦？它們就在這裡；就是這個樣子。」接著你有左手臂、雙腿、身體、等等。這一切都沒問題；它們都在這裡。裡面也是——肺、心臟、內臟——都還好。但之前，你似乎並沒有對這些部份給予太多的愛與關懷。這並不是健身或試著在同一時間讓你變得和實際的樣子不同。反而，這更像是，這麼說吧，欣賞你的腎臟一直都在做著的辛苦工作：「坐在電腦前面，喔，你現在一定累了，我要讓你休息一下。你一直很辛苦地工作著。現在我要讓你休息一會兒。」同時——特別地！——也對這個可憐的大腦寄予一些同情。我們一直因為太過專注而壓縮大腦，現在讓它休息一下吧。

我們可以讓自己開始這樣的修行，試著充分地放鬆，直到完全自在為止。然後我們延伸這種感覺，到其他也因為各種困難而備受困擾的眾生身上：「願他們都能遠離一切的痛苦。」我們可以從這裡慢慢地延伸，而涵蓋更多、更多數量的眾生，直到我們的悲心變得無限為止。

因為對修行來說，以放鬆的心與一種自在、隨和心態為基礎，是如此重要，所以佛陀從止的法教開始傳授。佛陀傳下了兩種法教：一種是智識、或你偏愛的腦的；以及另一種是經驗的，你可以稱之為心的面向。因此，我們有心的法教和腦的法教。事實上，藏文中悲心的詞語，有「心」的字在其中；nying是心，而nyingje一詞是悲心。Je指的是「最重要者」。最重要的心便是悲心。

人們常對佛教中腦的法教比心的法教感興趣。但是，假如你只注重在腦的法教上，你便開始看起來像是這樣。**【仁波切拱起背、皺起眉頭，並瞇著眼睛】**你開始變得這樣，而且只會越來越糟。你差不多要完蛋、差不多要折斷了，因為要試著認定、抓住、保持、和攫取更多的事實、更多的細節、更多的概念。同樣地，假如你只集中在心的法教上，就會像是這樣**【以一種吟唱的嗓音】**：「嚕⋯，要仁慈。這實在太好了。啊⋯，這太棒了。啦啦，親親⋯⋯。」這也會變得有些怪怪的。

佛陀的法教實際上的目標，是在心的法教與腦的法教之間的平衡。事實上，我們需要腦的法教來改進心的法教，反之亦然。在心與腦之間，需要某些平衡的關連。

因此在心與腦的兩個面向之間的團隊合作是怎樣的？我們可以在腦對法教的了解與心的感覺之間，締造一些關連，所以我們可同時了解慈悲與其應用經驗的理由。結合心與腦，的確是一個理想的解決方法。

言歸正傳——沒有心的定靜，是很難有喜悅感的。沒有這種喜悅感，就不會有真正的悲心。假如我們完全受制於自己的經驗——**我**的感覺如何，**我的**問題是什麼，等等——根本就沒有機會去關懷別人的感覺如何。純粹沒有悲心的任何空間。因此佛陀說過：「首先，要修止。」

我們可能會先想要研讀，以便獲得對佛法的見解。但為了要成為真正的菩薩，實際上來說，我們必須先靜下來，然後從中生起菩提心。假如我們只是想要具有對成為一位菩薩的**見解**，而非真正的經驗，僅是這麼想著就夠了：「願我讓一切眾生證悟。」這樣就行了。在早晨這麼唱誦幾次，事實上，甚至不用麻煩去思考這是什麼意思，只要唱誦就行了。

想像我們的這顆心，就好像是一間大銀行，在我們的戶頭裡存入了許多念頭、概念和癖好。現在我們對日常、馬不停蹄、以一種不斷生起更多念頭和概念的型態深感興趣。這個銀行帳戶是高產值的！即便當我們要試著放鬆，念頭持續冒出來，想著這個那個。我們並不需要**試著**去想著這些——念頭就是跑來了。念頭佔據了我們，我們給了它們時間。其他的時間則是廣告或提醒，說我們的信用額度快用光了、或是戶頭超支了。總是有一些事情出現，即便我們在睡覺。即便當我們在做夢，念頭也不斷地湧現。現在，我們這些中年人，已經在這個戶頭裡做了豐富的投資。截至目前為止，我們已經提領相當多的利息。在四十五歲左右，我們開始渴求大筆的利息。在那之前，我們得到了一定數量的利息，但主要是忙於投資和轉投資。你明白嗎？

當你向後靠著放鬆時，是否真的自然地開始想到某些事情？某個東西進到你念頭的領域中。即便你不想去想，還是發生了。這是你先前投資的利息，進到你的心中，即使你決定：「我不想要這樣！我要把這個銀行戶頭解掉！」它還是發生了。念頭持續地生起，因為這是事物自然的法則。此時此刻我們完全、徹底地被困在這個思考機器的齒輪中。假如我們想要停止這個過程，就必須把整個銀行炸掉。沒有別的辦法，這個銀行到底在哪裡？它位於一個叫做**阿賴耶**、總基的地方，這個銀行的名字就叫做**概念**。稱它是**概念第一銀行**。它以如此慷慨利率所支付的利息，就叫做**念頭和煩惱**。

在這種情況下我們要怎麼做？這個銀行已經在那裡了，我們已經做了可觀的投資，於是收到了許多利息，我們不知道要怎樣炸毀這間銀行。許多人只是苦於這種情境，當每個念頭來時就想著，當每個煩惱湧現時就感受。實際上來說，我們要怎麼對付這種情況？這便是佛法修行之所在；這是另一種的投資。從修止開始投資，然後是觀和菩提心，接著是一連串的修行之道。

在我們目前的處境中，是念頭和煩惱現起的持續回饋。我們試著裝聾作啞；假裝什麼事都沒發生。我們試著隱藏起來，但沒有用。我們需要試試別的東西。實際上，我們並不是在一切事情都自動解脫的狀態，我們必須從某個地方開始，這個起點便是止。止的第一步是停下來：換句話說，放鬆和住在當下。為了要讓這個心、這個注意力，停下來，止有兩個法門：一個是有所依，一個是沒有任何所依。雖然，人人不同；有些人修許多止，有些人不多。請了解這是因人而異的。

假如你想要知道是否需要修止，就在某天早晨照一照鏡子。假如你的眼睛仔細盯著看，你的前額有縐紋，你的雙顎下垂，你看起來緊張、焦慮、和不安，那你會說：「嗯，這個人需要定下來一些；她需要一些止。」這時，你不需要擔心太多要擦哪種顏色的唇膏、是否需要一些額外的面霜、或是需不需要刮鬍子。在此你是在尋找別的東西，不是猶豫著：「我的嘴唇有點乾？」而是要問道：「這些眼睛是否有些呆滯？眼睛幾乎是乾的？」在眼裡沒有水，臉上沒有滋潤劑——即使你塗了面霜，仍舊看起來是乾乾的。假如你覺得你的臉離單單微笑非常遙遠，假如微笑也覺得假假的，那麼試著說這些話：「知足⋯放鬆⋯很棒⋯。」假如試著說這些話非常困難，你覺得：「這絕對不是我現在的本性。」這便是你需要某些止的清楚徵兆。假如你覺得能夠開自己的玩笑，微笑能鬆弛你的臉之後，又馬上再度綳回無趣的面具，或許還是需要一些止。

我們只消提起一些正念，就可以注意到這個。以一些用心，我們可以給這張臉一些平日的檢查。不需要等到二十幾、三十幾、四十幾歲的棘手年紀，然後才醒過來說道：「哇，我四十五歲了——需要到山上去放鬆一下；我需要去別的地方。」那就有點為時已晚了。我們不需要等那麼久的時間。任何人可能要四十五歲才明白這點嗎？

假如我們是心不在焉地看著，且完全被念頭所佔據，甚至不知道自己這樣，那麼就放鬆的意義上，我們絕對需要一些止的修行。當我們正禪坐時，不論想到什麼，或是著迷於什麼，就只是放下並放鬆。在此絕對是需要止的修行。

菩提心的基礎是放鬆。沒有放鬆或靜定，就沒有自在感可言。沒有自在感，就沒有喜悅。沒有喜悅，菩提心就不可能。你了解這點嗎？

當我們變得越放鬆時，就越自由和自在，我們的心變得更柔順，也變得更有可能真的接受和了解佛教腦的法教。我們更了解菩提心的美好功德，和生起菩薩情懷的利益，以及不能這麼做的害處。透過修行，這些法教能和我們所感覺、我們實際的經驗融合在一起。這時，某些事就能真的發生。

在我們修行和生活中，在某個時刻我們能將菩提心的法教真正付諸實行。寂天菩薩在《入菩薩行論》和其它法教中所教的，噶當派上師和其他人所教授的，可以實際地成為在我們經驗中真正的事情。一旦我們自己能夠自在，會生起一些歡喜和喜悅。這時我們就有某些事情能夠分享。送出我們的安樂給他人，並將其痛苦由自己承受的**自他交換**（tonglen）修行，到時就能夠實現，因為我們確實有一些快樂可分享。之前，假如我們不能自在且是迷惑的，哪有快樂可以給他人呢？真的，並沒有任何的快樂——只是口惠而已。在從事止的修行後，我們能夠運用所生的喜悅感，來發願：「願此喜悅能被人人所體驗；願人人皆有此喜悅。」吾人也能夠注意到別人，並以「他們得受這種苦是多麼可怕啊！我希望他們不用受苦。願他們能夠從其痛苦中解脫出來；願我能代為承受他們的所有痛苦」的念頭來關懷他人。這麼一來，送出與承受的自他交換修行，就能成為真正的修行——不是一個智識的過程，而是一個真正的經驗。

讓我們做一些止的修行，來感覺全身上下更多的自在。在你的心中，為愛留下一些空間。無論在哪當你覺得緊張時，鬆弛並放掉，不管是肌肉上的、或是情緒上的、或是念頭上的。假如你的氣衝到頂門太多時，讓氣靜下來。假如你的愛有點緊，讓它散開一些。在心理上讓你的心微笑，一個內在的微笑並不一定得顯現在臉上。讓這種感覺的汁液充滿全身。坐下來時身體挺直——不要垮下來像個麻袋似的。肩膀要直。在你的腹部有某種著地的感覺，在中心的部位往上升起通過全身，像是中脈。你的心並不試著讓任何事情發生：就只是保持平靜。

假如你想要在心中持有某個對境，注意呼吸。在此保持眼睛睜開是好的。張開眼睛、敞開一切事物。這沒問題。你並不需要完全沈浸在要保持輕鬆的感覺中。你可以輕鬆但機警。你注意到每件事——聲音、視覺、感覺。在這裡的「感受者」是輕鬆的，但是有感覺。

當你注意到你是輕鬆、自在時，有著某種喜悅感，慢慢地讓這種喜悅擴展到擁抱每件事和每個人——整個世界，包括你不太喜歡的那些人和環境，包括你的朋友、爸媽、每個人。感覺非常鬆弛，彷彿到處都沒有緊繃，而且你在心理上沒有抓取任何東西。

當你感覺到某種喜悅感和自在，某種同理心、愛、或菩提心時，不要執著。我們需要有愛，但是也不要緊抓不放。想著：「哇！現在我做得很好。現在菩提心在我身上生起。哇！我現在必須是個菩薩了。」並非是有收穫的。事實上，假如我們聲稱擁有菩提心，並試著據為己有，是會削弱菩提心的。菩提心並不是讓我們據為己有的某種東西，它根本不屬於我們。

任何幫助菩提心生起的事物都是好的。一顆溫柔、平和的心是好的。這也是心應該有的樣子。一個修行者應該在內在變得更柔和、更柔軟。假如我們反而注意到「修行」，似乎讓我們變得更強悍、讓內在變得更緊繃，那麼我們就應該休息一下。從佛教中放個假。到泰國或果亞（Goa）的海灘去睡個覺。

學生：止的目的何在？

仁波切：如前所述，這個心根本不了解自己。當我們完全不意識到自己，徹底被外在事物所佔據和忙碌著，那麼止就有需要了。心可以變得非常忙，極度被困在自己的事情上。覺得甚至連一剎那，心都沒辦法放鬆下來。注意力並不會持續地停留在任何東西上，不會待在一個簡單的杯子上，甚至也不會待在杯蓋上，在你自己和你的感覺上更少！心甚至不太知道感覺和感受是什麼。這也是為何會有所謂的四念住（mindfulness）修學：身念住、受念住、心念住、和法念住。這是非常好的法教。

特別是對那些念頭混亂、完全不知自己在做什麼的人。或許你忘了是否有腿、有顆心、有肺，因為你如何忙著察看一個地方：「喔，也許我有脖子。」但多半是一條非常冷的腿、一隻冷手、一顆冷心。你完全心不在焉，所以這很恐怖——沒有任何的信任。四念住是和你自己產生聯繫的最好方法。有了這個，你會注意到自己的確有腿、有唇、有腳、有溫度：「溫度，在我的心裡有溫度。我愛我的心，喔，心，放鬆。」這是對身念住的運用。「喔，我愛我的脖子痛，我知道你需要空間，你需要一些來自我這邊的空間。我能夠給你一些空間。我能給你一些愛，放鬆。」給它一些時間——為什麼不呢？那些部位正要求一些你所給予的空間和愛，所以你能給予這些。要留意不同的感受和感覺——乾燥的感受、醜的感受——讓感覺和感受能夠感受、包容和安頓下來。擁抱、親吻感覺：「我為了你而在這裡。」沒問題，真的。你將自己壓榨地太過份了——就像牙膏一樣。每個人都把自己擠壓地太過度了，你一直擠啊擠地，直到剩下一點點跑出來。你已經變得完全乾枯、沒有果汁流出，一點果汁都沒有。放鬆，吸氣。把感覺和感受放鬆下來。為了要放鬆，這是必要的，要察覺自己怎樣了。

接著是心念住。了知心無處不在，我們用溫暖來回應：「喔，可憐的心！我也愛你。不要因為我愛感覺和身體而嫉妒——我也愛你。你也十分辛苦。我總是擠壓我的腦、我的心。」所以給你的心溫暖，擁抱、親吻、放鬆你的心。任何出現的念頭都沒問題。假如瞋心生起，沒問題。「不管我高興或生氣，我都歡迎到我的心裡來。」給瞋心空間，不要注視著瞋心並想著：「喔，瞋心，你好壞！」這表示你和你的瞋心過不去並有壞想法。不管來的是好的念頭或是壞的念頭，就只是給任何念頭一些空間。任何進入你心中的事物，就只是留下空間，心自會安頓下來。善念、惡念——你意識到它。你對念頭一視同仁；給念頭同等權力。這種對各類念頭的容忍，事實上會讓念頭更容易在稍後自然地消融。

低自尊的人和覺得自己很糟糕的人——假如，另一個人剛好稱讚他們並安慰他們一點點，他們就會很感激並從中獲益。他們自己的念頭一直找碴，說道：「你很壞，你很壞，你很壞。」所以當吾人走過來說：「你不錯。」他們真的喜歡，為什麼不呢？心有「情緒的權力」。任何事情都可以進入心中——快樂、不快樂、善念、惡念。沒有法律規定，某些念頭被禁止進入，而其他念頭則允許自由地進出心中。沒有這樣的法律！你可以讓任何東西進入。但你會不會執著這個東西，是你的權力。情緒的權力是當其高興時，便可以進來。**你的**權力是決定要不要隨之起舞。所以，你不可以妨礙情緒，說道：「假如你是情緒化的，那就不可以進來！」在此這種念頭是不應該發生的，因為這會製造問題。心是有創意的；任何事物都可以進入心中。這是心的美麗之處。任何東西來了，就來了。當它來時，你的唯一責任，是要不要對它執著；要不要尾隨之。在這件事上你有權力決定。你需要學會這點。

學習如何讓念頭自由來去而不執著，即是心念住。這樣一來，我們變得善於對付念頭。我們變得更覺知、更當下。住在當下得以開展，於是我們知道身體確實的感覺是怎樣的、感受真正的樣貌是怎樣的、以及念頭和感覺真正是怎樣的。透過這樣的修學，我們變得越來越有正念。

四念住有時也被稱做三摩地念住。這表示對凡事的覺性，都需要保任其本然的狀態，住於本性，覺知的、不散亂的。當能夠這麼做時，就能注意到身體、感受、和心理的活動。這一切都由三摩地念住所主導。我們能稱這個叫做心理的穩定。這時在各種不同的活動之間、在身體、感受和心念之間，能有完全的和諧。我們只是讓一切事情自然呈現，而當這個覺性變得越來越穩定、微細和細緻時，就能越發增長。這就是重點。假如一切順利的話，那就會是本覺——機會就在這裡。但是，為了讓本覺能出現，對禪修的執著或攀緣，必須摒除。這就是所謂的「無修而不散亂」。

學生：我們要怎樣才能不分心？

仁波切：在大多數的情況下，主要的問題並不是缺乏如何去做的理論，也不是在物質層面或是心理層面的問題。反而，是當問題出現時我們忘了如何去對付這個特殊的問題。

我們忘了要保持正念和機警的意識；迷失了。因為習氣的緣故，我們失去了正念；不知怎地失去了控制。當我們深陷其中時，不再能管理情緒，那時真正的問題就開始了。

幾世紀前，許多人類的問題源自於缺乏專業知識——如治療疾病等。在人類社會中並沒有太多的教育，也沒有許多適當的法律。還有，對於人類心理學也沒有太多的了解。當然，現在的情況是截然不同了。我們目前的問題，歸咎於缺乏不被我們自身習性所牽制的能力，幾乎身不由己。我們幾乎受制於被習氣所牽制。

事實上，我想我們比六百年前的人們有更多的問題，雖然我們的問題並不是因為缺乏教育。我們受了非常好的教育——你可以說我們幾乎是被教育地太好了。但我們被教育的方式是錯誤的，是不完整的教育，因為沒有內在教育。

這個問題頗為常見。環境提昇了，但智識似乎被關掉了，所以一個人失去了對自己的控制。這就像是一個抽煙者，你知道吸煙不利於你的健康，但是，因為上癮了，所以沒辦法放棄抽煙。假如你不知道抽煙對健康有害，那麼這是另一回事，但情況並非如此。今日你被告知有關抽煙的危害——所有的黑色物質進入你的肺部，你的牙齒變黃、指尖被染色，一直呼吸不良。當你試著親吻女友或男友時，他們覺得很噁心。假如你沒有男女朋友，抽煙會讓你很難交到男女朋友。你都知道這些，但還是繼續抽更多的香菸。

這種上癮的心態，正是我們在禪修時所得面對的。禪修純粹是關於如何消除習氣的心態；除此之外無他，透過止觀來達成。真的，沒有別的方法，比學著如何自然消除或解脫這種上癮的概念性心態，更能正對這個問題了。

無所依的止，是一個絕佳的方法，來確實認出我們特別的癮癖。「是什麼持續地帶走我的注意力？當某種念頭和情緒現起時，我馬上就被吸進去，現在我注意到了，我確實知道是怎麼回事。」這便是修習無所依的止所產生的作用或效果。而且離於概念的觀，能實際地治癒癮癖，就像是服用能治療這個問題的藥物一般。假如你不知道你特殊的健康問題，僅是服用任何一種藥物，並不會有幫助。一旦你對症下藥，就能獲得確實的療效並治癒。

假如問題是心理的癮癖，那麼沒有任何物質的東西可以真的治癒它。同樣地，在外界也沒有任何人的幫助能夠「助你一臂之力」。反而，這種上癮的心態需要透過明白怎麼回事，來自行治療。特定的有形物質能夠治療物質問題，像是身體失調；這是因為物質實體能夠影響物質實體。但是對非物質或無形的——心確實是這樣的——就不能真的被物質實體所影響。**心病還得心藥醫**。這是非常重要的要點。透過無所依之止的修行，我們變得能覺知到我們問題的確實所在。

想像一頭野象，要由馴象師來調伏，但馴象師也有一些狂野，並且也需要被調伏。事實上，你需要有一些狂野，才會**想要**來對付這頭野象，不然你可能會踩到大象而被壓扁。但假如這個狂野、稍微太精力充沛的馴象師進入你家，並開始到處搬動東西的話，會怎樣？也許他會壓扁東西；也許他會搶劫你、或打你一頓。他也需要一些調伏。止便是調伏概念之心的方法；止是這個馴象師。但誰要來調伏這個馴象師呢？

這個方法就叫做觀，無我觀。在無我觀的法門中，你找到了大手印、找到了大圓滿，也找到了大中觀。

這隻野象是我們狂暴的情緒、我們執著、生氣、愚癡的習性。馴象師是我們能夠保持正念和機警的能力，能告訴自己：「我不要陷入這些強烈煩惱之中，我要安靜和平靜：我將保持鎮定；我會保持正念；我會機警。現在我很平靜；現在我很平和；現在我很自在。」這就是調伏者。

但這個調伏者自己也需要被調伏。要怎麼做呢？這個馴象師繼續以二元分別的方式來想著：「我必須維持正念；我不應該散亂。誰知道，也許這隻大象會再度變得狂野，我最好小心。我必須保持正念，我必須機警。」等等。假如馴象師的這種注意並沒有自然解脫、消融的話，那麼這個人還是被困在二元分別之中。觀看者並未消融，他還在觀看著。

止：修學

先前的章節是個序曲、暖身。在此我將詳細教授止或安住。首先，我要先談談概念之心的議題——即經驗被分割或執持為兩部份：主體和客體的心境。這種對二元的執持是整齣戲、整個戲劇的燃料（概念之心在藏文中稱做 lo；二元思考之心稱做 sem）。

在修止的過程中所持的見，是概念之見。有幾種止，一種稱做「蠢修」，是處於昏沈和心不在焉的修學。實際上這並不是正式的禪修，而是人們常做的，所以需要被提及。事實上，很多誤把他們的笨修學當成真正的止。真正的修學在傳統上有兩種型態：一種有客體的有所依之止；而另一種則是沒有客體的無所依之止。

禪定的觀念在六〇年代在西方開始流行起來。人們開始將禪定與某種心的狀態連結起來。有時禪定指的是一種隔絕，一個保持不涉入、並進入你自己空間的過程，一個你不會注意到任何發生在外在世界事物的不同狀態。以這種方式來修行，意味著將你自己隔離於感官的經驗之外。你進入一個遺忘、無心、和完全昏沈的狀態中，就像是動物在冬眠一樣。這種與任何事物都隔絕的過程，並試著保持那樣，有時被稱做深度放鬆或甚至是禪定。很多人還是這麼做。當吾人在修學止時，可能會落入這種狀態中，事實上很多人喜歡這樣。他們之所以喜歡，是因為很平和，感覺像是在休息一般。有些人經年累月地這樣修學，會變得更昏沈和更蠢。他的眼睛會變得非常昏暗。這種「進步」是危險的，請注意！誤將這種愚癡狀態的修學，當成是止的修學，是很大的冒險。

姑且當做是個實驗，讓我們安住在蠢修中五分鐘。我們應該熟悉此修學，於是能夠認出這是怎麼回事。閉上你的眼睛，不要想任何事情，這就像是你下班後躺在三溫暖中——不想去知道任何事情。你甚至可以流口水。你完全關閉，但有一些放鬆。心理上沒有任何活動。你認出這種狀態了嗎？

第一級的蠢修只要五分鐘，就能夠讓你睡著。在這種狀態和睡眠之間有很強的關連。入睡是由昏沈所造成的，而修學隔絕就像是把我們拉進睡眠無心的狀態中。

止絕對不是這樣。止必須有某種的明晰。在止當中，你很清楚地意識到周遭發生了什麼事。你的注意力是集中在當下，但同時你也能夠注意到周遭所進行的事物，左右兼顧。

讓我們再做五分鐘的蠢修。不要抓住任何東西；就是忘掉一切的憂慮。完全隔絕而進入昏沈的狀態中。不要試著理解任何事物，這不是了悟的時候。我們並不試著從中獲得任何東西。不要保持任何特定的念頭；就只是收縮在內。

你們之中曾去過海灘的人，就知道這種狀態。你們之中曾去登山過的人，也知道這種狀態。這並不是某種新鮮事。你去海灘，在附近游泳，躺著用毛巾蓋住你的臉，做著蠢修。你在海灘上有點像是在消磨時間。約莫二十分鐘後，你想著：「好輕鬆啊！」那這種修學並不會加強你的智識；也沒有任何的洞見。沒有洞見，也就沒有任何東西能夠進一步摧毀輪迴的種子。所以，現在，閉上你的眼睛。你必須閉上眼睛來做這個修行，但仍得背脊挺直。

【幾分鐘的蠢修】

夠了。這有點危險，你們可能會睡著。另一個危險是明天你可能會想要重複這個修行。蠢修並不好，它會覺得舒服，但並不是佛教的禪修。它並不是止，也當然不是觀。它絕不是高妙的修行。

止、安住，是完全不像蠢修的。在佛教修行的許多階段，以及許多其他精神傳承中——如印度教和其他地方，但其淵源來自於佛陀的法教——都可以發現止。佛陀教導止和觀的禪修。佛教的止有兩種：有所依與無所依。

止的目的在於增強我們的心念覺知。我們都有天生的能力可以注意、可以知曉。增強這種當下覺知、讓其穩定，而不是零落和散亂，我們試著以穩定的方式來保持注意力。

在蠢修中，沒有任何的當下感。當下感是消褪的。蠢修沒有任何處於當下的感覺。我們在心中沒有執持任何東西，但是卻幾乎要睡著。我們是昏沈的、無心的。在止的修行中，我們專注在當下，處於此時此刻當中。有一種知曉的感覺、一種保持正念的感覺：我就在這裡，所有客體也在這裡，一切事情正在發生中，我注意到了。在這種狀態中有一種明晰。這個明晰便是知曉何事在發生的特質，雖然這可能還不是解脫的狀態。

當有一種在當下知曉怎麼回事時，你可以說明晰就是解脫。這發生在觀的時刻，或是在大圓滿之見的時刻。現在，當住於直接和誠實的止當中時，這種自由的特質還不在那裡；它失去了。但是，我們需要開始這種當下的型態，即當下的正念。為了要達成這樣，我們需要某種程度的所依，使注意力不致於遊蕩或散逸在這個或那個東西上。

止有三種成分：保持正念、機警、和安定。假想有個牧羊人在工作。當羊被拴住時，是安定的。牠們有繩子綁在頸項上，來防止牠們跑得太遠，這條繩子就是正念。但是也有牧羊人在看管整件事，沒有太注意每隻羊，卻留心一切是否安好，照看著是否有事情出錯。有些實在太笨的羊，可能會被繩子纏住，假如沒有牧羊人在場馬上解開，羊可能會被勒死。於是牧羊人會走過去、解開繩子，羊就可以再度徜徉著吃草。這就是機警。

這是一個譬喻；意義也就在這裡。當我們的注意力、這顆心，不追隨過往、也不計畫未來，而只是安住在當下，就有一種安定感、有一種停歇。接著，還需要額外的某些事情，來保持這種當下的注意力，來避免注意力誤入歧途而想著過去或未來。當羊走的有點遠時，會覺得喉嚨有壓力，所以牠會折返，好讓繩子更鬆些。這是正念的比喻，是讓注意力保持被拴在當下、保持安住在當下的方法。第三點，也是最重要的，就是機警感、看管的特質，不管這個注意力停留在目前與否，都維持著機警。若無機警，吾人怎知他是不是分心了？吾人怎知這顆心是否確實持續安住在當下？因此，最重要的特質便是這種全盤機警感、意識到整個情況的感覺。

這種機警能了解整個狀況。在止的全景當中，有件事非常清楚地知道你安住著。你知道你安住著，同時你也知道你沒有分心。你在那裡，和安住的感覺一起，而這種知道也是清醒的。在止的修行中，需要這種整體的氛圍。慢慢地並逐漸地，機警會變得越來越機警，更機警、更機警。

正確的止的修行，會越來越強化這種機警的特質。這會轉化成一種保持覺醒的漸進感。同時，正念的特質也會變得越來越有正念，所以也越來越不需要費力。你就只是自然地有正念、自然地住於當下。而安定的感覺，住在當下的感覺，也會變得越來越跟機警同步，直到最後機警將這種狀態，拉拔到再也不只是止的某件事情上：這變成了觀、清楚照看的狀態。

大手印的法教提及，當靜止與念頭出現之間的分隔消弭時，這就是對專一（one-pointedness）的指認。這個專一事實上就是止。在一開始，在吾人的心中有一個介於平靜和思考的強烈分隔。但是，當這個機警，在藏文中稱做 shezhin，成為一種越來越強的清醒感時，到了某個時間點時，就不再有任何介於平靜和思考之間的隔閡——界線消散了。一切事物就只是保持機警和清醒的一個延續。而且這個機警或清醒的特質會完全地安頓下來，毋須你去安頓。

請從頭到尾徹底了解佛教的禪修，有一個核心的特質：即是這種知曉感、這種保持清醒的感覺。這一再地來來去去，但總是同一個本質。這種特質有許多名稱——機警、清醒、空性、洞見、遍智——但這是同一個根本特質，遍及一切。假如，在佛教禪修的任何時刻中，失去了這種特質，那麼這絕對不是圓滿證悟之道。請非常清楚地了解這點。即便在一開頭，在止的修行中，這種知曉感，便是保持對主體和客體存在的機警，雖然是在二元的概念上，也是一直保持覺知的。當這種機警變成觀的特質時，就是非二元的覺知，是離於主體與客體的。知曉的特質在這些不同的修行中一直延伸著，在本質上是相同的，雖然其知曉的主體可能會改變。有各種不同層次的修行，但你一直需要這種基本的知曉、這種清醒感。

事實上，蠢修的確有某些目的。當你非常焦躁時，當你不能入睡，還有假如你想要獲得一個愚蠢的投生時，蠢修是有用的。否則，蠢修不太有用。雖然有人會將蠢修誤以為是止的修行，大多數的人應該不會。反而，大多數人是在被指引大手印和大圓滿時，才會誤入歧途。在大手印和大圓滿中，說道：「不要專注，不要執取，不要禪修，不要在心中抱持任何事物，根本不要做任何事。」有些人可能會想著：「好吧，我不需要做任何事，所以我就只是放鬆就好。」於是他們進入了這種愚蠢的狀態中。的確會如此。這是為何許多禪修者一旦開始禪修後，就睡著的原因，特別是西藏人和其他亞洲人，西方人稍有不同。

在禪修時張開眼睛，也是非常重要的，雖然很多人說禪坐時張開眼睛很困難。在一開始也許困難，但真正的困難在於觀看的方法——知道如何調整眼睛、如何凝視。我們有何時眼睛該張開、眼識瞄準一個接著另一個對象的習氣。因此，當我們試著只是放任目光時，就覺得怪怪的；會覺得好像我們沒辦法這麼做。很多人會問：「我應該看哪裡？我應該朝向哪個方向看去？」你不需要聚焦，但這並不表示是以漫無焦點的方式來看。不管你看哪裡，就只是看著那個方向。你不需要注視著特定的點。

我想你知道這兩種禪修方式的差異，在蠢修和有所依之止之間的差異。一個是收縮知曉的特質，另一個是向外聚焦。真正禪修的狀態不是收回，也不是向外聚焦，同樣也不是維持在介於這兩者之間的某種狀態。真正的禪修根本不住於任何東西上，而是完全自由和遍在的。你了解這點嗎？真正的禪修狀態就像虛空。虛空並不住於任何東西之上，同時卻是一切遍在的。這便是無所依之止應該的樣子。

有所依之止集中注意力在一個客體上，如呼吸，並利用這種集中來做為一種安住的方式。無所依之止並不集中在任何特定的客體上，僅是安住在當下。但不管哪一者，止仍舊是一種限定你心念的方式。在所有生、住、滅的可能性之中，止是一種滅的方式，用來將你侷限在當下。你懂了嗎？在止的修行中，你在佔據你自己。除此之外，止也包含了希望和恐懼。

止在心中持有一個客體，這個客體便是當下。這是一種用當下來佔據自己的方式。與其被貪、瞋、癡、慢、嫉所佔據，我們用當下來佔據自己。不幸地是，在同時，也沒有虔誠心、沒有悲心、沒有遍知的覺性。這些都不在場，只有當下感而已。

這就像是當你在飛機的廁所裡時，「有人」（OCCUPIED，被佔據）的燈號亮著。一旦你佔據了這個空間，你就不能看到在門另一側的人。即便佛陀來到了飛機內，你也不能見到他。佛陀來了，看到燈號：「喔，有人，我不能進去。」於是你就沒機會見到佛陀。接著，一個魔來了，說道：「喔，有人，我不能進去。」在這個小隔間裡，你還是有希望和恐懼——尤其是當你剛從加德滿都回到你自己的國家，因為你的胃不太舒服，你真心地希望能待在家裡休息，好確定一切都沒問題；但是你也有恐懼，因為人們正等在外頭，搞不好還在敲門。止有一點像這樣。你被目前的時光所佔據，因此沒辦法處理任何可能發生在眼前的事。瞋心來了而你被佔據了；善念來了而你被佔據了。你在當下，正確地修行著，在廁所裡蠻愉快的。有所依之止就像是這樣。

止的確是一個善巧的法門。沒有止，你的注意力是如此地狂放，到處跑，像旋風一樣。假如你隨著這個時刻所發生的任何事情起舞，就有發瘋的危險。最好是把你自己關在廁所裡一會兒，休息一下。

接著是無所依之止，此時你的注意力將利用無所依之止。無所依之止在心中不持有任何實質的客體。我們只是讓心的覺知特質如其原貌，不做任何的事情。看起來似乎是沒有任何依止，的確如此，但這僅是就世俗諦而言、在止的脈絡之中。當從更高的修行層次來看時，仍有一些所依存在。這個依止，這個心中依然持有的客體，是住在當下的感覺：「這個當下，所有的當下就是**現在**，一刻接著一刻；清楚的當下。」當下是客體，而主體是對此的知曉，了知這個當下。無所依之止僅是安住在當下的不散逸之中。一般而言，對初學者來說，有一種將蠢修誤認為是止的危險。但對一位修行者來說，真正的危險在於誤將無所依之止當做是觀。請了解這點。

要得到此法教的法味，讓我們先做一個有所依之止的短座。現在，你應該不要閉上眼睛，僅是使用你面前的任何所依——但不是你面前那個人的脖子，因為當他移動時，你就分心了。只是放鬆和保持極度地安靜，你的注意力僅是安住在某件東西之上，不要被任何其他東西所干擾。同時，讓其他一切事物也都呈現著。沒有任何東西被阻絕，但是你的注意力直接放置在你的所依上。

不要閉上眼睛，因為假如你現在閉上眼睛，你就會有落入蠢修的危險。且使用呼吸的律動來當做依止，是絕對恰當的，在我們的傳統中還是不會閉上眼睛。事實上，不要關閉任何的感官，不要關閉任何的門戶。只是留意著。當呼氣時，注意你的氣在呼出；當吸氣時，注意你的氣在吸入，沒有別的。

或是，取代以呼吸當做所依，你可以注意牆上的佛陀畫像、佛龕上的花、或是噶瑪巴塑像上的頂冠。挑選在你眼前十到十五呎距離的某個東西。任何東西都可以，你可以只是讓你的呼吸順暢地流動，根本不要在意。

跟著集中的注意力，應該還有某種不被侷限的感覺。你並沒有專注、也不試著緊緊抓住某種東西。緊緊抓住並不是所謂的集中。反而，你只是待在你所注意的客體上。

不要讓眼睛做任何奇怪的事；只是讓眼睛自然。以你通常觀看某物的方式來觀看。平常，當你四處走動時，並不會盯著瞧；你只是讓東西被看見。有些人在禪定時似乎會試著扭轉眼球，一隻眼睛往上看、另一隻眼睛向下。不需要這樣。想像你有一盆水和兩顆玻璃球——，你只是把玻璃球放進水中，讓它們在水裡。這便是你應該放任眼睛的樣子。

不要扭轉眼球或將他們轉向兩個不同的方向。假如你這麼做，你的眼睛會受傷。你最好是順其自然。當你聆聽某種聲音時，你也不需要像這樣坐著，才能聽到。**【仁波切弓著脖子】**你可以只是讓聲音被聽到。對任何感官也是如此——我們對於感官的感受可以完全地自然以對。所以現在，讓我們放鬆、舒服。開心，選一個客體。

【練習的座間】

仁波切：好，現在，這種狀態比較先前的狀態，感覺有何不同？有任何不同的地方？

學生：更明晰些。

仁波切：感覺呢？哪一種比較好，第一次或是第二次？

學生：第二次。

仁波切：我不同意，我比較喜歡第一次，覺得比較好。現在，主要差別在哪裡？

學生：比較清醒。

學生2：第一個沒有「我」的感覺。

仁波切：在座上時，有人在那邊打鼓，你們都聽到了嗎？

學生：聽到了。

仁波切：很好，你們還注意到哪些？

學生：光線比較暗。

仁波切：有分心嗎？

學生：沒有。

仁波切：你怎麼知道？你怎麼知道在分心和注意到燈光變暗、或吾人打鼓之間的差別？會不會在燈光變暗的那時，你將注意力從所依物轉到了電燈上？

學生：嗯，沒有，也許不是這樣，因為要感知到客體必須依賴燈光，因為可能會漆黑一片。【笑聲】

仁波切：可能眼睛張開且同時注意到有人打鼓？

學生：可以。

仁波切：我說眼睛要張開，對的。但我沒說不分心。睜得大大的。現在。什麼是我們所說的「當下」？是電燈的當下，我們所使用之所依物的當下，還是什麼？現在，在有所依之止的脈絡中，你注意到一個點。可能在同一時間內注意到一個以上的東西，不從第一個東西分心，然後再朝向另一個嗎？

學生：我必須完全阻絕，才能不注意到發生了什麼事。我知道這個，但很快就回到了安止的修行。

仁波切：有所依之止就和你剛剛所說的一樣。你花百分之八十的注意力在一個客體上，百分之二十去留意別的東西，這是最好的方法。不然，假如我們花百分之百的注意力集中在客體上，會有被困在這上面的危險、變得深陷其中。所以你所說的實際上是很好的。

現在，為了第二種的止，不要擔心呼吸，也不要安心用一個客體來當做所依物。現在，就讓注意力放著，讓會發生的事發生，但不要被困在其中。在心中不要執持任何特別的對象。同時會有念頭形成，當念頭出現時，不要追隨。只要住在當下即可。

你們了解什麼是「當下」的意思嗎？不追隨過去、不計畫未來、現在不要在心中執持任一客體。只是讓你的注意力完全地放鬆，保持這樣。保持在**當下**中。追隨念頭就不夠好，試著阻止想法也不夠好。無所依之止是保持在當下之中，不被念頭所困住。

你們了解我所說的嗎？我說的是什麼？

學生：保持在當下之中，不被念頭所困住。【笑聲】

仁波切：請解釋那是什麼意思。

學生：當念頭生起時，你只是讓其消失而不要追隨。

仁波切：但仍舊保持在當下，你需要待在當下。在這個脈絡中，你的眼睛保持張開著。你們之中很多人似乎喜歡閉著眼睛。這不是好的習氣。假如你今天閉著眼睛，那麼明天你可能會閉起耳朵，你會戴著耳塞。然後你會想要閉起鼻子，這樣就不用聞到任何東西。不要陷入這樣的心態之中。你可以注意到任何發生之事。沒問題的。假如你閉著眼睛修習，之後當你離開這裡，你就必須在日常生活中照樣修行，你要怎樣才能閉著眼睛到處走動呢？是不是在一開始就能夠、張開眼睛會比較好呢？我們目前的禪修目的，是要能夠對應當我們行、說、吃、或躺下時觸發的任何煩惱，而不是被襲捲。當煩惱冒出來時，你能夠永遠有時間坐下來、閉上眼睛好對應煩惱嗎？

有些人似乎認為禪修是一些假期，等於休息、營養品或是維他命丸，好讓他們恢復能量。有這種心態的人，並不需要大圓滿法教，也不需要止或觀：蠢修剛剛好，只要修蠢修即可。當你從修行中起身時，你的肌肉更放鬆，你也不需要這麼多的念頭，當你修了幾個月之後，你的念頭甚至更少了。你的憂慮變少了，知道的也更少。這很好，正是恰到好處。

我們目前止的修行絕對不是這樣。我們到這裡來，不是為了學習蠢修或只是為了一個讓自己獲得平和的修行，只是讓自己覺得很好而已。我們到這裡來，是為了學習如何斬斷自我中心的煩惱根源，以及造成一切輪迴的根源，並發現遠離自我之空性的本性。我們不是要為自己保持在平和的狀態中，反而，我們是要讓悲心從空性中顯現，以利益一切眾生。既然空性與悲心不可分，這個悲心並不會受限於任何方式或任何方向。這便是金剛乘修學的目的，不只是獲得一點個人的平和，這樣清楚嗎？

簡言之：無客體、無所依之止的修學，是為了讓你的所有感受開放並機警，不以任何方式來隔絕。一點都不要遮止你的五官；反而是要讓任何發生的事現前。當某事發生時，不要刻意地去補捉；不要用你的注意力去抓取。不要形成對這件事的念頭而被困住。只是保任；住在當下之中。將你的注意力保持在當下。

準備好了嗎？就是現在！【仁波切敲小手鈸】

再一次，讓我們進入當下之中。【他又敲了手鈸】

【練習的座間結束】

仁波切：我在這裡所教授的三種禪定——蠢修、有所依、與無所依之止——哪一個是最容易、最簡單的？

學生：第一個。

學生2：第二個。

學生3：前兩個比較容易些。

仁波切：很好。說的好；的確如此。前兩個比較容易些。大多數的人認為第三個比較容易，因為什麼事也不做，心中毫無一物，沒有客體，但事實上這更困難。明天和後天，還會講述更困難的。當你聽聞時，一開始聽起來十分容易。但坦白講，當你深入時，就遠比在這裡的第三種還要難。所以在這裡有個問題：第一個和第三個差別在哪裡？

學生：第三種像是比較專注在當下，就像我可以感覺到當下，而在第一種時我就幾乎睡著了。

仁波切：第三種，無所依之止，需要一些努力來保持我們注意力在當下。在第一種的蠢修中，你不用在意任何事情，不需要努力，你只是讓你自己分神。假如是做白日夢，那就做白日夢。假如你昏沈，就只是覺得昏沈——不需要為此做任何事情。你說的任何事情都好；你都了解。你們大多數都相當聰明——直到現在為止。當日子過下去你們會有多聰明，我們就得等著瞧。至少到目前，一切都還好！接著，在第三種的禪定中，就是我們剛剛做的，應該要能意識到任何所發生之事——狗叫或是任何其他事情。但是你們意識到了嗎？有嗎？

學生：有時你會被困在那種覺知之中，開始執著各種標籤，於是你的心便開始四處亂跑。

仁波切：我想要稍後再談，但現在你提到了。當某事發生時——不管是念頭來了，或是有某種聲音或事情觸發了念頭——最好是我們不要在下一刻、第三刻、第四刻等等，陷入追著念頭跑的狀況。要立刻回到當下，不被佔據。但是，假如我們開始被困在所想到的事情上，並開始產生第二念，然後是第三念、第四念、第五念、第六念、第七念，我們就絕對是早已分心了。我們從無所依之止逸離了。你清楚當你分心和不分心的時刻嗎？在止的脈絡中，就只是聽到聲響，注意到某件事，並不叫分心。事實上，從大圓滿的觀點看來，止本身已經是一種分心的狀態了。所以這就沒什麼好說的，不是嗎？這表示從大圓滿的角度看來，整個止是染污的。我們在接下來的日子裡，會談到這個。現在，我們進行得非常好。我們不需非常清楚地明白其間的差別，好讓往後當我們進步時，能夠知道什麼是什麼。假如我們在一開始，便誤將止當成是究竟的修學，那麼在以染污的狀態修學個五、六年後，我們會發現毫無進展。那怎麼辦？

我們只是在愚弄自己：「我這一路來到納吉寺（Nagi Gompa）——老天，冷的要命，睡在一個小帳棚裡。當晚上刮起風來，就好像要被吹下山去，但我還是挺住了。」假如我們沒有真的搞清楚究竟之見與錯誤禪修之間的差別，那麼一切的辛苦就白費了。

學生：當修學無焦點、無所依之止時，我們要如何保持正念？

仁波切：在第三種修行中，當你分心時是否有意識到？你注意到了嗎？

學生：是的。

仁波切：是在你分心之後，或是分心當中？

學生：我覺得很難標定開始的點；我只是知道現在自己分心了。

仁波切：在無所依之止的修行中，當你一開始分心時，是否已經意識到了，或是在做了五分鐘的白日夢之後，你回頭看才知道：「喔，我分心了。」是哪一個？

學生：這兩者之中，比較接近第一個。在我了知到自己分心之前，並沒有胡思亂想，我想我在那之前還知道一些。

翻譯：所以沒有花上五分鐘？

仁波切：也許十分鐘。【笑聲】事實上，這兩件事都發生在我身上，你可能沒有注意到，但實際上這兩者都發生了。有了交換。有時吾人馬上注意到分心了，有時在恢復我們的知覺並返回修行前，要等一會兒。這兩者都出現了。

是什麼確實讓第三種修行優於其它兩者？是兩種特質：一個是安頓感、維持感，而另一個是**覺知**到安頓、不分心的感覺。這兩者是無所依之止必備的面向。當安頓的穩定減弱而只有覺知時，就會轉成思考。那時吾人開始動念，這就是分心。同樣地，當只有穩定而知曉的覺知感失去時，你就落回了蠢修的無心之中。這時你要不是昏沈、做白日夢，就是睡著。當覺性本身失去時，這就是有所依之止。要辨識無所依之止，是靠穩定和對穩定的覺知這兩個特質來決定的。

當你注意到已經分心的時刻時，應該回到修行上。換句話說，回到確認保任的狀態中。當中有某種力量；僅是這麼做時，有種堅定或穩定。你對這種穩定的確認，自然斷除或截斷了散亂。無所依之止的修持，絕對是二元的。它是造作的，也不是一種自然的存在方式，是一種持續的嘗試，以保持某種特殊的狀態，避免落入舊的習氣之中。這個修學維持著一種穩定感而非散亂，一種當下的覺知而非昏沈。當凡事都有點鬆散時，當有太多的走樣時，我們將注意力找回來。我們開始偏頗時，將自己帶回。

這一切都是非常造作的。主體和客體被持續地保持著，所以這個修行是二元的。在接下來的幾天內，我們將會指引一種根本不是基於二元之心（分別心）的修行方式。假如那時我們坐著，持續地試著要創造出一種不同的「穩定當下」狀態，那就是完全造作的，就不是正確的方式。你應該要清楚這點。

現在，無所依之止是二元的，但是在所有的二元狀態中，這是最好的狀態之一。在無所依之止、心的二元狀態，和稍後會提及真正的觀之間，有某種的關連。你可以說，假如觀在二元之心中有個朋友，那個無所依之止的狀態，就是觀最好的朋友。瞋不是觀的朋友；貪不是觀的朋友；但無所依之止，是個密友。偶爾這兩者還會對話。但是，在大圓滿修行的脈絡中，你有時會說，即便貪、瞋、癡的狀態，也會是大圓滿法教的朋友。在後面我們會談到這點。

我想要聽聽還未發問過任何問題的人，所提出的問題。那些安靜待在這裡不發一語的人，是你們的選擇。

學生：可否請您再多解釋一下無焦點的止？

仁波切：我們所用的名相是「有所依之止」和「無所依之止」。在這兩種情況下，都有焦點。很快地複習一下我所說的，心應當是要做自己、自然地安住在心上，不攀緣客體，徹底開放。這便是我們的心應該的樣子。不幸地是，心有跑回攀緣任何所出現事物的壞習氣。因為我們在概念銀行中的先前投資，利息持續地累積著，客體也持續地出現。因為這種習氣，當客體出現的時刻，馬上就有個念頭生起。思考的心立刻和這個客體產生連結，便抓住此客體。下一刻，就有了感覺如何的念頭，加進了先前的投資裡，因而有了更多的利息。這個過程繼續下去，沒完沒了。這就是輪迴。

既然二元之心不太可能自動地放下和自由，在一開始，就找某個替代品來當做所依物。也就是說，這是個戒除的過程。這也是為何有所依之止是最初修行的原因——舉例來說，注意呼吸的律動並持續著。這是穩定注意力之三種面向的頭一個，好讓注意力維續。第二個是保持對呼吸的正念。第三個面向是保持對其它發生事物的機警。有時吾人可能會分心，但仍舊還是能注意到了。這種機警，比較像是一種全面監管的覺性。穩定、正念、和機警的這三種面向，在一開始是必備的。

在無所依之止中，心中並沒有抱持著特定的對象，既不是呼吸，也不是像唐卡或塑像的視覺圖像。但是，在心中仍然抱持著某物：仍舊有個焦點在當下。無所依之止是處在當下之中，持續地覺知、提起正念、和保持在那當中。雖然沒有具體的所依物，但仍舊有個焦點，並安住在那上頭。

你可以說修持止，就像是位門房。當你進入五星級的飯店中，有吾人幫你開門，說著：「歡迎光臨！」並讓你進來，這就是門房的工作。無所依之止的住於當下，需要像這位門房一樣，只是打開並讓一切事物進入你的心中。你應該覺知到心中所發生的任何事，但不要跟隨著。門房在人們抵達時並不會擁抱他們；他只是說：「歡迎光臨！」他也不跟著人們進進出出。同樣地，你既不特地試著保有某個東西，也不試著拒絕任何東西。重點是保持覺知並住在當下、不散亂。有所依之止會想要在門口放置某個東西，來讓門關著。門是關著的，所以就沒有貪、瞋、癡。沒有人進出，但也沒有悲心、沒有信任感、沒有菩提心，什麼都沒有。有的僅是一個客體而已，沒有別的分心之物。

在無所依之止的狀況中，這個門房忙於開門和打招呼。他不把門關上，但有時他錯過了一些進出的人。他試著要非常機警，但有時他打盹、或變得昏沈、或是因為如此美麗的客體走過他想跟上去而分神；有時很醜、很臭的人出現，他想要把門關上；有時他追著吾人跑，到最後跟進了廁所；有時來了個很奇怪的人——比如一個高大、強壯的人來了，粗頸、平頭，在他凸起、滿是肌肉的手臂上有著龍的刺青。在這種情況下，門房沒辦法攔下他！他會試著說：「我讓你走，我讓你走。」但另一個傢伙卻不會讓**他**走。有時候你放下並不夠，你需要觀來放下前述的煩惱或習氣。這強壯的傢伙，這個強壯的念頭，會抓住你，因為你正在禪定。假如你繼續抱持著某件事，你也會有失去這件事的危險。止是一個禪定的行為，所以也會失去，而觀——就大手印或大圓滿而言——並**不是**禪定在某個東西上的行為，所以不會有這東西失去的危險。

我們的心總是開著門，所以感官的印象不斷地到來。你可以用蠢修來關起並鎖住門戶，不讓任何東西進來。你也可以用有所依之止來擋住門。就像是門房在管制門戶的例子中，當有太多訪客進來時，你的下個修學，便是無所依之止，以便能夠維持穩定。我們所見的景象，聲音、氣味、味道、質料、和念頭，就像是來到飯店的賓客。有注意到這些事發生了，這個正念的當下，便是我們心的知曉，會待在原處，保持正念，並具有全景綜觀的機警。一個訓練有素、善巧的門房，有這三種特質：機警、正念、和穩定。

修持止，先是有所依，然後才是無所依，就像是訓練一位優秀的門房。不管誰進出，他都充分地機警著。所有的細節都注意到了，但他既不跟隨任何特定的賓客，也不關門謝絕任何人。深度的放鬆，可能像是關上門，在裡面可能會非常焦躁，是昏沈的修學。眼睛閉上，一切事物都關上，嘴巴張得大大的——如果不是愚蠢透頂的話，整張臉看起來也不太聰明。如果你有台拍立得照相機，可以照張你自己禪定時的照片，之後當你看著自己的照片時，你會說：「這是蠢修，這是有所依之止，這是無所依之止，喔，這是慈、悲，有料的禪修，滋潤，非常開放，一直微笑，快樂，沒有壓力，放鬆但並不沈醉，也不沈溺在這果汁中，因為機警也一直在那，非常機警。」你應該檢視這照片中的這些特質。

我剛提到的門房，在有所依之止的修行中，可以是頭腦簡單的。有點笨笨的無妨，因為這僅是跟著客體保持原狀的事情。你不需要了解太多，你也不需要分心。你只是記住任何你應該記住的東西，將你的注意力維持在那上頭。但是，在無所依之止中，需要更多的當下感，因為你必須注意到某個東西來了，好讓你打開門，但是仍維持原狀。一直開著的門，並不太好，因為這在加德滿都非常吵。沒有東西來，門就關著，某個東西來了，就沒必要關門。總是讓門開著和茫茫然是不好的。

在止之後，是觀的修行。這是大手印和大圓滿進入之處：這兩者都屬於觀。這時，已不再需要門房了，因為有了自動的雷射感應。它感測到吾人在場，於是門就自動地開了。同樣地，當你出去時，門則關上。多少人進出並不重要——門會自動地開關。已經專精了大手印和大圓滿修行的人——如頂果・欽哲仁波切、祖古・烏金、紐修堪、和恰札仁波切（Chatral Rinpoche）——不再是忙碌的禪修者，緊緊抱持著當下、正念、和不散逸。任何事情都可能發生：多少賓客來來去去都沒有關係。根本不會招架不住，因為沒有禪修者可被襲捲。

經驗不足的門房，意指有所依之止，有時會惹上麻煩。譬如有六十個印度旅客進了門，印度人可能非常壯碩、高大。這個門房是尼泊爾人，很矮。在這種情況下，很多事可能發生。也許他招架不住這麼多的印度旅客，他沒辦法當個門房。這就像是當我們有了尖峰時間般的念頭：同一時間內在我們的心中有太多念頭產生，以致於我們的正念和機警都招架不住了。當這樣時，我們需要提昇修行。有時當場出現的某個念頭，特別壯碩、強悍，就像是個強壯的拳擊手。一個強大的念頭來到門房面前，肌肉結實、搶眼。他的一半頭髮高聳如刀鋒般，來到門口你的面前，試著抓住你。但你很機警：「喔，老天，分心回來了，我得要禪修。」你試著祈請，你試著看著你的呼吸，你修止，憶起這一切的事情，但你仍然沒辦法對付，因為煩惱太武斷了。有時，因為習氣的力量使然，我們深陷其中，全神貫注在強烈的念頭之中，即便我們試著只是數息，或記得住在當下和提起正念，並向佛、法、僧祈請，但不管我們做什麼，就是幫不上忙，還是被帶走了。

我覺得有所依和無所依之止，是可能解決我們百分之六十或七十的問題，但這表示還有百分之三十或四十未解決。為了要處理這個，我們必須調走門房，並依然運作著、彷彿他還在哪兒。這就是無修的狀態，但這不是目前的課題。這屬於主菜的部份，我稍後會談到。

第二部份

主菜

基、道、果

雖然我在《覺醒一瞬間》一書中詳細討論了基、道、果的主題，在這裡我會很快地複習一下。有很多解說何謂基的方式，但簡單地來說，基是心的本然狀態。你可以稱之為事物的本性，基是你的本性，具有某些特質，在你身上早已存在。這些特質在目前僅是以種子或潛能的方式呈現。因為基的存在，我們可以運用道，並透過道的修行，我們可以證得果。了解基，意味著了解在我們身上根本存在的是什麼。當我們了解了我們的基礎、我們的基，並了解哪些潛能存在時，我們也就能夠透過修持一個法門，而證得這些特質。但假如我們不清楚自己的本性，那麼就很困難證得本性，或是辨別誤解本性和不誤解本性之間的差別。

在此有個基、道、果的基本圖解。比如說，在這裡的白紙片是基；道，是染污、迷惑的階段，就像是覆蓋在白紙上的黃紙；果是在黃紙被移除後所發生的狀態，即揭顯了基、白紙。**基變成了果。**

當談到基時，我們談的是白紙；我們的根本狀態。道指的是染污的時期。道就像是解釋為何黃紙存在，以及如何移除黃紙。假如黃紙和白紙完全相同，表示和白紙無別——假如基和道無別——那麼我們修持佛法就沒有目的。假如這是真的，那麼應用見、禪修和在道上階段的行，就沒有意義。我們在維持禪定姿勢的一切努力——我們的背痛、口乾舌燥、眼睛酸痛——就沒有意義。這會像試著要把一大塊的煤洗成白的。不管你用了再多的肥皂和水，也沒有用；煤永遠不會變成白的。

所以，假如我們的本性是染污、無明，而且有個真正獨自的自我身份——假如這是真的——那麼就沒有任何理由來修行。我們可能也會放棄修持的道路，只要喝啤酒或酒，盡情地享受！到海邊去或盡力在這個世界上尋歡作樂。這是假定這個世界是個可享樂的地方，而我們也的確能夠享受。假如我們能夠這麼做，那也無妨。但是，在試著於世界上尋樂時，我們試圖把被感知的客體組織成是感覺愉悅的。一旦愉悅的經驗過去了，我們就試著找另一個客體，接著又是另一個，這成為一種習氣。我們總是需要一個感知的客體，好讓感知者的自己覺得快樂。我們受制於這種方式，有些人像這樣度過了一生。

其他人，比較聰明一點的，會想著：「持續地追著一個又一個東西跑，有什麼用？

這讓我老是依賴要有**某個東西**，才能讓我快樂。這樣我就失去了自由，一定有比較好的方法，比這個更深奧的某個東西，我必須找到它。」在探討到底發生了什麼事之後，這個人發現愉悅和痛苦並不是倚賴著客體。反而，是因為這種追求——找到客體來餵養與否而定。這種人對找到另一種存在方式和尋找精神修道感興趣。但也可能對習性的習以為常——不管這是因為客體太誘惑人了，或是習氣是如此根深蒂固——這個人無助地被帶走，一再、一再地，因此繼續受苦。這樣一來，吾人錯失了自解脫的機會。心過於外放，以致於失去了本家的蹤跡。

這種迷惑就像是一整串的概念，遮蔽了本性。我們必須查明關於我們本性、基的迷惑，是否能被清除。這個混亂能被清除與否？我們的本性就像是煤炭，不管怎麼清洗都永遠無法變白嗎？還是本性就像是金子，表面有一些污垢，藉由精細的程序能夠被去除，而恢復純金？我們的本性事實上就像是金子。迷惑阻止我們明白根本的狀態，這個迷惑是暫時的，是可被清除掉的。

我們的基——我們的根本狀態，就像是我們的來源、根源，是一切事物現起的基礎——有三種特質：空、明、無二。空性在佛教中被視為是極重要的字。下一個字，

「明」意指「能知」，也是極為重要。第三個字，即這兩者無別，也同樣極為重要。請記得這三個字。

我們的基是空的，在此脈絡中，何謂空？這表示存在的空，既非常，亦非斷。「常」指的是不變，而「斷」指的是從未發生，甚至不存在。我們的基兩者皆非；反而，基是空的，也因為空，才有可能是明。除非我們的根本狀態是空的，否則不可能明、不可能知曉，因為基會陷在若不是常的某事物，就是根本什麼都沒有之中。

這個空的特質，就像是一切事物之母，在空之中，得以讓一切事物顯現。但這個空的特質並不是一個具體、物質的個體。它既非常，也非斷。正是因為這個空性，今天在這個世界上你們所有人才能夠在這裡。也正是因為這個空性，我才能夠在這裡。因為空性，你們能夠說列若林存在著。因為空性，太陽和月亮，以及一切宇宙的其它萬物，才能夠顯現。也正因為空性，沒有染污的狀態、一切諸佛的淨土，和染污的狀態、六道眾生各種不同的存在型態，才能夠顯現。

現在假如我們的本性真的是斷，就不可能讓任何東西率先出現。假如本性是常，就不會有任何改變；本性會像是永恆——或者，假如某件事情發生，就會馬上被凍結在那裡，永遠不會變成別的任何東西。

假如本性是常，你會真的卡住。任何你可能成功採取的姿勢，任何你腳的移動，都得夠幸運才能運作，不然就會永遠停留在原貌。我們在這裡、所經驗的事實，便是我們本性的證明——我們根本的樣貌——既不是常，也不是斷。假如我們是常，在一開始甚至不能來到這個世界。我們顯然也不是斷——你看，我們可以看到彼此。因此，我們的本性既不是常，也不是斷。這是空性在基的脈絡下的意義。正因為空性，才有了經驗。基於空性，經驗以緣起的方式顯現。也因為經驗，萬事才能發生——環境、身體、和感知到的客體。

以更詳細的方式來說明，我們的根本狀態有三種特質：**體性空**、**自性明**、**和能力無礙**。第一種是本身為空。第二種是在自性上，有明的特質、能夠明白。第三種是本性如何運作，不受侷限也不被限制。第二種特質，明性，是我們本然知曉的方式——知曉但在本質上是空的。這兩種特質，空和明，是不可分的。這種無二性，是彷彿虛空般的某物，今天下午的此刻就在我們身上；充滿了來自太陽的光芒，這個太陽光和虛空是無法分開的。光明和虛空不能分為兩個不同的個體，光和虛空是不可分的，是一致的。

心的明性指的是空性知曉的特質。換句話說，只要空性遍在，明性也延伸地同樣遠，沒有中心、沒有邊緣、沒有終點或任何方向的限制。任何空性遍佈之處，明性便與之不可分。吾人不能將空與明分成兩個不同個體的事實，代表空和明是不能分解的同一個體。空和明是不可分的，這種不可分性是三種特質的第三個、能力無礙。

我們必須認出這三種特質，承認它們。在這個認出它們的時刻，概念之心幾乎消失無蹤。概念之心不能真的掌握空性超越了生、住、滅的事實，且明性也超越了生、住、滅。概念之心必須放棄，自我不能對付基的無立足點，純粹無法面對這點。招架不住，自我只好放棄。在這種一決雌雄裡，自我再也無法競爭。空性總是勝出。

和其它觀點比較起來，大圓滿法教的優越，在於並不是單單由認出空性，或是認出明性來構成。單是一方並不足以成為大圓滿的見。我們必須認出在實際上，體性、自性、和能力的不可分，是完全離於任何對空性概念的攀緣，與離於任何對明性概念的執著的。這便叫做**認出本覺**。當這種指認完全離於任何概念性的心態時——當這是全然清淨和真實時——據說這便是等於有了千佛的贊同。事實上，這比遇見千佛更為殊勝，因為本覺的狀態本身便是真的佛。

心的體性並不是我們必須伸手取得的某個新事物。我們認出自己的體性早已存在，是已有的東西。假如這是我們必須藉由修道來獲得的新事物，那麼每個要獲得體性的嘗試，都會成為一個造作的行為，是透過精心努力所策劃出的某個東西。這樣的修行永遠不能被稱做「保任本然」。而且，假如我們獲得了一開始沒有的狀態，是稍後才有的，它就變成是某個被造成的東西，一個成品。所以它也是無常的。果的觀點成了我們獲得的某個東西，而不是發現早已存在、基礎的某個東西，這是不正確的，也會頻頻出錯。

重述一遍，我們必須認出基是體性空、自性明、和能力無礙。我們在道上，也是這麼做；在被修持的道上的同時，並沒有新的基。我們得接受，被認出是心之體性的事物，是早已存在的基。道的修行，便是承認這個早已存在之基，而不是製造出某個新的東西。某些法門對促進指認是必須的，一開始我們應該知道這個法門，但之後我們就必須離此法門。

這三種特質——空、明、和無別一體性——的不可分性，表示它們不限於只是成為某一個或另一個；它們是完全不受侷限的。當這三種特質的實際狀況——表示何者為真、其真正的樣貌——不被欣賞時，就會被誤解成別的事物。經由我們對概念的攀緣，體性空被誤解為身；自性明，即允許意義的溝通被誤解為語；而它們無別的一體性，則被誤解為分別心。

這是一個困難的課題，而了解之所以困難的原因，在於這個真相不是一個可見的個體；它是隱藏的，而要了解隱藏的事物是困難的。但縱使困難，至少試著去了解是好的。我們不需要封閉自己的理解，只因為某件事看起來是困難的，而想著：「我不了解，所以這是不需要去了解的。」當我們從事禪修時，在實際經驗裡，對於基的描述和我們自己的經驗之間有某種關連。那時我們便可以欣賞什麼是什麼；鈴響了，我們會說：「喔，是啊，就是這樣。」這是在一開始要有基的觀念的理由。

我們的基是體性空、自性明、和這兩個特質的不可分。但是，我們將它們誤以為是身、語、意。請了解體性、自性、和能力本身，並不是造成迷惑的原因。反而，迷惑的原因是不能認出基的本來樣貌。簡言之，迷惑產生了。迷惑代表不能認出本來樣貌是本來樣貌，將它認為是別的東西。

空的特質提供了不惑或迷惑的自由，它包含了兩者。迷惑的發生，是透過明的特質。身的無誤清淨體驗，智慧、淨土等等，這一切都來自於明的特質。而六道眾生迷惑的經驗，染污的概念，也來自於明的特質。為何會這樣？為何染污的經驗會產生？因為我們不能認出空性和經驗是無別的。當經驗產生時，我們無法認出它和空性無別。反而，我們執著於經驗是固實的，我們做到了某種程度，使經驗不容許被視為僅是空性的表達或示現而已。

重點是我們都有成佛的能力。也就是說，我們有基本的東西，體性、自性、和能力，所以機會永遠都在手邊。但因為我們不能認出實際的情形，就有了迷惘；有了迷惑和染污的特質。這阻礙了吾人證悟。這迷惑障蔽了基，於是道的階段和迷惑合而為一。當我們成功地去除迷惑時，當迷惑被清除時，我們就證悟了。在基、道、果中，我們目前是在道的階段。

你必須了解佛性是超越常或無常的某種東西。身為人類的問題，就是我們的概念性心態，拒絕去接受挑戰這兩大類的任何事物。對理性來說這似乎說不通，理性習慣於視一切事物為常或無常。染污的特點是你所經驗到的任何事物，當你去探求它到底是什麼時，永遠也找不到；一切事物基本上是**不可尋的**。當它不可尋時，我們仍舊將一切事物當成真的來經驗，這便是活在迷妄中。假如「我們的世界」不是妄念，那麼當我們智識性探求任何所感知的事物為何時，應該總能找到其原貌——因為我們應該在一開始就正確地感知到。既然情況不是這樣，結論就是，我們是迷妄的。

有太多的事情我們找不到答案，因為沒有可能的答案可被找到。這是染污的另一個暗示。有許多問題即便科學家也無法解答。不管再怎麼訓練有素的學者，還是有許多無法解答的東西。假如凡事都有答案，那麼在一開始就不會被搞錯！

當我們探究目前的概念是從何而來的時候，沒辦法找到任何真正的來源。概念係因迷惑而應景產生，就像是夢中的風景一般。不要擔心這個；這不是什麼好沮喪的事。有些人一聽到凡事就像是昨晚的夢時，馬上就覺得沮喪。但事實上，發現真實的情況，的確是值得高興的事。

「這一切幻相的幻化不是真的，但是我、感知者，我是真的。」這種態度並沒有幫助；這只會加深我們的痛苦。最好是想著：「既然所感知的一切事物都是虛幻的，所以我、幻相的感知者，也是個幻影。」措尼仁波切好像就坐在你面前的法座上，但假如你真的去探究什麼是你所稱的措尼仁波切，並不能真的找到任何個體。

在我們注視時不可尋，但事物似乎在那裡：這便是幻相的定義。這就像是熱天時高速公路上的海市蜃樓。前面看起來彷彿有水；你朝著它開過去，預期將會開過水窪，但卻永遠到達不了，幻相就像是這樣。當沒有一個「我」時，似乎有個「我」；當沒有自我，沒有所有者時，似乎是有的。這全是魔法秀。

你可以說我們幻相的狀態，就像是好萊塢的電影。一部兩小時的電影，可以展現一個人的全部人生，但在現實中，這只是一系列個人分鏡的集錦。同樣地，沒有但卻相信有個**我**，和沒有卻相信有個擁有者的情況，可以說，是一格一格串起的片段。這些片段讓人著迷，看起來像是一部完整的電影。

我們到電影院去看電影，坐在那裡看著電影螢幕，引發各種不同的情緒。看著電影，我們看到似乎在那兒，但卻不是真實的某些事情。看起來好像某些事物被感知到，但當我們仔細觀看，根本就沒有**東西**在那兒。不僅好萊塢的電影是這樣；我們自己的「人生電影」也是如此。

電影對於人生的整個視野，是如何以迷妄時刻的事件湊在一起，從而創造出人生是一個延續體的幻相，是一個非常好的譬喻。事實上，人生就像是一部電影。我們可以認為人生如戲，一齣幻劇。你僅是這劇中的一個角色，一個參與者。有了凡事、包括你自己，都是幻相化現的心態，代表你沒有真正陷入其中。否則，假如你無法認出這便是真正的樣貌，就像是把電影當成真的，因此而受苦，雖然這只是部電影。

我們的人生處境就像這樣，不是真的，但同時，我們卻不是一直這般地看待人生。我們需要認出這種缺乏明白、缺乏了解事物真正的樣貌，然後對付它。要了解這點，需要修行，我們必須修學不迷妄，有系統地讓我們走出迷妄。

我們的處境，是一體的兩面。我們欣賞在某種程度上，凡事是幻相，就像我們置身其中的電影一般。同時，我們並不是一直都真正了悟這件事。只是有「凡事皆幻」的概念並不夠，因為我們一再地深陷其中。影片的膠卷已經錄下了；準備好在我們人生的螢幕上播放。當我們不能拒絕這件事發生時，可以面對並漸漸變得越來越不迷妄。

要對付迷惑的狀態，有三要點：見、修、行。有了這三者的幫助，迷惑會趨近我們自身的經驗；迷惑會被帶入真實人生中，不再只是個故事。截至目前為止，比較像是在講述一個怎麼回事的故事，我們基的故事是什麼？假如有迷惑，是怎麼產生的；這是怎麼回事？

看著這部電影，似乎有些目的；我們獲得了娛樂。有某些類型的電影在結束時，你可以走出來，忘掉它。這是播放生、老、病、死、愛、暴力、這一類的老掉牙主題的電影。總之，這不是最好的電影。有另一類的電影，淨土的電影，你不必走出來。但這不是我們目前置身其中的電影。

你可以說有六種眾生的六部電影。在人道中的特映片名，叫做**生**、**老**、**病**、**死**。餓鬼道看的電影，是真的飢渴交加，胃大得不得了，脖子如此纖細，很難到處走動。

每部電影都有專屬的製片和導演。導演的名字叫做**共業**。他指揮屬於同一部電影的所有演員，將他們全都帶到同一個地方。這個導演非常聰明：他不會把不同電影的參與者搞混。人類不會在地獄電影裡現身，地獄的眾生也不會出現在人類的電影中。最好的結局就是殺掉這個導演，因為這樣就沒有電影可拍。假如你不夠聰明能辦到，那麼你只好試著毀掉螢幕、電影所放映的戲院。但假如你抓不到製片/導演的團隊，那麼他們就會在老地方準備開拍另一部電影。

假如你真的想要離開輪迴，離開電影院，你需要去除控制導演、**業**的東西。那就是製片，**無明先生**。正是無明先生、無知，資助了導演。導演可能有技巧，但沒有資金、資助，就沒辦法拍片。無明就是製片。

有任何問題嗎？

學生：您說這部電影的片名是**生**、**老**、**病**、**死**。聽起來像是恐怖片。我不想待在這裡觀看，但或許有另一部影片。或許是歷史片，關於我們宇宙的歷史。從某個觀點看來，或許是非常有趣的電影。但您怎麼知道這部電影是關於痛苦的？講的全是苦嗎？

仁波切：事實就是如此，這部電影需要觀看者。你選擇自己的頻道，不是嗎？有很多觀賞的方式，你可以用只是在看著幻相的方式來觀看。或是用親身參與、真正深陷在幻相中的方式。這兩者都是可能的，稍後我會再做解釋。

和這個不同的，是**佛陀故事**的電影。這是部相當成功的電影劇本。在這部影片中的人物開始了解到：「嘿，這裡發生了什麼事？以這種世俗方式繼續下去，只會帶來痛苦而已。為何會如此，為何到最後總是痛苦的，是有原因的。是可能停下來的；有出路的。方法就是停止製造苦因。」

絕對是有方法，能夠導致另一種電影。佛陀發現了這個方法，即是藉由在**生**、**老**、**病**、**死**電影中的觀看與表演，佛陀發現了**四聖諦**。所以，現在，在你自己電影中擔綱演出時，請用佛陀的劇本。模仿佛陀。認出有苦，捨棄苦因。修持道，並了悟苦的止滅。

幻相

了悟迷惑經驗無實存的方法，涉及了**見**、**修**、**行**的法教。這三者的工作，必須是和清淨迷惑的經驗有關。迷惑經驗已然發生了；對我們來說現在它仍在繼續著。有一種對這種迷惑的執持，藉由我們的概念性心態持續地衍生著，這對我們來說並不陌生，這是極為司空見慣的事。整個見、修、行的意義，便是在解除我們對此概念性心態的執著。

假如一開始我們從未誤入染污的感知方式，那將是最好的情況。但似乎我們已錯過了這個本初證悟的機會，如今深陷在迷惑之中。這不一定是我們應該感到沮喪的，因為我們的體性一直維持在本初自由和清淨的狀態。我們需要面對的是此體性的表達，在目前採取了概念思考的形式、一種持續攀緣或執持染污認知為真的概念性心態。我們只需要學習如何解除這種執著即可。縱使我們錯過了本初證悟的機會——「先—證悟」，假如你可以的話——我們還是可以獲得對體性本然自由的穩定力，並「再—證悟」。

迷惑或無迷惑與否、吾人染污與否的議題，並不屬於我們的體性。體性不受制於迷惑或解脫的任一狀態。迷惑或不迷惑，必須是和體性的表達有關，關乎表達是否採取了思考的形式；這個表達可以是解脫或纏縛的。從體性中產生了表達，此顯現轉成為念頭。迷惑從思考中產生。再說一遍，迷惑或不迷惑和體性無關；是和表達有關。

讓我們開始檢視見，好讓我們清楚地了解何謂概念性心態。有兩種見：概念性心態之見，和完全離於任何概念的見。

何謂概念性心態？概念指的是執持主體和客體的二元性。有時僅叫做「心」或「分別心」，有時則叫做「思考」或「念頭」，在藏文中稱做 namtok，即是「概念性之念」的意思。重要的是了解心的狀態是怎樣的。攀緣於主體和客體製造出二元，也製造出一種方式，使得心以若非貪執某物或反對某物，就是無動於衷的方式來行使。

以任一客體為例，如過去的念頭。這個過去的記憶是客體，而目前的念頭是主體。或者客體可以是我明天要做的某件事，並沒有真的明天，但是在目前有關於明天的思考。在這種情況下，未來計畫是客體，而現在所想到的未來是主體。這是概念性心態在當下維持主體和客體的方式。不管客體是我們所下標籤的「過去念頭」或「未來念頭」或「當下念頭」的某物，事實上，在任何時間下，過去已然消逝，未來還未來臨，只有當下的時刻。

因此唯有當下的念頭，讓過去的假設存在過或存在著；也唯有當下的念頭，產生了有未來的假設。不管過去的記憶或未來的計畫，這一切的念頭，僅是存在於目前的時刻中。

這種依主體和客體而認為當下有某物的想法，即是概念性心態，在藏文中稱做 lo。無論何時出現任何的起心動念，不管客體是和過去、現在、或未來有關係，這個念頭是發生在當下的。這一類的想法是概念性心態。也有另一類的知曉，不被繫縛在這種主、客體的分別念之中，這種知曉的方式便是本初覺性，藏文中的 yeshe。

不管 lo 或 yeshe，在這兩種情況下，都有一種知曉感，不同點在於如何知曉。在 lo、概念性心態的情況下，知曉是以執持主體和客體的二元而產生。在 yeshe、本初覺性的情況下，沒有對主體或客體的執持。這是沒有任何貪、瞋、癡的方式，是知曉本身自然解脫的方式。請牢記這點！從你進入佛教修行大門的那一刻起，直到你抵達徹底、圓滿證悟為止的這一路上，知曉的特質是極為重要、極為珍貴的。

在這兩種知曉的方式中，第一種指的是有一種**我**的感覺在知曉。你可以稱之為自我的知曉方式，注意力被導向「有某物在那兒」，客體使心或注意力被困在感知「在那兒的某物」。

讓我們來解釋10。【仁波切握著一朵花】這是一朵美麗的花，聞起來也很香。你看到它的那一刻，它讓你開心。假如你覺得有點無聊，這朵花振奮了你；假如你覺得有點冷，它讓你暖起來。你看著它時，第一個念頭是：「有一朵花。」接著，你知道這是一朵不錯的花。第三念：「我想要這朵花，我要擁有它；它必須是屬於我的。」換句話說，自我進來了。僅是知道「有一朵花」並沒有自我的涉入。

有人或許會說，不可能有任何沒有自我的知曉。這是一個大錯誤、一個嚴重的錯誤假設。知曉並不是自我的作用，而是一種心的自然特質，如同火是熱的、水自然是溼的一樣。心的自然能力是知曉。大多數的時候，自我會插一腳並接管知曉。自我在接手後即宣稱了所有權，並試著讓知曉隸屬它管轄。因此看起來好像每每個知曉的事情，都是自我的知曉方式。差不多百分之九十九的情況，都是如此。

與其僅是讓感知的第一刻保有原狀，自我想要宣稱這個知曉，想要接手。在見到花的那一刻，想要擁有它是貪。或是吾人可以用反感來回應：「我不喜歡這朵花在這裡，它會讓整個房間都是味道。把它拿走。甚至也不要放在桌上；把它丟出去。」這種方式並不盡然是瞋心；比較像是不喜歡，是瞋心增長的源頭。或者，吾人不太在乎知道這是一朵花或不是一朵花，只是漠不關心，這是封閉心或癡。這三毒是自我不變的夥伴。

自我的知曉是毫無節制的。它不會只是宣稱擁有經驗百分之二十的所有權便停下來——它要一路下去。對自我來說，這種一路下去是永無止境的，在任何地方都不會駐足。假如我們可以只是保持在任何發生之事的單純知曉，就會很好；這一點問題都沒有。但自我不高興只是這樣，它要繼續下去：一個念頭，下一個念頭，第三個念頭：「我要這個，我要怎樣得到它？」於是自我想要涉入更多、更多的活動，變成了習氣，這個習氣可以是沒完沒了的。這就是問題了。當一個習氣因為一再、一再地被使用而強化時，就好像我們失去了自由；每一刻的感知，似乎都是不由自主的涉入。我們一直被困住，直到完全迷失為止。

我注意到我所遇見的大多數人，在某些程度上都害怕自己。他們常常這麼說：「好吧，也許我能夠應付，也許不能。也許我應該聽他的，也許不應該。也許我沒辦法做到。」所有這類的疑情，所有這類的不甘願，都是出自於恐懼，**恐懼沒辦法做到**。「假如我做這件事，假如到最後會是那樣，也許我會受不了。也許我會不知道要怎樣應付，也許會太超過了，我最好還是不要做。」在這種恐懼中，有某種的怯懦，而這種擔心的感覺，便是將自己禁錮在缺乏信心中的一種方式。一旦我們將自己侷限在怯懦的監獄中，自我就會取走鑰匙，鎖上門，將鑰匙放在自我的口袋中。我們就成了自我的囚犯。

自我總是需要知曉特質的協助，否則自我一無是處。沒有了知曉特質的工具，自我什麼事也辦不了。當你的擔心做了某些工作後，事實上你並不是在害怕那件工作，你是在害怕你的煩惱。做一件工作從來就沒有什麼問題，更多是沒辦法應付工作中所出現煩惱的恐懼，在從事某些類型的工作時，會煽動煩惱。我們怪罪手邊的工作，是因我們覺得沒辦法應付在工作時，可能會生起的煩惱。但坦白說，不知道要如何面對自己的煩惱，和工作一點關係都沒有；我們總是有不能勝任的感覺，這製造了恐懼。而這種恐懼讓我們不想要做任何事。我們變得封閉；拒絕參與任何事，這是出離心的扭曲形式。

這並不是真正佛教意義的出離心。這是出離心的一點點鍍銀，這樣的情況會帶你到真正的出離心。有些人非常難以對付情緒，如此痛苦，讓他們可能會想要透過禪修，來學習如何解決他們的問題。這是好的；想要透過禪修解決問題沒什麼不好的。

維持**我**的概念，表示將自己和別人分開。就好像有個人執著於美好的人生，完全只考慮**我**而把別人給推開。這一切就叫做我執。這和只是照顧你的事業、確定身體吃飽了而能夠經驗和感受不一樣。這種基本照顧自己的過程，並不叫自我，一點都不是。

有些人會問我：「假如免於自我，我要怎麼吃、怎麼走路、怎麼做一切事情？」僅是吃或僅是走路，並不一定表示有我執。可能會有，但是也不一定非得如此。根據佛教，當免於我執時是可能運作的。換句話說，當身體必須餵食時，就餵食；當身體需要清洗時，就洗個澡。但當某件不熟悉的事情發生時，不表示你得要宣稱所有權，讓它成為你的問題。假如你總是這麼做，將有問題的事情收集起來，好像這是你自己的事，那麼就很難在生活中覺得自由。你總是在收集包袱，攜帶著重擔。

藏文的自我一詞，字面上的意思是「所有者」，就像在宣稱所有權或執著於擔任所有者。這指出自我是附加在情境上的某物。這是在佛教的脈絡中，如何了解自我（ego）或自身（self）。這並不表示免除自我就像是關機，像是把一切的門窗都關起來，沒有任何經驗會再發生一樣。為了要了解「沒有所有者」、沒有自身的實際狀況，我們需要了解兩種層次的現實：似相與真相——也稱做世俗諦與勝義諦。事實上與究竟上，我們並沒有擁有任何東西，因為事實上和究竟上，沒有任何東西可以擁有。一切事物是無常的，一切事物是沒有任何獨立、真正的存在的。真的沒有任何個體，可以宣稱是屬於某個人的。這是非常重要的要點。

因此，實相的似相層面之所以產生，是因為不了解事物在究竟上的實際樣貌。我們也需要尊重這個層面，好讓我們可以對應事物彷彿被經驗的狀態。

這裡有個例子，比如說你的爸爸給了一間旅館足夠的錢，好讓你一輩子的帳單都可以支付，不管你待得多久，吃多少、花多少。你住進來，待了一個或兩個月。這旅館非常好，你極盡享受。你並沒有擁有這家旅館，但是可以待在那裡。不過，你尊重這間旅館。你套房中的某個東西或許壞了，或是有點破爛，但這不會真的讓你沮喪；你不會因此就失望透頂，因為畢竟這不是你的東西。可是，你注意到當某個東西壞了時，你會關心是否修好了。這並不表示你得要想著：「這不是我的，我不在乎，讓它壞吧。事實上，我甚至要幫點忙來弄壞它！」所以你就踢了浴室、把窗簾撕成碎片。根本不需要這樣。只因為你不擁有它，並不表示它得要被毀掉。你不需要干擾任何東西。當你這麼做時，兩種層面都存在著。

由於尊重世俗諦，你在乎東西壞掉了。而且，當你搬到另一個房間時，並不表示你在打包任何的物品。你不需要這麼做。但是因為你沒有身為所有者的感覺，因為你對房間的關係沒有自我感，如果有什麼東西壞了，你不會太擔心。這不太是你的問題，雖然你仍舊關心並確定東西修好了。在此我的重點是，活著就如同是待在這間旅館中——以一種尊重和不認定有額外所有權的方式，是有可能的。你的人生就像是旅館的房間，你不會永遠地擁有它。你可能擁有六十年或七十年，但不會是一個永恆的狀況。你是以誠實、令人尊敬的旅客身份，待在旅館中。

只要我們繼續砌上牆壁和圍籬，佛教意義的自由就永遠不會發生。在佛教脈絡中的我執，指的主要是我們在上頭附加了某物、超乎其必要運作的方式。「自我」一詞在這裡，不同於現代心理學上所使用的術語；那不是自我在佛教中被使用的意義。回到這個字詞最初的意思，僅是指「我」。我們需要稍微釐清這個詞彙，洗掉其現代的內涵。假如你真的仔細瞧瞧這個字是什麼，每一次當你說「我」時，你指的「我」是什麼？只是這種知曉感——除此之外別無它物。你能夠真的標出什麼嗎？

當你在找尋這個「我」或自我時，你找的是心，是這種知曉的特質，讓你稱之為「我」。事實上，除了知曉特質之外，任何地方你都找不到「我」。除了知曉特質之外，你標舉不出任何東西。當這個知曉特質被誤解時，就被稱做「我」。假如它能夠一如原貌地被了解，那麼就被稱做智慧。

輪迴就像是一個魔法的幻相，魔幻之處在於輪迴似乎存在著，但卻沒有真實的存在。舉例來說，現在看起來似乎是措尼仁波切在這裡，有個人叫這個名字，做著他的事情，但同時也可能沒有任何的個體。但同時他卻在這裡。這是非常奇怪的；這就是魔法。假如事實是有一個實在的、真正存在的措尼仁波切，那麼這個真正存在的措尼仁波切，不管你用何種機械，都不能把他切成碎片、磨成粉末。

沒有實存，事物仍舊像是存在著，這兩個經驗的面向，在同一時間內發生。這便是萬物的魔法，萬物以這種魔幻的方式展現。這種魔術的兩大主要原因，是其兩種特質：體性空和自性明。

事實上，這個情況要怪罪在空性上，因為它有一點太寬厚了，有一點太縱容了，讓一切事情都能發生。空性有一種徹底放任的態度，對任何事物都沒有禁止：假如心的狀態想要迷惑或染污，隨他去；假如心的狀態想要證悟和示現淨土，同樣隨他去。

百無禁忌，完全自由：這便是空性的特質。有一點太過縱容了。事實上，假如有限制的話，也許會好些，像是：「嘿，你在這裡差不多要迷惑了；這是不可以的；；停下來！」

不幸地，並不像這樣。凡事都有可能，迷妄和證悟皆可。而且這種無限可能性的特質，實際上便是輪迴三界的特性。任何事情發生，任何事情過去。

在此有另一個壞的例子：在美國，人們允許擁有槍枝。為什麼；這顯示他們的自由。假如他們不被允許配槍，就不自由，起碼會有爭議。美國的共和黨和民主黨，反覆地討論是否要允許這種擁有槍枝的自由。論點是：「假如我被禁止擁有槍枝，那麼就違反了我身為美國人最基本的自由和權力。」因此，如同現狀，在美國還是有權力持槍。「否則，」他們說：「我們就像新加坡。不准做這個，不准做那個；凡事都被禁止。我們拒絕像那樣。我們要擁有槍枝，假如想要或當我們想要時。」

同樣地，比方說在空性和明性之間有個爭論。空性會對明性說：「假如你想要去地獄，路是自由和清楚的，你可以去體驗那兒的情況。假如你想要證悟，和體驗那是怎樣，你也一樣可以自由地去做。凡事都是自由和開放的。」某一方面，擁有槍枝是一個大問題：有人會死。但另一方面，這代表基本的自由。當你是迷妄時，迷妄是痛苦的，但這也代表你的本性是自由的。因為你的基礎是自由的，才有機會迷妄；否則，就不會如此。正是這種開放，闡述了空性。正是因為這種自由，我們的一切經驗才會發生。自私的煩惱才會自由地發生；但本初覺性也同樣自由地發生。

舉一個例子，你們之中有些人可能已經聽過了：有一個頭腦簡單的傢伙到紐約去，到了時代廣場。他聽說時代廣場的空間非常昂貴，所以他拿出一個隨身的小玻璃瓶，打開蓋子，裝一些時代廣場的空間。於是他緊緊拴好蓋子，放進塑膠密封袋中封好，又綁了兩個其它袋子，再放進他的公事包中。然後他搭了一架飛機，飛越太平洋，返回尼泊爾，在那兒的空間沒有那麼貴。現在，我的問題是，當他飛越太平洋上空，接著當他降落在尼泊爾時，在道上的這些階段，他罐子裡頭的是什麼？是時代廣場的空間嗎？是太平洋上空的空間，或是尼泊爾的空間？這是給你的問題。我說的不是時代廣場的**空氣**，污染的空氣。

學生：是相同的空氣。

仁波切：當他飛過了十七小時之後，這怎麼可能？怎麼可能還是同樣的空間？假如是相同的，你就得待在時代廣場。

學生：他沒有擁有全部的空間，他只有一點點在瓶子裡。

仁波切：請別的人說說。

學生2：是被留在紐約嗎？

學生3：他帶著空間從紐約到尼泊爾，然後打開了罐子。

仁波切：但是有一些空間，不是嗎？有一些空間不會到任何地方去。我為什麼要舉這個例子？我瘋了嗎？在空性和紐約市的某些空間之間，有沒有任何的關連？

學生：它包容萬物。

翻譯：指的是紐約的空間？

學生：是空間包容，不管是在紐約或是在尼泊爾，是空間。

仁波切：那為何你要說紐約的空間？

學生：習氣。

仁波切：所以在此，概念之間的連結是什麼？紐約的空間，紐約和空間之間。

學生：紐約和空間，有什麼關連？

仁波切：假如空間只是空間，那麼就絕對沒有理由說：「我沒有空間，我的房間太小了。」之類的。

學生：因為紐約有一個心的極大習氣，以為那個空間就是中心，是侷限的，這就像我們的分別心，但是空間就像心性，是非概念或空的，你知道的，明的。

仁波切：問題的確是紐約，不是在空間上。

學生：沒錯。

仁波切：我們必須做一些和紐約有關的事。這裡的天花板和地板，上和下。這些上和下的概念，為什麼他們被使用著？基於什麼理由？為什麼談到空間，就有上面和下面的部份？為什麼？

學生：因為我們無法溝通。

仁波切：為什麼不行？

學生：不然我們無法談話、認知、無法看、無法知道上或下。

仁波切：所以只為了溝通；空間有上、下部份實際上並不是事實？

學生：好吧，對。

仁波切：所以假如某件事不是真的，那為何要談它？

學生：因為我們是迷惑的。

仁波切：很好。

學生：仁波切有樓上的房間。

仁波切：我也有樓下的房間。

學生：有上和下，但只是在世俗上講。

仁波切：有上和下；但不是真的；但還是有。為什麼？你所謂的世俗上是什麼意思？一切世俗概念的來源是什麼？它是基於在這裡的一個中心人物，也就是「我」。凡事的定義是基於此，基於這個「我」而成立的。基於此，會想著「現在我在這裡，所以過去有我、昨天，我將會在之後、明天」等等。**似乎**是這樣子的，也因為似乎是如此，我們就把它當做是真的，這是不存在而**似乎**存在。你了解這個嗎？就像是你開始造房子。你從一個點開始，然後拿繩子，開始畫出建築物的大致形狀。但你必須在某處打下樁子來開始，你不能把繩子放在半空中。是不是這樣？

所以同樣地，輪迴最初的樁腳，凡事所丈量的出處，便是**我在這裡**。不是過去或未來的**我**，而是一刻接著一刻，此時感覺的**我是**。凡事都是由此來衡量的。在我之上、在我之下、我的右邊、我的左邊等等，在當下的狀態中。但假如我們仔細檢查當下，當下是什麼？我們找不到任何東西。

當下的確是無我的。我們應該好好想想這個，以便正確地了解當下，否則我們可能會有這一切都是毫無意義的感覺：「這非常奇怪，目的何在？」似乎像是分崩離析一般，會覺得怪異、不舒服。我們需要繼續修學，以便加以深化並讓它成為經驗，好讓我們執著事物為真、執著自我是實存的某物，將會完全地分崩離析。但就在將要崩解之際，自我會開始迸出更多的污染，自我會重整旗鼓。在這時，吾人會覺得害怕：「嘿，這太過份了。」人們會害怕凡事都將崩解的感覺。實際上事情不會真的崩解，只是會有一種無時間感，超越了時間，可能會令人害怕。

輪迴經驗是基於當下的念頭「我是」。凡事實際上也必須被帶入當下當中。在佛教的修行中，將一切事物、不管是什麼，遠離一切的方向，帶入當下之中，然後將當下放掉，於是時間就消失了。

在佛教中的無時間，必須是和概念之心的消融有關，放下一切概念。在放下概念的當刻，你已經在無時間之中了。佛教的世界觀是億萬個世界同時俱存著，不是只有這個世界，且生命不是從某一個特定的星球上誕生的。在這裡的「生命」指的是心。心不是從任何時刻開始的。事實上，我們可以說在物質和心之間，沒有特定關連。更像是同時發生，假如你想要說有個發生點的話。總之，不是先是有了物質，然後在稍後的時間裡，心再從物質中冒出。絕對不是這樣。

我們常用夢的譬喻。你可以說夢的世界在做夢時，是同時發生的。而且在這個夢中世界，有某個人叫做愛因斯坦，他開始猜想，「這一切是從什麼地方開始的？」就像是這樣。「好吧，讓我想想看，」在夢中的這個人思索著。「一開始，這個世界是堅硬的石頭、物質的世界，然後慢慢地、慢慢地，生命開始了，然後**心**出現。」但真的，不能保證這個夢是真的。實際上，根本就沒有任何保證。凡事是從迷妄的狀態開始的。

同樣地，也有可能所謂的**無時之時**，這不一定是我們通常所稱的過去、現在、未來。沒有了無時之時，任何事物都不可能顯現。這個無時的特質，就像是時代廣場的空間，我們以為可以從一個地方帶到另一個地方，是一個遍在的空間，獨立地，已然在那兒了。我們不能放進一個指頭；也不是一開始發生、停在一個特定的地方、然後消失的某個東西。反而，我們讓自身的明性單純地與空間無別，並認出這就是實際的樣貌。這便是本覺的無時，本覺的基本向度。明白嗎？

學生：我不了解沒有當下的時刻，當下是不存在的。我有困難無法了解這點。

仁波切：任何我們稱之為當下時刻的東西，並不是真的當下，因為在我們下標籤後有一個剎那的間隔，當下已經過去了。這並不是當下；它已不再新鮮了。事實上，就在下標籤後的兩個時刻，已經老舊且過時了。另一個重點是，這僅是一個投射，在投射後的下一秒鐘，就不再是當下了；已經老舊了。所以它是老的、老的、老的。事實上，在實際的當下中，你不可能發現任何事物比沒有生、滅之空間的開放更為當下、更為新鮮的了。空間從不會變老，因為它不是一個會過時的具體物品。

當我們討論真正的當下時，只能是本覺、本覺的空間，而不是一個念頭的投射、為某個「當下」的東西下標籤。「當下」的標籤永遠不是當下；它已經過時了。舉例來說，假如你試著定義一秒鐘、一刻，你能夠簡單地將它分成六十個或一百個片段。這些是當下嗎？你可以繼續這麼做，繼續下去。所以不可能從你自己設定的標籤中去固定「當下」。當下不可能被找到；它不存在。唯一真正的當下就是空性。沒有其它的可能性。

學生：這對我來說似乎當我們一試著思考當下，或將任何念頭放在當下，甚至是經驗當下時，馬上就已經成了過去，這是我所了解的。但是，也正因為我們不能思考或標定當下，並不表示當下就不存在。有許多我們不能思考的東西卻還是存在的。

翻譯：這聽起來是不是像一個反證？

學生：我並不是要證明；我只是說我不了解。假如我們不能標定它，假如它變得越來越小，小到一個無盡的時間小碎片，那並不表示它不存在。

仁波切：那就沒辦法，嗯？在試著決定某物如何時，我們要不是思惟或仔細分析它，就是直接地觀察它。排除了這兩個觀點，去試著建立某物的存在，在證實上會有問題。但假如在你所知的範圍之外，的確存在著**某物**，顯然地問題是：「你又怎麼會知道？」

根據佛學，離開了知曉之心，是不可能證明任何現象的存在。假如有任何東西據說可以在你所知之外存在，那麼表示這個客體是有一個獨立的存在。可能是完全獨立於知曉之心之外，那就可能表示在你的心和這個客體之間，是沒有關連、關係、或連結的。假如是這樣的話，那麼心可能證悟了，而這個客體還是依舊徘徊在那邊的某處。這表示在你的經驗中，是不可能有整體的證悟；你會證悟，但還是有某個殘存物未知地徘徊著。在這種情況下，全然證悟是否可能，是相當有問題的。

同樣地，談到了時間，我們可能在修學禪定，但假如真的、具體的時間仍舊獨立地徘徊在某處，那麼我們又再度碰上同樣的問題。

讓我們舉夢境為例，除了做夢的心之外，夢境現象的整體不可能以任何可能的方式存在。當一個凡夫做夢時，空性被忽略，而由明的特質取代，**經驗**被視為是真的與固實的。這是為何夢境迷惑產生的原因。

比方說有十五頭大象在你的夢中。其中十四頭只是夢的現象，但是第十五頭是真的、固實的大象，存在於你的夢境之外。假如真的是這樣，那麼不管你再怎麼努力從夢中醒來，你可以解放十五頭中的十四頭大象，但是有一頭還是留著，在你的小房間中還有一頭巨大的大象。我所要試著說的，絕對不會這樣；第十五頭大象也不會在那兒。

這是一個困難的題目。事實上並不困難，但看起來如此。在這裡可能會有一個疑問：「是我夢見那樣，或是那樣到我的夢中來？是我在他的夢中，還是他在我的夢中？」

某些精神體系會宣稱，我們全是某人夢中的人物，是在「偉大傢伙」的夢中。是真的嗎？在佛學中提到夢境現象的顯現，是因為業力：夢是**業的現象**。有兩種業的現象：個業與共業。共業的現象很明顯，被共同地感知著；而個業的現象由個人所感受，別人不會知道。有太多我們個人可以經驗的事物，但別人卻不會，反之亦然。我們就像是在夢中碰面的人們。

同樣的道理，我們都出生在某種群體的夢境中；我們在集體做夢。同時，也有個人的夢境在繼續著。只因為一個人的夢結束，並不表示其他人的夢也要終止。個人的做夢和集體做夢，在同時間內發生。即便我醒過來，其他人也還在做夢。這是悲心的一個重要的基礎所在。你是誰能干擾別人的夢？你必須尊重他們的夢。完全地尊重便是悲心。不尊重這點，也對別人的夢毫無同情心，會誤入精神性的自大，絕對是一個錯誤的路徑。許多修行者駛入這條扭曲的道路。

有六種共業或集體做夢的主要型態：地獄眾生、餓鬼、動物、人類、半神、和天人。根據佛教的法教，地獄並不真的存在，但另一方面的確有地獄。說地獄不真的存在，是什麼意思？這表示除了在眾生心中的業境之外，找不到真正的地獄所在。並沒有建築師或工程師來建造地獄。

比方說一切眾生同時證悟了，死神和祂的獄卒此刻在地獄就沒事做了？他們只是坐在那裡等著，或是他們退休了去別的地方了？這說明了各種現象之間的相互關連。這是當事物顯現時，以及停留期間的情形。在任何經驗的結束時，相互關連讓整個事情不再；就只是消失了。並不是死神只是坐在地獄中，無所事事，並擔心退休後要去哪裡。根本不是這樣。當一切事物的相互關連終結時，整個陰間就不復存在了；就是如此。在早晨陽光昇起時，黑暗到哪去了？往那個方向逃遁？地獄就像是這樣。在陽光普照的情況下，讓黑暗不再，而沒有了陽光，就讓一切歸諸黑暗。同樣地，地獄道依賴著眾生的染污經驗；也依賴著眾生染污經驗的消失，讓地獄不再。佛教的說法是，沒有地獄表示沒有**恆常**、**具體**的地獄。這也表示沒有一個地獄另外的製造者。地獄的製造者，僅是眾生個業的經驗而已。不是有某個人來到現場，帶來一批建造的班底和鋼板，然後將鋼板燒熱，敲打在一起而造出了地獄。

這的確是一個非常重要的重點。比方說我才剛死掉。我現在要加入的群體做夢的特殊型態——不管是地獄族群或餓鬼族群或天人族群——完全操之在我先前製造的業境上。由業力推往那個方向，我加入了六個群體中的一個。一旦這麼發生後，業就開始成熟了。我開始經驗到那一類的場景，那時，即便我改變自已的心念，並想著：「我不想再待在這裡。」也很難改變夢境。為什麼？因為業在成熟中；在發生中。在這些發生之前，在業開始成熟之前，或許還有可能選擇，假如我們有能力選擇的話。

不了解這個重點，你可能對六道的實際狀況不太確定。緣起和業的經驗，是我們所處現實中非常重要的部份，它們是相互關連的。我希望基於這些原則，你們能夠了解佛教法教的全貌。沒有這些，你可能會參加措尼仁波切的閉關，聽聞一些關於基、道、果的法教，然後覺得好像一切的業境都被剔除了。你抓住法教的一部份，像是抓住了金剛杵的中間部份，卻忽略了頂端和底部。稍後，當你氣惱你的生活，覺得不太舒服時，你可能會認為：「現在我應該運用大圓滿的法教，好讓我覺得好一些。」當你這麼做，你覺得舒服些：「我的問題其實不太嚴重，他不是說一切就像是夢，是幻相嗎？我想現在我要試著用見來變好，好讓我不會覺得有罪惡感。好吧，一切都像是夢，都像是幻相。」

假如這是你運用大圓滿法教的方式，我覺得也無妨。假如對某個眾生，僅是有一丁點的利益，那還是有些價值；我很高興。但當你覺得不太好時，僅是在你的日常生活中，偶爾運用大圓滿法教來變好，只是局部的解決問題。它可能解決當日即時的問題，但翌日還會有別的問題。為此，最好是有個大藍圖，一個更廣大的見和觀點。在西藏，人們所受的教育相當少，但他們極為清楚地了解某種重點。有時他們幾乎是太過智識性地了解，足以成了問題。佛教傳統教導，真正的觀需要善心，或單純的福德，並提供某些方法來產生福德；所以人們開始產生大量的福德，到了某個時刻，產生福德的修行可能僅是變成了一種文化。

我們必須了解，染污的經驗、夢境，有兩個面向：共業和個業。業境的發展必須是和如何締造業有關，惡業和善業皆是。藉由締造善業，可以終止惡業。這便是業的運作方式。

所以，我們的終極目標應該是要改變染污的經驗，而不是消除經驗本身。我們永遠無法去除經驗，但是我們可以將染污的經驗變成不染污的經驗。淨土也是一種清淨的經驗。事實上，淨土不是由某一人所造成的；淨土不是被造成的。我們聽到極樂世界的淨土，是由阿彌陀佛先前的祈願所化現的，但並不是真的如此。反而，一旦你加入了「證悟」的團體，就會有某些經驗顯現，你可以保持在那種狀態；那是可能的。

學生：仁波切，您能不能說一下在偏愛某個東西與我執之間的差異？用您所舉的旅館例子來說，偏愛一個充滿陽光的房間，和執著此房間，有何不同？以及身為人類，真的想要某件東西或只是喜歡它？

仁波切：即使不這麼說，偏愛仍舊屬於我執的範疇，仍是認真地把五蘊當成是屬於吾人、屬於我的。一旦我們完全了悟五蘊的本性為空，就不會真的受制於與選擇環境有關的渴求，這表示每件事都是徹底解脫的。因此，由於透過了悟空性的這種解脫，不再有某個環境對我來說比別的環境要好的任何意義。而且偏愛的整個問題也不會再出現，是完全解脫的。

但是，只要吾人還未到達這種觀，就應該尊重相對的真實、世俗諦——照顧好將這個身體餵飽、穿好、清潔等等的責任。當然這是基於我執，因為當我們照顧好這些，微細地說，仍是**我的**，但這屬於尊重世俗諦的範疇。真的別無選擇，因為你有五蘊；五蘊仍舊存在著。所以你必須照顧五蘊，但不是過度在意。

比方說你夢到有個人帶把槍進來。他正要開槍射你，你害怕一旦子彈打中你可能會發生的事，對吧？所以你試著閃開，即便開槍並不是真的會發生。也因為你成功地躲開子彈，你在夢中的恐懼消失了。照顧好世俗諦就像是這樣。我們並沒有完全了悟到五蘊只是個魔術表演，我們還未完全了悟這點。

我們必須同時尊重兩個層面——世俗與勝義、似相與真相——也應該確實了解真相。除非某人給我們五蘊是魔術幻相的消息，我們可能永遠也不會了悟這點。同時，我們必須尊重幻相到某個程度。比方說在夢中某人告訴你：「喔，你只是在做夢，這不是真的。」一旦你了解這只是個夢，你就會不再害怕，即便有人要開槍。是不是這樣？

這兩個層面，世俗與勝義，是非常重要的。當然，最好的了解是了悟這一切都是非實質，就像個魔術幻相。但只要我們還未了悟這點，就必須尊重我們缺乏了悟，並確保我們是在朝向了悟前進。

不能了解真相這兩個層面的重要性，會讓佛法修行者變得有點狂野。智識上我們可能了解，「沒有東西是真的，沒什麼是重要的；這一切都是非實質的，所以我不在乎任何東西。」你會變得輕佻和毫無顧忌。另一個極端，是認為一切都是真實與固定、並困在其中的凡夫，被這種相信所桎梏。這是兩種極端：修行者有變得凡事不在乎的危險，而凡夫則有太過認真與緊張的危險。你應該知道中間的狀態，在這兩者之間取得平衡。再說一次，了解真相的兩種層次是重要的。

凡事就像是個魔術幻相般。我們應該了解這兩種層面：似相與真相。做為精神修道者，我們需要非常正確、非常良好地連結一切事物，直到我們證得竹巴・袞涅（Drukpa Kunlek）的境界。你們很多人可能知道西藏瑜伽士竹巴・袞涅的故事。第一眼看起來，好像他做的每件事都完全是瘋狂的，彷彿他是個瘋子。但假如你仔細看，他做的每件事都是法教，在他瘋狂行徑下，所影響或觸及的任何人，都變成他的弟子，而這些弟子並沒有發瘋。假如竹巴・袞涅認為某人真的發瘋，他就不會對那個人做出那樣的行為。但當吾人變成他的弟子後，他就會以適當的方式來教導：先是入門的法教，再來是前行法，然後是修道上的其它東西。

學生：仁波切，我對您所說的很感興趣，也許我們會聽到更多這些事，關於在某些扭曲的出離心上所生起的恐懼。我們有這種將佛法與心理治療混在一起的西方觀念，也試著以任何可能的方式來治療自己。在某方面，也許我們是在增加自己的痛苦；我們試著治療自己的幻相、自己的自我。所以這有何不同，我們又要如何真正運用痛苦來進步？

仁波切：我的誠實之見是，你必須知道一些佛教的關鍵要點，尤其是金剛乘的。你應該了解凡事都是空性的一部份，任何你所感知的都是幻相。當我說到幻相，並不是件壞事，我說的是實際的樣貌。假如你了解一切萬象都是幻相，它們已然軟化了。對萬象的執著，已有百分之二十或三十的放鬆。問題是當你面對逆境時，通常不是這麼想的。你相信外在、內在、凡事都是某種絕對的個體——也就是問題存在，你也存在。這變成一個顛撲不破的想法。

回過頭來，佛教在一開始就教導，凡事是從空性所生起的，就像是場夢或幻相。這並不表示凡事都是壞的；不用氣惱。僅是承認幻相就是幻相，然後開開心心，因為你知道你的現象、你人生的本性。在藏文中存在一詞，字面上的意思是「可能性」。任何可能發生在你心中的事。不要被任何發生之事所困住，學習關鍵要點，以便能夠對付各種型態的經驗，這便是見與修的一切內容所在。

舉例來說，美國是一個繁榮的國家：有許多工作給每個人，食物很充裕，有好的房子，和來自其它國家、如老遠從印度或印尼來此的人們。一旦他們來此，就覺得好像來到了淨土。他們的工作可能很差勁、薪水很低，但他們還是覺得很高興，終於來到了美國。現在看看美國人自己，五個人之中便有一個服用抗憂鬱的藥物，是某一天我在報紙上看到的。在美國很多人受苦，不是因為飢餓而受苦，也不是因為沒工作而受苦，是**心理上**的痛苦，通常是來自於對自己、對自己經驗的不負責。所以許多痛苦的產生，是因為讓自己迷失在任何發生的事情上。你投射了一個念頭，然後第二念相信第一念，第三、第四、第五念繼續拋出。這一念在這時已經成為事實，然後第十念相信第五念已然確實如此。繼續下去，又更多的念頭和更為生效。這便是為何迷妄得以恆存。首先是在我們心中製造出幻相，接著是第二念認為幻相為真，像這樣繼續下去。可能坐上十五或二十分鐘，相信我們所想的是真的。在佛教中的一個關鍵訊息是，所有這些，都只是由我們自心所造出的概念。我們所謂的「世界」、「時間」、「地方」等等，都是在心理上所造出的概念。

時尚的變化無常，是對整件事是幻相的另一個證明。十年前的樣式，在今日會被嘲笑。吾人對現實的執著，是永遠沒有定準的，我們的情緒就像這樣。我們傾向於相信心裡出現的任何事，彷彿那是真實的。反而，我們必須對一切本質皆是空性這一點，獲得確定。

我們要怎麼做呢？我們需要分辨兩個面向：分別心、藏文中的sem，和心性。根據大圓滿的法教，心性的見是離於概念性心態的。見不是分別心，當注意力被困在所感知的客體上，不能認出其本性時，便是分別心。教導說當我們被困在分別心時，迷惑便接管，使輪迴繼續下去。你可以說輪迴是分別心的幻化。從另一個角度看來，據說清淨的經驗、如奧明淨土（Akanishtha）等等，是心性的幻化。我將會在稍後解釋更多的心和心性。

有些上師教導輪迴和涅槃都是心的幻化，在此分別心的幻化中，包括了整個輪迴，而心性的幻化，其本然的表達，則包括了佛身與智慧、一切淨土等等。分別心充滿了缺點，有許多的過失。只要吾人被困在分別心的行為方式，就沒有穩定，因為分別心是無常的。吾人就像是隨颺風飛舞的羽毛，沒有平靜，只有痛苦。分別心本俱的不穩定性，是一切痛苦的基礎。為何是這樣？因為分別心是不真實與不具體的，就像是泡沫或水中的泡泡，馬上就被任何發生的事、任何情境所擊倒。就像是一隻在尼泊爾的飢餓流浪狗：假如你丟一些東西給牠吃，牠馬上就追過去。這個例子在美國並不適用，在那兒狗都餵得飽飽的！分別心就像是一隻飢餓的尼泊爾流浪狗，總是覺得：「我要吃，我要喝，我要掌權，要控制。」總是在當下被困著，不管是什麼事。一隻餓犬有時可能會咬牠的主人；更糟糕的是，當餓極了，牠可能會試著吃自己。假如我們不拴好概念之心的習氣，各種可怕的事情都會發生。

這是分別心的負面特點。其作用是不斷地抓住和追著客體，它將注意力放在某物，然後是另一物，接著是第三物，等等——總是伸向外面的別個東西，然後越來越遠離其本性。分別心抓取的方式，是一種充滿希望、渴求的心態，一種緊抓住某物、某個客體的缺乏，並一再地藉由抓取來試著獲得此物。但既然所有客體都是無常、且本質上是非實質的，究竟上沒有任何東西可以抓住。因此就某方面來說，分別心到最後總是失落、失望的，且不知道要如何返回自己。吾人到最後是徹底地無家可歸。

以這種方式追求、追求、追求，追逐著一個接著另一個的客體，遲早吾人會發現客體是毋須追求的；沒有任何東西可得到。我們學到了追求某物的心態是毫無意義，且徒勞無功。這時吾人是迷失的，就像是一個迷路的小孩，沒有了母親。這便是為何大師的道歌，常對這種心的狀態表示悲憫的緣故。

據說心是多變的，客體是充滿誘惑的。佛陀告訴我們不要這樣。不要追著一個客體、然後另一個、再來第三個。這種追求不是你真正的家、你真正的母親。這種徒勞的追求，是由環境所操縱、影響與作用的。無論何時覺得某件事不愉快，吾人就被其擾亂；假如是愉快的，就被困住。在這種事件的狀態下，我們是如此地不安定、如此不穩定。有時迷戀變得如此強烈，使吾人失去了自己的性命。這種存在的方式，製造了無比的焦慮。吾人經驗到恐懼、焦慮、覺得失落，覺得不被關心：「沒人愛我，沒人照顧我，沒人關心我。」這種孤獨的心境，是因為不安定，被客體所操縱，以錯誤的方式過度敏感。

與其是這種不安份的追求，我們應該要休息一下。

心與心性

現在我們談到了非概念的見、免除概念之心的見。要了解這個，我們必須分辨思考之心和心性。如同前述，凡夫心（sem）是心被困在、陷入、或全神貫注在感知客體上——一切色、聲、香、味、觸、所有的計畫和記憶等——的狀態。首先，注意力被困在感知一個客體的情況下。接著第二個情況，是被困在任何所感知的事物上，然後是第三個、第四個、等等。完全忘了自己的所在，迷失在經驗中——這就叫做凡夫心。

分別心以不斷確認自己而著稱。一旦你相信你先前的念頭，它就會成為你生活中的一部份。所有這些妄念的繡簾，便是構成我們表象的東西。這個染污經驗對**我**來說是如此可信的原因，並不是其第一念或第二念，而是由稍後幫助我們說服自己先前念頭為真的所有念頭所累積起來的力量；使它成真。然後吾人對所想到的任何東西，都賦予了真實性。這即是這個世界、**我的世界**、我的個人經驗，如何變成了一個穩固現實的過程。

我們以這種方式讓自己徹底筋疲力盡。在輪迴大海的波濤中載浮載沈，被丟到這裡和那裡，隨著業風到西和東，幼小的子本覺需要休息一下。

有些事絕對是不對勁的。我們覺得不完整；我們被擊潰，是因為我們不知道如何讓分別心自在一點。我們缺乏基本的穩定力。我們通常的心境是如此地容易被影響；如此容易被引誘。因為吾人自己的需求感，使吾人一再地被捲入，並相信任何發生之事是真的。吾人一再地說服自己而再一次地迷失。

但你早已知道這點。你擅長這點，這是我們每日的經驗。佛陀曾說：「不要這樣。」與其如此，他說：「要認出你的本然狀態。向外追求不是你的本然狀態。」

我會像這樣地說道：你已經對本家迷路了。你往外去、去、去，去到了一百公里遠。你的所有注意力都向外，追著任何景色顯現的現象跑。你往外走，相信這個經驗絕對是一個有意義的客體。但因為無常，這些經驗遲早會讓你失望。藉著重複相信一個錯誤感知的現實，你建立起錯誤的習氣，你不知道要如何回家。我們可以在人們的眼中、在他們的臉上，看到這個習氣：他們的精神被導向外在，沒有任何的果汁。有些人當他們有這個問題時，便嗑藥；有些人變得暴力。人們試了這麼多的方法要返家。

簡言之，問題在於被困在凡夫心、分別心之中。這個不能認出你的本家、你的基本狀態，製造出許多痛苦。在這個世界上有這麼多的分別心，這麼多慾愚人的可能性呈現，以捲入分別心之中。假如你屈服於此，就失去了你的自主性、你的自由。

佛陀告訴我們，要分辨世俗與勝義、似相與真相。在大圓滿法教中，分辨也是極為重要的。在此我們分辨凡夫心——分別心，注意力被困在客體上而不知自身——和心性、心認出自身的本性。這並不表示認出染污的狀態，和僅承認心是染污的。不是，這表示認出此染污狀態的**本性**——心性本身。

佛陀曾說：「孩子啊，回家吧。留在你母親的懷抱中。」這個家怎樣？家裡的設備有哪些？有沒有熱水？有沒有中央系統暖氣？當天氣變冷時，可能暖起來嗎？當變熱時，可能開冷氣嗎？在主臥房裡有沒有附屬的浴室？我們看看家中的設備如何：我們能夠對付客人貪愛先生嗎？我們能邀請客人癡嗎？我們能夠在瞋先生來作客時，熱忱款待嗎？我們必須在現在就準備好這些狀況。這個家是我們的心性、心的本性。

心的本性有三種特質，可以用講解基時所用的同樣術語來描述。但還是會有些不同。這個家、心的本性，是體性空。這表示其足夠容納下任何東西。一切諸佛、一切眾生、萬物都容得下。貪、瞋、癡，和成所作智、妙觀察智、平等性智等等——所有這些都能夠被放進空性中。明性就像是母親，意思是不僅所有這些情緒的狀態容得下，也能夠被處理、照顧得好好的。所有這些事物都以一種不侷限、不受阻礙的方式，合宜地容下。

心性的身份是空的；其自性是明的、能夠知曉；其作用是不受侷限。這些是三種主要的特質：體性空、自性明、和能力無礙。在此我們還是涉及了藍圖的描述。

我們心的這種基本開放，就像是高速公路。你可以稱它是五毒的高速公路。我們心的狀態，不像是一條良好、寬敞的美國高速公路，反而像是一條尼泊爾的高速公路。路很窄，以致於兩輛車幾乎要壓到對方了。三輛車一起上，就會交通阻塞。我們有太多的車子往來其中，特別是其中五輛——貪、瞋、癡、慢、嫉。事實上，我們有八萬四千輛車在這條狹窄的高速公路上。

現在，**體性空**描述了我們本然狀態的樣子。這種特質不是被形成的。沒有這種空性，是不可能讓任何現象出現的。**自性明**是你當下之心，你清醒的感覺，就是現在，知道體性是空的；否則明是二元分別的意識。這是分別意識和本初覺性基本的差異。感知的二元方式，不能意識到這種清醒的特質，在本質上是空的。本初覺性則是能認出在本質上是空的。

這些就是體性空和自性明。到目前為止，能力無礙不是運作地很好。為什麼？在我們目前的狀態下，你可以稱之為「受侷限的無能」，因為它不是特別地有能力，也受侷限或限制。這便是分別心在目前的樣貌：侷限在要不是空的，就是在思考上。當這些是一個整體，同時有空和明時，便是第三種特質，能力無礙。我們需要認出這點，否則人們可能會宣稱：「這個空的特質便是這樣；沒有任何東西，什麼都沒有。」這是斷見。不然他們可能會強調另一個面向，保持著有永恆的「某個東西」，這是常的觀點。人們似乎不可能去設想一個有別於這兩種極端的看法。

分別心是目前在繼續的東西。我們談到了當下之心、就在此時、此地。你經驗的能力，就在這當刻，當它知道自身的空性時，就是本初覺性。否則，就是分別心。所以，當我們當下的覺性，就在此時，知道其本身的空性時，我們就能夠了悟能力無礙——換句話說，經驗與空性的合一。從某方面來說，確實是非常單純。明性不是我們必須脫掉或組成的某個東西；它是此時正在發生中的這種知曉能力。我們不是要讓這個當下、清醒的特質，融入空的狀態中——根本不是。反而，**正是**清醒時，空的特質是可以被認出的。

在這裡人們常會犯錯，認為修學包含了一種將此知曉特質融入空性的嘗試。他們試著製造空無一物，而不是讓這個意識、這個知曉之心，任其自然。你實際所需的一切，就是讓此知曉和清醒的氛圍，瀰漫在空性中，就像是讓濕氣慢慢地滲入。這不是你得要謹慎地將你的毛巾浸入水中，只是坐在那裡茫茫然、渾然不知何物。反而，比較像是一種釋放覺知特質的感覺，**鬆掉**。然後，自動地，濕氣瀰漫著。我們當下明的特質——就讓它去，然後慢慢地讓空的特質變明顯。從經驗而論，大師們描述這個，就像是以一種非常優雅的方式，簡單地敞開心胸。

首先你放下毛巾；這是止。然後慢慢地，一點點觀，一點點大圓滿使毛巾濕了，滲透了毛巾。只要空性所到之處，明性也會滲透到同樣的程度，直到最後我們是遍知的。現在問題是，我們要怎樣弄濕毛巾？我們要如何認出？我們要如何在分別心的狀態下，產生心性？我們要如何從分別心中獲得心性？我在稍後會稍稍解釋這個。

讓我們用另一個譬喻，來說明分別心和心性的不同：冰和水。其身份相同，但作用卻迴異。分別心就像是冰的，而心性是液體、像是不凍結的水。我們大多數有的，主要是分別、冰凍的心的狀態。分別心有三種類型：不善、善、和中性。我們花費了大部份的時間，在這三者的其中之一或另一個。

無論何時當我們涉及了貪、瞋、癡時，其活動便屬於分別心的不善類型。當我們試著修持佛法，當我們試著禪定，當我們做某些善事，像是繞塔和其它種類的精神修持時，這類的活動便屬於善的分別心。然後在許多時間內，我們不涉入任何特別之事；只是對任何發生之事漠不關心，這是第三種類型，中性。分別心因此若不是善的、不善的，就是中性的。也可以依據不同的心理狀態，如二十一次要煩惱、八識等等，來描述分別心。大部份的這些狀態，每天都伴隨著我們。

分別心指的是一種心抱持著主體和客體，並將心緊繫在過程中的方式。心想著一個念頭，接著另一個、又是另一個，像是一串珠子。一個接著一個的念頭，一再、一再、一再、一再。每一刻的分別心，是想著某件事的念頭。這一再、一再地發生著，我們被包裹在以這種方式來經驗事物裡。這種轉圈圈的過程，就叫做輪迴。只要吾人被困在其中，位在這個圈圈中，就沒有解脫。但是，教導說即使表面上這個圈圈似乎永無止境地轉著，在每刻的念頭之間，總是有空隙的。在這個圈圈中旋轉著的心，並沒有注意到這些空隙。

「空性」當然是一個傳統的佛教用語。在經驗上，這是一種對所有方向都敞開的感覺，在任何地方沒有任何的界線——對前方、旁邊、背後都敞開。就經驗上討論空性，是可以使用「開放」這個字的。請了解在這裡的開放，不是心理造作的開放。假如是這樣，一旦別的事情發生時，它就會被遺忘和失去。真正的空性，首先，不會變成存在的事物；其次，不會停留在任何地方；第三點，不會止滅，一點也不會。空性就像是房間裡的空間，沒有生，不會住在任何地方，也不會止滅。因為這個空性，眾生可以到處移動，可以坐飛機飛翔，可以做所有各種工作；可以製造污染或清乾淨。這一切都是可能的，只因為有此開放的空性。

貪、瞋、癡本身並不是問題。反而是這三毒沒有足夠的空間：它們彼此傾軋和抵觸。煩惱本身不一定是痛苦的，和煩惱在一起的某個東西，限制、侷限或禁錮著煩惱。另一方面，空性，已然是開放的，代表著無論如何都沒有牆壁、沒有界線、沒有限制。這是一種完全開放的方式，此空性不是由我們的想法所造成的某個東西，試著去理解它也沒有多大的幫助。我們必須知道在經驗上，要如何在此開放中**任其自然**。關於空性還有許多可說之處，事實上，**般若經**——被稱做般若智，諸佛偉大之母——頗為詳盡地解說了空性。

讓我們舉太陽為例。空性指的是太陽本身，維持其自身的狀態。什麼是太陽的自性？是熱，照耀、照亮。太陽的能力是什麼？給予熱度，幫助萬物生長，讓水蒸發，等等，這是其作用。同樣地，心性的身份是空的，這就是其純粹的樣貌。其自性是明，也就是能夠明瞭的意思；能夠知曉。其能力是什麼?是無礙，亦即不受限在若非只是空的，就是只是覺知的狀態。反而，這兩種特質是不可分的。此合一性讓任何智慧得以顯現。有時我們聽到能力無礙，指的是這三種特質的不可分性。認出本覺，便是當禪修者同時認出這三種特質，且此本覺是基的一部份。

這個心要如何知道本身?以一種沒有感知者和被感知物的方式。對此的佛法術語是**無三之第四部份本覺**（rigpa that the fourth part devoid of three）。換句話說，是超越了三時的時間。概念之心是和時間相關的。離於概念，也就是離於時間。換句話說，本覺意指不珍惜過去狀態的記憶，也不涉入將來到的時刻、未來，本覺也不對當下進行分析、或形成概念、或做某種評斷。你可以說完全離於三時的概念，是一種清楚、明晰的狀態，即是本覺。以時間的觀點，你可以說本覺是第四時，超越了過去、現在、和未來。這是無時。沒有了這個，時間總是會落入分別心之中，總是會以三時之中的其一來運作。

我們的經驗是否為真實本覺的準繩，必須和這三種特質——體性、自性、能力——被檢視是否完全俱在有關。並不是總是這樣。只維持在一個空的狀態，是「侷限在空無中。」即停在一個無物的狀態裡。這可能變成斷見，認定「這個狀態絕對是離於因和果的。在此任何事情都不會發生；不能發生，是被封鎖住的。」於是沒有功德可顯現——沒有虔誠心、沒有悲心、沒有愛、也沒有任何其它的精神特質。空性應該是**無礙的**，然後開放、不受限的特質，可以讓一切證悟的功德化現。

證悟的功德是從何而來的？從明性中。輪迴的特質是從何而來的？也是從明性中。所以是什麼界定了輪迴與涅槃的不同？當有一個沒有身份、無我的清楚知曉時，證悟的功德便彰顯，這就是俱生功德得以自在顯現的所在。當一個想像的自我在心中被理解，迥異於知曉並沒有個人身份時，輪迴的夢便顯現。輪迴之心的顯現，是來自於無明和迷惑，而二元性便隨之被抱持著，變成一切輪迴心境出現的舞台。所以明性，本覺三種面向的第二個，是非常重要的；的確，明性很重要。萬物端賴明性是否被凍結在分別的心態中，或是不凍結而進入體性的證悟中。

你怎麼知道你的明性是否凍結呢？廣袤（spaciousness）——清淨、沒有感知者與被感知物——是否在那裡？有某個東西被吾人緊握著嗎？或是，可以這麼說，有知曉但感知者是不被封鎖住的？在不凍結的模式中，有感知，有知曉，但無論如何都沒有被緊握住。這句話是這樣的：**不受限於空，在感知時不執著**。它是空的，但不被限制於只能這樣。當感知時，沒有繼續緊握住感知。

請聽好：你可以說正好和現在相反，和我們一般感知的方式相反。不知怎地，感知、經驗的特質似乎被侷限在「非空」上。我們體驗每件事是堅固、真實和具體的，是不是這樣？不知怎地，在經驗中空、廣的特質被忽略或遺漏。在經驗時、在感知時，只是認出，事實上同時是非常廣袤的，而這個凍結的習性就融化、消融了。這個**不凍結**是第三個本覺特質：能力無礙。在感知時是空的，在空時感知——這就是顯空不二。

我們稱這三者同時被認出的時刻是「見到心性」。什麼是心性？在大圓滿的特殊用語中，稱之為本覺。什麼是本覺？什麼是心性？是體性空、自性明、和能力無礙。在這裡關鍵的要點是，要知道這三者是同時的。

有時我們覺得完全空掉，以一種封鎖的方式，因為是受限於空的狀態。這是有時會發生在禪定時的某種經驗。變得空無一物，凍結在一個空空的狀態中，沒有彈性、開放的特質，沒有果汁，根本沒有放鬆。即便你想要思考，也沒辦法。即便想要分心，也被阻止這麼做。事實上，這時對你來說空性已經變成一個極大的分心。即便你想要打招呼，也不行，因為被凍結在那裡。但也沒有別的念頭：沒有瞋、癡、嫉妒、傲慢——什麼都沒有。有的只是空白一片，空將你完全佔據。這時明性也被凍結在空白中。有些人可能會認為這就是本覺。嗯，這不是！本覺是一種清醒、在場、清晰、明亮、活生生的感覺。這種清醒的活生生狀態，不是被造出來的；不是我們的創造物。它僅是我們自心的本性。

在分別心和心性之間有多少公里的差距？兩者之間的距離為何？佛陀曾說有五公里遠。是真的嗎？會是這樣嗎？或者可能是六公里，每一道的眾生有一公里之差？不是的。據說輪迴和涅槃之間的距離，是有如你自己頭部前、後的差距。這兩者之間有多遠？有一定的距離，是真的，但是這條線碰觸到你的地方，實在很難說到底是前還是後。做為分界線，它們彼此之間的距離到底有多遠，真的？它們相鄰著，是嗎？是？不是？它們在哪碰頭？現在讓我們談談分別心和心性：它們在哪碰頭？分界線是什麼？

在這裡明性是一個重點。你成了分別心還是本覺，取決於明性如何作用。明性執著在那邊的客體嗎？那麼它就成了分別心。明性知道本身毋須執著其體性嗎？那麼在此狀態下，同時知道自身和別的一切事物。那就佛教的術語來說，就是般若，即是佛所有的。你聽說過佛智，對吧？佛智從哪來的？佛智的基礎就是這個明性。

請不要搞錯。我們必須使用「知曉」這個字，沒有別的方法，因為沒有別的字眼。但是，這不是我們通常使用「知曉」這個字的用法，依據主體知曉客體的方式。你也可以使用這個片語「不執著的覺知」，假如你比較喜歡這個的話。重點是這個心有一種知曉的自然特質，能夠明或覺知。這只是這個心的樣貌，其本性就像這樣。這個自然的知曉，可被**我和那個**的概念所污染。這會變得越來越龐大，直到變成輪迴的經驗方式。我們必須重新連結這種知曉的自然方式。這是一個重要的要點。

本覺實際上在哪？本覺存在於何處？本覺存在於我們所有的每個念頭裡。沒有念頭能逃過本覺同時間的滲透。為什麼？因為在每個念頭裡，也有明性。對吧？這個本性是輪迴心的念頭和本覺的念頭相會的所在。舉我的**念珠**為例，不管念珠停在哪裡，貫穿念珠的每個點，都有繫線在。是不是這樣？假如內部的線不在，念珠就不可能保持其形狀。佛性也是如此。不管念頭在何處，不管在哪有經驗或感覺，同時就有這個大圓滿的基存在。

有些人聽過「基」這個字，便概地認為有個基本的**某個東西**，在某個地方的基礎，就像是建房子的地基一樣。你大可使用別的字眼來描述基，像是基礎或地基。藏文是 zhi，關於這個字你不可能做別的事，它相當準確。就像是在念珠裡面的線，基本的佛性呈現在我們具有的任何狀態中、任何念頭中。所以什麼是佛性？什麼是基？我已經告訴你了。所以這個基像什麼？體性空、自性明、和能力無礙。這便是基的樣貌。

如同前述，據說有八萬四千種不同的情緒，在永無止境的流動中，一個接著一個生起。有時它們壅塞了，就像交通阻塞一樣；或其中一個變得突出，像是瞋或貪。假如它們都井然有序，那就沒有太多問題，但有時它們塞住了，我們便覺得迷惑。不知道要如何妥當地進行下去，如何妥善處理。能量需要釋出，所以瞋或覺得生氣，在我們的經驗當中冒出來。在同一時間內，似乎沒有足夠的空間給所有的情緒，但它們還是在移動著，一個接著一個，進行著。有這一切不同的情緒，從最耀眼的念頭狀態，到更細微和非常細微、伏流的念頭。這些情緒和念頭狀態並不是本覺。有些是平和的，有些是忿怒的；它們可能是溫和的、狂野的、有益的、無益的。有各種的念流經過，就像是時鐘上的秒針：嘀、嘀、嘀，一個緊接著一個。這個念流需要被截斷。就像密勒日巴所說的：「在過去念和後念之間的空隙裡，離念的覺性持續地彰顯。」過去念已止息，未來念還未生起；這時，不要執著。

想像著用根針在一張紙上戳洞，同樣地，揭示了無我狀態的觀察智之針，能夠戳破分別心。總是具現在體性、自性、和能力的基光，開始要透過來；有一點光線。然後概念化的強烈習氣，又再度將之覆蓋。但接著你又戳了另一個洞，一再地就有了一些光。這不是基的完全照耀，只是一些從小洞中傳來的光線。你可以說基的碎片、部份或小部份，透過來好像是丁點的光線。心性的修學就像是一個接著一個地戳洞。輪迴的染污概念，變得越來越多孔洞，以致於不能再那麼固實了。到了某一點，它就逕自崩解了。

念頭之間的空隙，揭顯了基本的覺性。我們的修學會產生越來越多的空隙。讓針能夠戳破染污的概念，一再、一再地。在一開始，這些開口不會維持太久，只有短短的瞬間，就像是針的針孔。我們得極持續地戳著紙張，製造出越來越多的洞孔。

另一個譬喻，可以在電影《魔鬼終結者》中找到，有一場戲裡主角在開槍射著機器人。一開始似乎沒有用，但他一再、一再地開槍，到最後機器人倒下了。在一開始，一槍，沒什麼；機器人還是追過來。主角一再地開槍，機器人緊追不捨。他開更多槍，然後，慢慢地……**【仁波切示範機器人倒下的動作】**。同樣地，在對付染污的狀態時，我們需要一再、一再、一再地認出心性，在迷妄中製造空隙，直到最後我執和迷惑完全垮下為止。

注視、見、任其自然、與自由

我要如何體驗本覺?這個問題真的跟分別心與心性的真正樣貌有關。當我在傳法時,通常會先講心性的故事,提供心性為何的理論,好讓你能夠有智識上的概念。但很可能某人在聽聞智識上的解說之前,已經體驗過心性的實相了;讓我們不要排除這種可能性。傳統上,先是傳授理論,然後教導實際體驗心性的方法或法門。我尚未講到這一點,我們還是在處理智識藍圖的部份。

當我解說心性時,很容易被誤以為心性是在分別心**之內**某處的個體,假如我們這麼做,可能會得到對心性為何的某些認識,但這個認識是在分別的架構裡——就像是認為在分別心之中**有**空性,認為在分別心之中**我們有**明性等想法一樣。這是對超越概念心性的一個概念性了解。

現在,從我們分別心的狀態之中,必須實際體驗心性是如何由體性、自性、和能力所組成。我們試著以一種經驗的方式,趨近心性真正的樣貌,這種體驗藉由上師傳授的口訣而產生。

在此是具德上師會在何時傳授直指口訣、直指心之本性的關鍵。我自己必須藉助文字；否則似乎沒有任何方式可行。聽聞這些字，我們可以運用到自身的經驗上，於是某人可能就會透過這些文字而認出心性。比方說現在大多數的我們對於心性是什麼有個概念，但獲得實際經驗而非僅止於概念，必須以離於概念的方式來產生。將理論帶入經驗，需要直指的口訣。

傳統上，當將要傳授直指口訣時，學生或弟子已經完全準備好了。他們會衷心、真誠地向傳承上師以及其根本上師祈請。那位將要傳授直指口訣的上師，會提起無所緣的本覺之力，受到大悲心的鼓舞，處在本覺的狀態之中。在那時，給予直指口訣。但這並不是在此時此刻會發生的事；我不會這麼做。在未來，當你遇到一位偉大的上師，能夠和這樣的人有深刻的緣分時，你就應該請求直指的口訣。還是有很多這樣「老式」的上師，持有傳承，所以慢慢地、慢慢地，當時候到來時，請懇求並接受直指口訣。

現在，如同前述，分別心是向外的，陷在一個接著一個的客體上。分別心現在需要知道自己的本性，需要認出自身的身份。當我們認出心性時，體驗到心性是自然俱在，而非透過概念捏造的某個東西。心性僅是本來如是的某個東西。和自然俱在的空性同時，還有一種清醒的感覺。這可能不會持續太久；可能相當短暫，但是心性是自然空與明的。以佛法的用語來說，稱作「無生本性，其明晰無礙，故能示現為無數經驗」。

現在，我們就像是一位你在螢幕上看到被手銬銬住、嘴上封著膠帶、全身被繩子綁住的電影人物。認出心性的時刻，就像是這個人被鬆綁，完全擺脫束縛般。在這些束縛消失的剎那，有一種深深解脫的感覺。在我們的情況下，並不是肉體的解脫，像是這所有的繩索、手銬、和膠帶的消失；而是一種心靈的解脫。概念性心態的繩結被解開、除去、自由了，所以我們心境覺得完全地無拘無束；心敞開了且一直保持那樣。身體上的脈結也被解開、放鬆了。這一刻有一種空性的感覺，處在廣袤之中；同時，從明性看來，是超越了見者與被見，純粹地廣袤。

這個短暫的認出，確實可被稱作心性。你也可以稱之為本心或平常心，雖然本心在此情況下比較適合。稱之為大圓滿的本覺可能稍嫌過早。但當這個狀態變得更明晰——你可以說更細緻——根據大圓滿法教，就會成為真正的本覺狀態，那時就會名正言順了。另一方面，某些人可能會在一開始就認出本覺的狀態，這也是可能的。

本覺一詞，就真正的大圓滿來說，不會隨隨便便地使用。它就像是以**無三之第四部份**的非常特殊方式來定義的。這是以時間的觀點來描述的，而時間總是有著概念性心態的涵義。如同先前我所解釋的細節般，時間**是**概念性心態，因此第四部份表示沒有過去、現在、未來三種概念的無時。換句話說，本覺是完全離於概念性心態的。只要有在當下或想到過去、未來的想法，那就不是真的本覺，而仍然混雜著概念性心態。本覺是完全離於這些的。

本覺徹底超越了概念之心。當我們越來越進展，習慣了超越見者與被見、超越禪修者與禪修對象的方式來修習，同時就是敞開和明瞭的。實際的情況變得更單純。「湯中的渣滓」開始要滌清，這的確是會發生的事。到了某個點，我們的經驗真的稱得上「**俱生本覺**」之名。但是，在那之前，本覺多少是藏於己的，像是一個天生的祕密。一旦這個祕密之門藉由知曉與應用關鍵而開啟時，我們就了知本覺就在那裡，完全可及且在當下——當然這是一直俱在的。

這個俱生覺性或本覺從未真的離開過你。它一直像背景般地在那裡，在徹底揭曉的那一刻，你對它有百分之百的信心，你可能開玩笑地對本覺說道：「嘿，你一直在這裡！我一直在到處找你，我花了這麼多錢要試著找到你，買了所有這些的飛機票，到處飛來飛去，做這一切的搜尋。而你就這麼一直在這裡！你是怎麼搞的？」這就是本覺的祕密所在。這也不是什麼祕密；反而是你對自己隱瞞，沒有任何人瞞著你。這不是釋迦牟尼佛將本覺藏起，不讓眾生知道；也不是你的上師對你藏了本覺。你一直是對自己藏起本覺。

順著這個笑話，本覺可能回答道：「我又沒去哪裡，也沒有想要躲著你。你可以怪罪我，但我不是真的要抱怨。如果你老是這麼忙著到別的地方搜尋，我又能怎樣？我一直跟你在一起，打從你出生開始，從一開始，我就在這裡跟著你。你只是沒注意到，你總是牽掛著，注意別的東西。」

然後概念性心態可能會問：「假如你真的是一直在這裡，為什麼我之前看不到你？」於是本覺回答道：「你總是想要二；你執取二元，想要別的東西，因為想要二，於是就有了三、四、五、六等等，沒完沒了。想要找除了我之外的別的東西，你似乎永遠不會注意到我。你找啊找啊找，於是累了想要回家，回到你自己的家。也許你的上師在這個時候幫助了你一點，當他說道：『可憐的你啊，你一定因為這一切到處跑而累了，現在放輕鬆吧。』之後你的上師傳授你一個可以應用的法門，正因為你做了這個，也因為這個時候你比較聰明了，所以你現在看得到我。」

本覺繼續說下去：「看到我沒什麼了不起，總之，我不是會失去的某件物品，也不是你曾經找到或擁有的某個東西。我就像個赤裸的人，完全赤裸，沒有穿任何東西。你總是希望找到有錢人、身上穿著時髦衣裳的人。你在尋找財富、追逐財富。這並不表示我就不富有，但我有另一種的財富。我有終止輪迴的財富，我有讓你斬除煩惱的光輝。這一種財富似乎不能引起你的興趣，或刺激你的胃口。你老是想要卯足了勁在別的東西裡，像是咀嚼一份美味多汁的羊排，追逐色、聲、香、味、觸等。」喜歡吃肉的人，當他們卯足了勁時，偏好其肉排有些嚼勁，嚼起來不像是在吃奶油。假如肉太軟了，那麼他們就沒有了真正咀嚼的感覺。

老實說，這整件事極為簡單。非常、非常容易。這種修行的方式也是極為簡單、容易。要發現這種簡易，我們得修學。透過修學，也會變得越來越容易解除煩惱。我們非常自然地、簡單地越來越趨近僅是處在本然狀態中。

直指口訣指出見。這不可能在書中辦到，學生必須從一位開悟的上師處親自領受。我在這裡所講的概要解說，是為了在你身上產生某些初機，好讓你能親自領受口訣，並接受傳承的加持。透過傳承的加持，我們能夠讓自己準備好來認出心性。

在兩種見之中，有概念性心態與無概念性心態，這是無概念性心態之見的概述。我的父親、祖古・烏金仁波切，常傳授了悟無概念之見的三種步驟。我將其擴充為四種步驟：**注視**、**見**、**任其自然**、和**自由**。注視是法門，見是本然狀態，在當中見不是一個二元的主體看著某個客體，而是就本知的自明而言的一種**自知**（self-seeing）。在見之前的注視，當然是一種想要見到某個東西的心態，一個見的嘗試。那是注視的作用、注視的工作、注視的責任：去試著見到。通常這種心態不是就放棄，一旦你試著去見到，你就持續試著去見到。不是就這樣自行放棄；不會說再見。因此，你必須在某個時刻將注視放掉。另一方面，在一開始是不可能見到的，除非你先利用注視。

就像大圓滿的見不是一個概念的狀態，修也不是一個概念的行為。修不是**做**。見和修不是兩個分開的事：不管是怎樣的觀點，都必須是修學。當見離於概念性心態時，便是修。請不要忘記什麼是非概念性的。

在此，**修**指的是讓見的相續能夠存在。這也叫做**任其自然**，是四個要點的第三項：注視、見、任其自然、和自由。我們要怎樣任其自然？任何所見是見的事物，僅是任其如此。這不是一種禪修的行為，因為你不是「禪修」在見上。你僅是見到了見、一種離於主體與客體的見、一種沒有任何所有者的見。你僅是處在一種沒有任何心念所作的狀態中。這叫做相續，是一個極為珍貴的詞語——不失去三摩地的相續。在此脈絡下，三摩地是心之本性的同義詞。在大圓滿術語中的心之本性，也叫做本覺。本覺是體性空、自性明、能力無礙的。同時見到此三者，稱為本覺。本覺是同時見到此三者，不是接連地見到，一個接著一個地認出這三者是空或明。在此狀況下，你不是有了整體，因為這三者早已分開，同時，這三者被你僅僅注視所見到，僅是見，你需要任其自然。

比方說現在我們見到了見，在此時我們可能有或可能沒有見，但為了傳法的緣故，讓我們在這點上繼續下去。在這時見到了見，需要有比見多一些的東西：我們必須知道如何任其自然。除非我們知道要如何任其自然，不然就會開始有關於見的想法冒出：「這個心性真好！我必須保任；我必須維持住。我必須確認它不會逸失。假如我能夠一直見到心性就好了！真是好極了。真的就像措尼仁波切所說的，這就是我所要的。現在我見到它了。喔，不行！現在它要跑掉了。怎麼辦？我必須牢牢地抓住，好讓它不逸失掉。」

在此**任其自然**指的是，知道如何以離於希望和恐懼的方式自處。換句話說，當認出心性時，我們僅是讓見任其自然，不要試著去修正或矯正它。確實知道如何以正確的方式任其自然，然後以此來修學，就叫做修，是見、修、行中的第二部份。修在此是維持見的相續，其目的是要保任見。

再講一遍，見是同時知道體性、心性、和能力，透過單純的注視來認出。當吾人解脫了其基本狀態時，是空、明、無礙的。同一時刻，這三種特質皆具現。這個見需要能夠任其持續下去，這個持續就叫做修。在此脈絡下，會用到幾個字：自然相續（natural continuity）、自然正念、俱生正念。換言之，任何在第一刻所見到者，需要能夠任其持續下去。任何所認出者，應該要能任其持續地——像是這個聲音【仁波切敲了鑼】。

鑼的聲音迴響下去；這一種鑼的相續。在鑼被敲了一下之後，你不用做別的任何事。這時，你沒有這個出來的聲音是好或壞的任何選擇。人們常常敲了鑼，然後試著去改善這之後的聲音，只會弄巧成拙。一旦敲了鑼後。去改善其聲音，需要用到智識。假如你這麼做【仁波切摸了鑼，聲音就停了】，這個聲音就被搞糟了。假如你試著要改善見，你已經在分別心中，不是心性了。就像是敲鑼，你必須用非常自然的方式去做：用槌子去敲，然後停下。同樣地，認出、然後任其自然。只是放鬆著直到分心為止，如同你會放著鑼直到聲音消失為止。

有兩個重要的字詞，聽起來有點瘋狂，但我要你們仔細地聆聽：**不散逸**和**無修**。不散逸的無修。這兩個字擺在一起，事實上形成了一個要訣。不散逸的無修。聽聞這個片語並了解透過這兩個字詞所要傳達的要點，我們需要聯想起「離於概念之禪修」、非概念狀態的意義。

沒有正確地了解這點，吾人可能會認為：「好吧，假如是關於無修，那不用修行應該就夠好了。」將無修等同於**不用修行**。那吾人就只喝酒、去舞廳、或看電影；做任何想做之事，因為這些都是沒有禪修的狀態。這樣就夠好嗎？不是，因為第一個詞彙不見了：不散逸。這些使自己分心的方式，本身並不能在三摩地上有進展。那關於保持不散逸的法門呢？通常被稱做禪修。禪修的法門被用來確保注意力不會不斷地從一件事轉到另一件事上。但任何要不散逸的巧妙訣竅，在定義上都是概念性的。

不散逸的無修，將這兩個字彙結合在一起，指的是在同一時間內既不散逸也非概念。這就是需要用來粉碎概念之心的那種榔頭。止是一種不散逸的方法，但因為就禪修的觀點而言，涉及了作意，因此是概念性的。止指的是概念上試著去進入、或培養一種不散逸的狀態。這是**試著**要保持警覺的活動，**試著**要對某物保持正念，藉此來培養不散逸的狀態。止是禪修的行為，在此特定脈絡下，觀的修學指的較是在指認後所發生之事。讓任何自然之物如是，不要以任何方式去修正或矯正；讓這個指認的相續能夠沒有希望、沒有恐懼、沒有試著要做任何事地延續著。在一開始，這不一定能持續很久。

大圓滿法教告訴我們：**不要禪修，也不要散逸**。當我們能夠這麼做時，除了處在俱生本性的相續之中，別無其它選擇。你也可以稱之為無所緣正念。這就像是概念性的經理已經退休了，但辦公室仍在運作一樣。概念性的經理被解雇、開除了。誰開除了概念性的經理？不會是別的概念性心態。假如是概念性心態，二號概念會開除一號概念，成為老闆。在三號進來時，就會把二號概念解雇。三號會被四號解雇，四號會被五號、六號、七號等等解雇，一百次，沒完沒了。這正是為何認出見是絕對必要的原因所在。

坦白講，修只是要保持見。除此之外無它。任何被認出的相續，不需要被改善、設計、組裝或延伸。在一開始，不管是什麼、不管怎樣，任其自然；僅是讓任何知道的是那樣，沒有希望和恐懼。我們稱這個相續，不管它是多麼簡要，為子本覺（Baby Rigpa）。

讓這個子本覺繼續一會兒，就只是他的樣子。不要試著去擠壓他，不要試著把他丟掉，或讓他死掉。只是讓他好好的，但不要有太多的期望。假如你不是個好父親，你可能會把他抱得太緊而讓他嘔吐。你不會擠壓嬰孩。你只是讓他去，妥善地。把頭稍微舉高過雙腳。同樣地，任何在開頭所見到的見，正是你應該讓其繼續下去的。就像密勒日巴所說的：「勝見是在無修時不散逸。」

造作地試著要延伸指認，只會弄得更糟。你需要知道如何讓其繼續下去。這正是為何大圓滿的口訣不可思議地特別，其處理的是如此微細的東西，最特別、最祕密的東西。

一再地見到見並不夠，得成為相續的延續。這就是大圓滿的整個重點所在：大圓滿的禪修，即是在保任此相續。給予子本覺呼吸的空間。截至目前為止，他一直是喘不過氣來的。一旦你的大圓滿禪修有足夠的容量，那麼本覺、見，就能自由地呼吸。藉著更多的呼吸，你的肺開始運作，你的心臟更為強壯，慢慢地嬰孩就開始成長。嬰孩有了自身的力量，這個嬰孩應該要成長並培養自身的力量，因此你需要大圓滿的禪修。這個禪修並不是概念性的行為，它是我們所定義在無修時不散逸的禪修。這樣清楚嗎？

是不是你要讓你的嬰孩成長？讓他跟他的母親在一起吸奶，當他能夠進食時，給他好的食物，於是他開始成長。同樣地，要讓本覺能夠持續地更久些，真正的大圓滿禪修方式是必須的。催促是沒有用的。真誠地希望見到本覺持續地更久些、緊抓住本覺就像是對珍愛生命的執著一般，是沒有用的。「祈願我不會失去本覺！」——這也沒用。這一切都是概念性的。我們需要任其自然：在無修時不散逸。透過這種修行，本覺就能夠延續一段長的時間嗎？在一開始，不會多過一剎那的時間。就一般而言的禪定狀態來說，能夠持續好一會兒，不是無間斷的相續，而是「相似重現的相續」，在這段期間之內，處於禪定狀態中解脫的某個概念性時刻，會被下一個概念性時刻取代，接著是第三個、第四個。因為這些時刻看起來相似，這一系列的重現時刻，讓你誤以為這是一個持續的狀態。這是就普通禪境狀態而言的穩定。第一刻的喜，在分裂的那一秒之後消失——再見！但某個看起來類似的東西早已取代之。人們常稱之為相續。

在此情況下的修學，是用一再、一再、一再重複的短暫時刻。為了要進步，我們祈請自己的傳承上師，祈請佛、祈請法、祈請僧：「祈賜加持，好讓我能夠在此修行上進步。」透過這樣的祈請，我們持續地提醒自己，要認出並讓此短暫時刻維續，一而再、再而三。就像從屋簷收集雨水一樣，容器會慢慢地裝滿。在一開始，似乎相當困難，但我們應該不要只因為不容易，便灰心喪志。

開始時，本覺的覺醒狀態就像是個嬰孩。慢慢地，當我們修學得越來越多，這個本覺的狀態就會開始分辨。本覺變得更清楚什麼是什麼。什麼是心的概念性狀態和什麼是本覺，對我們來說變得更加明顯。到了某個程度，有時心的概念性時刻，會自行轉為本覺的狀態。它不會真的有立足點，它不會真的有機會製造傷害。兩個叫做**力**和**幻化**的面向開始出現。這是好時機開始的時候——真的。焦慮、擔憂、和畏怯成為過去式，你覺得海闊天空。你覺得自己不管發生什麼事都可以適應、任何事情，不會被困住，因為你清楚地知道那是什麼，相對於執著，你不會被困住、也不會執著。這是信心如何慢慢地入位。這時，功德開始顯現。我們開始覺得自己不錯——真正地。「我很好，我覺得不錯，我是第一名。」這種感覺開始出現，但是是以一種放鬆、真正的方式產生，而不是一種扭曲、負面的方式。

在這個階段，你覺得出離、覺得慈悲、覺得充滿洞見。各種感覺伴隨而來，它們不是憂鬱的感覺、是不黏著的感覺。我們需要感覺，我們不應該是沒有感覺的人。但感覺常是非常黏著的，而**立斷**（Trekchö）見的徹底斬斷，能一再地砍去這種黏著。坦白講，我想這可能是一種新的概念，至少對西方人來說是新的。或者不只是對西方人，對不修行的人來說也是一個新的概念。不管你是西藏人或西方人、無論你來自何處，這都是一個不熟悉的基礎。對百分之九十九的人來說，在任何時刻，當某件事情發生時，馬上就陷入。吾人要不是陷入其中，就是漠不關心，或是轉成心不在焉、敵視、封閉、或貪著的狀態。大多數的這些反應是不被注意、不自覺的。大多數的念頭不會被留意，但對某件事物的反應，是偏向贊同或反對這兩者之一。這也是為何帝洛巴對那洛巴說道：「兒啊，概念並不會繫縛，是執著所致；所以斬斷你的執著吧，那洛巴。」不管任何時候有事情發生，並不是那事件本身緊貼不放，而是執著——那個黏著的東西，綁住了我們。那才是需要斷除的東西。有些禪修者誤解了執著的意思。他們以為是「要試著不要感知」，以為是試著不要去知曉、試著不要去看或聽聞任何東西。那成為一場持續不斷的戰鬥。

一切有益的功德皆從本覺顯現。真正地和本覺連結，是「知一解全」。另一方面，如果我們錯過這點，就叫做「知百失一」。惹瓊巴是密勒日巴的主要弟子，有一次他不顧一切地想要去印度學習詩詞、文法、天文學和咒術——所有不同的學門。在他臨走之前，密勒日巴對他說：「我對你有極大的期望，我認為你可能是某個知一就解脫一切的人，但反而我怕你會知道一百個不同的學門，卻錯失一個。」於是密勒日巴示現了幾個神通，惹瓊巴改變了心意。他想：「我的上師是對的，我在想什麼？追逐表面的知識是個大錯誤。」他留下來修行，慢慢地變得跟密勒日巴一樣。

要進步需要精進、有某種要貫徹下去的意願。假如我們早已能夠修學離於概念的見，那麼就應該要這麼做。除此之外，有時我們可以修學有概念之見。當我們不知道如何修學無概念之見時，修學止的有概念之見，或是一般的觀，絕對是好的。不管情況如何，重點是我們需要修學。修學有概念之見，是某種修學；修學無概念之見，也同樣是修學。不管是何種情況，我們應該修學。

有任何問題嗎？

學生：兩、三個星期之前，我經驗到心性，但因為我不知道那是什麼，因為先前我從未讀過相關的東西，對於那是什麼生起了極大的恐懼。假如這種經驗非常緊繃，如果我沒有從一位上師處接受過適當的口訣，會有危險嗎？

仁波切：可能會有危險、也可能不會；看情況。只是經驗和認出心性本身，從不會有危險。但之後被困在關於心性的一切念頭之中，就會有危險：「我所認出的，那真的是心性嗎？或者我並沒有認出，可能不是？」你會有關於心性的各種念頭。但比如說幾個星期前你所經驗到的，正是我在這裡所講的同樣事情。那麼不管怎樣都不會有問題。伴隨著這種經驗的同時，你也了解到修學心性的法門，絕對不會有任何的傷害，沒有危險。是關於經驗的念頭之網，才會導致問題，而不是經驗本身。你可能會認為：「喔，真的發生了！妙極了！現在我真的很特別。我得到某種東西，完全改變了我。我不知道這從哪裡來的，也許是從上面來的，但現在我是個不同的人了。這就對了！」這些念頭會產生明顯的問題，但這不是我在這裡所教導的。我教的是以一種非常特別的方式，如何重複這種經驗的簡單法門。假如你只是了解關鍵並用於修學，非常好。根本不會有任何問題。假如我們保持著如同天空一般高的見，同時對我們的行為誠懇以對，謹慎觀察如麥粉、如糌粑一般細緻，那根本就不會有什麼問題。

學生：在真正的本覺狀態和模仿之間，有什麼差別？

仁波切：檢查一下是否有任何的執著，抓住某種東西的任何感覺。在概念性的本覺上，你會注意到有一種**試著保持某種狀態**的感覺，試著維持一種狀態，試著滋長一種狀態。有一種希望或恐懼的感覺，也同時有一種被佔據的感覺。了解嗎？這種保持意味著有一種保護不想失去它的感覺，在內心深處。這不是壞事，是好的，對某些人來說，在一開始的修學沒辦法不這樣。藉著這種方式的修學。概念性的面向變得逐漸精細和清晰。

所以你修得更多、更多、更多。現在你更有一種開放的感覺，但你還是**抓住**這種開放感。沒關係，接著，放下這種開放感。比如在兩個月後，你能放下了。但你還是**待在**這種開放裡——所以接著你修持放下這種待著。不知怎地還有一種想要再次達到這種狀態的殘留，所以你也把這個放下，慢慢地再放下，放下，直到你變得非常能夠「就在那裡」，最後極為自由自在。

同樣地，假如你注意到你的禪修狀態阻絕了別的事情到某種程度、你真的不想要接收關於其它事物的任何訊息，你封閉了起來；假如當某件事情發生時，覺得像是干擾、是刺激，那就是概念式禪修的徵兆、被困擾的徵兆。同樣地，假如你注意到在入定和座下之間有很大的差異，那也不太好。

你就像這樣禪修**【仁波切示範了吾人沈浸在禪修中的狀態】**，有人走過來，你就叫道：「嘿！怎麼回事！」這是你在做概念式禪修、而不是真正處在當下的徵兆。你完全沈浸在你的禪修中，有事情發生時就覺得像是警告，所以你就真的從座位上跳起來。不然就會是：「喔，我的天！怎麼這麼難從這個禪修狀態中出來。」**【仁波切再次示範了非常投入的樣子】**「耶？你說什麼？再說一遍？」

那也是你在禪修的徵兆，這表示明的本性過於投入。**保持**一種造作的禪修狀態並不好。對本覺的一個描述，如同這樣的句子：「無論如何皆不住，但卻俱現於一切。」請再聽一次：無論如何皆不住，但卻俱現於一切。

讓我們再一次地嘗試：無論如何皆不住，但卻俱現於一切。

就在祖古・烏金仁波切圓寂之前，我很幸運地有幾個月的時間待在他的隱修處、納吉寺。在同一時間內，納吉寺的事務照常進行著；在樓下大殿裡建造佛像。我常得在祖古・烏金仁波切和工人之間，傳遞各種訊息。有一天，工人問我某項特殊工作要怎麼做。我自己沒辦法解決這件事，所以寫了紙條上樓去。祖古・烏金仁波切住在一個差不多九平方英呎的小房間裡，是一個僅有扇大窗的小房間。在一邊有張高扶手的床，地板面積大概容得下七到八個人。門上掛著布門簾，在進門之前，我掀起掛簾的一點邊角，往裡看。祖古・烏金仁波切拿著念珠坐著，輕輕地唸誦著咒語，不是以一種刻板、筆直的坐姿，而是靠向一邊，腿伸直，半斜靠著，眼睛清亮、持誦著**嘛呢咒【觀世音菩薩的咒語】**。我想我最好不要進去；可能會打擾到他。所以我就在外邊等了五、六分鐘，然後再探頭。他還是一樣，所以我又再等著。三、四次之後，發生了下面的事情。樓下的工人在等著做工，所以我終於想到：「好吧，你總得做你該做的事。」所以我小心翼翼地探頭，然後進去。不管祖古・烏金仁波切處在任何狀態中，他只是從那個狀態出來並看著。根本沒有失去那個狀態，他開始寒暄：「哈囉，你好，」討論了手邊的工作後，接著做了決定並處理好，然後當我走出去回頭望時，我看見祖古・烏金仁波切只是斜靠回原來的姿勢。那真的打動了我的心，我認為可能打擾他禪定的想法完全錯了。

我將自己的了解投射在祖古・烏金仁波切身上。當我正在修行時，有某人走進我的房間，我會覺得心煩。我有某些時段需要睡眠，在下午，我得小睡片刻。我有自己獨處的時間，假如有人進來了，會不耐煩。祖古・烏金仁波切不是這樣，他的房間總是開著。不會打斷他所處的相續，他開始溝通並處理任何需要處理的事情。當他在說話時，他的本覺根本沒有中斷。當我離開後，他繼續所處的狀態。之後我思惟了這件事許久，我確定他真的是無修禪修的體現者。

有時，當走進某人的房間時，我感覺到一種冰冷的狀態。幾乎是沒辦法走進去，不能吸氣，因為整個空間似乎是僵住的。走進祖古・烏金仁波切的房間，根本不是那樣，他自己的房間是這麼小，但卻覺得很大。有許多空氣、許多空間，因為他的敞開的緣故。因為他的能力，讓人覺得無限寬廣。這是我們在自己修行上應該有的樣子。有這樣的能力，我們能夠游刃有餘地應付世俗的工作。這被描述為是「處在世界中，不被世界染。」這是修與無修的差別。假如我們刻板地**在空性上**禪修，整間房子感覺猶如鐵一般。這讓整個情況侷促不堪。

學生：前行似乎是極為概念性的，修持前行的理由是什麼？

仁波切：有許多目的修前行、前行法，稱做四基礎——其中之一，是要給概念之心一個重擊。這是用一個概念，來打擊另一個概念的做法。懶惰之心從恆心接受到一連串的重擊，直到放棄、投降為止。在你做了十萬個大禮拜之後，「好吧，禪坐十小時，沒問題！真幸運！只要一、兩個小時，沒什麼。坐上四小時，簡單！」一切的酸、痛，和有關這些的先見，都被剁成碎片。彷彿懶惰被剁碎，切成小小的碎片。這是**前行**的目的之一。

另一個目的是，修**前行**讓我們有一點機會處在本覺的狀態中，一再一再地。除此之外，前行的修學製造了無量的福德，這讓認出本覺幾乎是無可避免的，這是福德的作用。

你幾乎別無選擇地認出本覺，因為你重複地提供了那樣的情境。**前行**去除了分心的一切機會，就像是你想要離開禪座，開車到城裡的舞廳跳舞，卻發現福德讓你的油箱空了。你試著轉動引擎，但沒辦法發動，所以你想著：「好吧，好吧，我也許還是坐下、修行。」**前行**讓分心就是沒辦法出現，且讓修行佛法的順境更容易出現，讓你不用千辛萬苦。就是得心應手。你更容易遇到上師、發現自己處在修道已然具備的地方，不管你到哪裡都是如此，一再一再地。福德就是讓一切恰到好處，善業恰如其份地為你安排了這一切的境遇。沒有福德，我們必須辛苦地讓好事發生。

舉例來說，當祖古・烏金仁波切在世時，有些人老遠地打電話來，抓住瑪莎、艾瑞克、或安瑞雅，問道：「可以去嗎？祖古・烏金仁波切有空嗎？」然後他們會買機票、一路繞著地球飛到加德滿都。但那時祖古・烏金仁波切可能忙於別的事，在他們待著的期間裡，沒有得到任何的法教。同時，別人不知打從哪來地走進來，甚至不知道可不可能，就得到了一堆重要的口訣。福德的確造成不同。福德締造了善緣。這是為何累積福德在前，是前行一環的緣故。這是修前行的理由之一。

西方人有時會認為**前行**是**如此困難**：「除非我做三年閉關，不然沒辦法修**前行**。」有時可能會像那樣，假如吾人不能了解其目的的話。吾人不了解其價值，他的心就不在那裡，看起來好像很難、充滿挑戰。假如你的心在那裡，根本就不困難。當然，假如吾人年紀大或體弱，你可以名正言順地說大禮拜困難，但你還是可以修金剛薩埵的唸誦、供曼達和上師瑜伽。也有一種修小禮拜的方式，也可以，雖然**前行**通常是要做全禮拜，延伸的。有些人可能需要將膝蓋浸泡在溫水中，好讓膝蓋從前一天的大禮拜裡恢復。其他人就只是繼續做下去，直到膝蓋上的皮磨破。膿和水泡可能會從傷口流出，他們還是繼續。

如同前述，一位真正的修行者得堅忍。這來自於了解佛法修行能降伏煩惱，並不是讓吾人過的好或覺得好。覺得好的那部份是自我的。自我會變得虛弱，你會認為：「我需要精神的維他命，讓自我覺得好過些，也許我應該嘗試某些特別的修行。」在此的主要焦點是讓**我**快樂，「這會讓我在日常生活裡做的更好，我可以成為一位更好的律師，我可以成為更好的作家，我可以成為更好的商人，我可以成為更好的護士或經理人。」

以這種動機來修行，不是特別深刻，這可以——你不能說那是邪惡的——但以這種動機來修行的人，不能夠稱得上是佛法行者或是修行人。這是為什麼動機如此重要的原因。大多數的人忘記了動機的重要。但當我們更深入地了解佛法時，也會越來越了解正確發心的價值。

學生：我有一個關於分心的問題。當我注意到我分心時，沒辦法放下我已分心的那個念頭，我迷失在客體的念頭裡。這樣我該怎麼辦？

仁波切：這是一個好問題，你需要同時放下念頭是客體、觀看者是主體這兩者。鬆開這兩者，同時。當一個念頭將要形成時，伴隨的，是對念頭將要形成的注意，看似是一個主體對客體的關係。這兩者必須一起被鬆開。念頭來了，幾乎是同一時間，鬆開念頭**和**對念頭的注意。同時，一起鬆開。

學生：可否請您多談一下無明的兩個面向？

仁波切：俱生無明是概念性心態，但非常微細。你幾乎可以稱之為本能，雖然不盡然是無意識的，但更像是事後不曾知覺。這就像是你有意識地將眼鏡戴在頭頂，但隨即忘了這件事，之後你到處找你的眼鏡。俱生無明是經由習氣一再重演的事。由於俱生無明，我們不記得在任何情況下所做過的事。就是沒辦法留意。對我們來說，這可能更是習氣，而不是完全意識到所做的行為。在這兩種無明之中，你可說俱生無明就像是個小偷，在裡頭你沒注意到你的東西不見了。概念化的無明比較像是強盜，強行取走。

有時我們會發現無計可施：不管我們怎麼試著清楚、敏銳和明晰，就是不管用。這兩層無明重複地主宰著。這時我們需要修行，而不是單單地用心。可以真誠地向我們的上師祈請、觀想接受四種灌頂的光、將自心與上師的心融合為一、或是修金剛薩埵的唸誦、修**前行**、點燈等。事實上，點燈的主要原因，是為了去除這兩種無明的黑暗。在點燈時，你真誠地發願：「願這盞燈，完全驅除無明的黑暗！」透過各種修行所累積的福德，去除了兩種無明重現之因。事實上這是前行法的全部重點所在。

「**前行**」指的是序曲，在正行之前的準備，在西藏傳統中你先做這個。在**前行**之後，修正行會更加、更加地容易。藉著修完前行，你在接近正行時，已經積聚了許多福德、已減少了煩惱的濃度。你已經觀想了金剛薩埵在你的頭頂，藉由四種對治之力，你消融、沖掉、洗去、清除了一切無明的碎片，觀想它們全消失了。之後，當你試著任其自然地在大圓滿的狀態中時，你發現會自動地持續一段長時間。保任本覺變得更為容易些。前行法對修學本覺，是一個非常有效、實用的方法，其原意並不是設計來讓你難過的。慢慢地、慢慢地我們會發現其價值，對吧？

整個重點是貪、瞋、癡是**被形成**的心態。它們不是天生的——是被製造出來的，因此能夠被除去。我們只是需要一個夠強的對治法來對付它們。換句話說，煩惱並不像自動相機，能夠一下子照許多張照；煩惱像是手動的相機，必須重複地拉回與再設定。在此的重點是，任何被造出的東西，總是能夠被消除。舉我桌上的這個玻璃杯為例——你所需要的只有一個敲碎它的錘子。它不是不可摧毀的。用比錘子差一點的別的東西，舉例來說，一條毛巾，你可以一再地重擊這個杯子，但只會弄壞了毛巾，對杯子毫髮無傷。換言之，你需要一條有用的修道，一條適合手邊情況的修道。一個有效對付煩惱心的對治法，**的確**會使煩惱消融。假如你要試著摧毀某個不是被造出來的、不是被形成的東西，會像試著捶掉天空一樣。即便你叫來十萬個朋友幫忙，每個人都帶著錘子，然後重擊虛空，什麼事也不會發生，對吧？到了傍晚，你的肩膀會酸痛不已。你所得到的，只是得按摩而已。「我需要一些油，噢。請按摩我的肩膀！」

煩惱的狀態是被形成的某個東西，因此透過適當的對治法，它們能夠被摧毀。這就是前行減低煩惱濃度的整個重點所在，在修正行之前。

解脫

自由是主要的目的。自由是和無能為力相反。現在，當一個煩惱湧現時，似乎掌管了你，以致於你再也不能自主。你不由自主地被帶走，被困在煩惱中，沒有任何的自由。當我們情緒化、無聊、生氣、貪執等時，就是不能僅是**自處**。那不是自由，我們需要自在和自主。我們應該變得獨立，以便讓煩惱能變成智慧、本覺之王的大臣。

現在我們要進入第四要點：自由。這是最重要的要點之一，因為，就像所謂的「知道如何禪修，但是不知道如何解脫——這不是像禪定的天人嗎？」解脫是匪夷所思地重要。佛果的覺醒狀態不是被稱為解放或解脫嗎？這全然端賴於知道要如何解脫。

我們必須了解這兩者之間的差異：散逸和不散逸。在這個特殊的脈絡下，不散逸的狀態是**入定**、藏文稱 nyamshak，而**座下**、藏文稱 jetob，則包括了心的一切散逸狀態。這是大圓滿的定義，和一般定義不同。普遍來講，入定是當你的屁股放在座墊上，而且你的注意力專一。除此之外的任何事物——日常的四種活動，行、吃、交談等等——都落入座下的範疇中。但是，從大圓滿的觀點看來，保任在本覺的狀態中，被認為是入定，而逸離本覺則是座下。

從純粹大圓滿的觀點看來，除了非概念性之外的任何狀態，都是散逸。這並不表示這些狀態都是多餘的——其中的某些狀態還是必要的。我稱之為善的散逸，意指它們既是好的也是有價值的。這些利益的散逸狀態是必需的，但這並不表示我們得要用這樣的想法來牢牢抓住：「這就對了，永遠都這樣！」假如我們這麼做，就永遠不能解脫。舉例來說，抓住這種利益的散逸，會妨礙止轉為觀。

攀緣、抓取，和八萬四千種煩惱的型態，都是因為阿賴耶、阿賴耶銀行（the Alaya Bank）所生起的。無論何時當吾人被困在這些煩惱之一時，就是散逸。不要相信你能夠避免念頭或煩惱。如前所述，我們有許多業的資本投資在阿賴耶銀行裡，持續地滋生利息，所以現在我們無法防止這個大量的利潤；我們也不用拒絕或否認它。這時務實的反應就僅是這樣：當它生起時，不要再投資利潤了。這個利潤再被投資與否，端看我們是否執著。假如我們執著，就自動地在阿賴耶銀行裡再投資；一筆自動的金額轉帳在銀行中生效。實際上阿賴耶銀行相當善於告知：它有你的地址、每個月你都會收到報帳單——可能是每天或甚至是每一秒，如果你的餘額很多的話。假如你不執著，就像是你花完或用完了錢，但假如你還執著，你就是再把錢存回去。「我現在不需要這筆錢；請你再幫我存回去好嗎？」自我先生，阿賴耶銀行的經理，回答道：「好的，我很樂意再投資你的概念性習性！我會經常把它送回去給你，好讓你能定期地被困在輪迴中。事實上，我們會送給你一張無期限的信用卡在輪迴中使用！任何時候你想要都可以使用！」假如你拒絕這張信用卡——假如你不執著、不執著、不執著——那麼有一天你就會破產。那正是我們所真正想要的：我們希望將我們在這個業銀行中的戶頭毀掉。慢慢地，慢慢地，我們也會毀掉銀行的建築物——阿賴耶本身。

我在這裡想說的是，不要期望你本覺的修學能夠完全避免念頭或情緒的出現。因為業力的緣故，它們還是會現起，但一切成立或失敗，端看我們執著念頭或情緒與否。這不是業力所定；這完全是個案。我們有執著或不執著的選擇。不能只因為有念頭出現，就表示有執著和散逸。事實上，各種選擇都有可能。

再說一遍，根據大圓滿不共、獨特的口訣，散逸是除了自明覺性狀態之外的任何情況。當我們了悟這點，就是在**自由**或解脫的時刻。這就是極喜金剛《**椎擊三要**》的所在：

認出你的本性、決定於一、獲致解脫的信心。對一個修行者來說，這種信心是最極重要。

在這三者——見、修、行——之中，解脫必需是和行的面向有關。當然，在被直指大圓滿見之後，我們應一直都處在入定的狀態中，永不散逸，那將會是最好的狀況。但比方說偶爾我們碰巧從本覺的狀態中散逸了，知道要如何解脫這種散逸並馬上回到本覺的狀態中，不是很好嗎？

獲致解脫的信心。信心，即是完全自信的狀態，並不是從有錢而來，也不是從自傲而來；也不是從用個人權力所招致。那不是真的信心。根據大圓滿，真正的信心來自於知道如何在任何念頭和任何煩惱中解脫。當那是我們自己經驗的實相時，就不再害怕自己。

我們一般傾向於把自己的恐懼歸諸於外在事物，說：「假如這樣和這樣發生時，我就會害怕。」但這並非真的誠實。我們只是把怪罪的指頭指向別處而已。當我們這麼說：「我害怕自己會受不了，我沒辦法忍受這樣的情境，我不知道要如何接受。」到底是什麼意思。基本上這表示「我害怕自己。」那才是真正的恐懼。我們害怕是因為我們不清楚自己真正的狀態、我們的本性、真正的樣貌。在此牽涉到一種模糊感；這好像是我們在和自己玩遊戲。我們不清楚自己是什麼，那是害怕的理由，一切的恐懼都從這裡冒出。

知道如何自由是必需的。換句話說，我們必須知道如何解脫被視為是自心表達所出現的任何東西，知道如何讓其自然地解脫。認出見、認出本覺、認出心性的真正意義，就我們本性為何而言，是確切地認出我們真正的樣貌、確實的樣子。我們可能已認出本覺，但這並沒有多大的幫助，除非我們也能夠認出我們本然的表達是缺乏實體的。**表達需要被解脫**。

有三種解脫的方式。第一種稱做**現起即解脫**。在這種狀態下，現起和解脫是同時的，就像是在水面上畫畫。第二種是**自然解脫**，一隻打結的蛇自行解脫。而第三種是**離於利弊的解脫**，這就像是賊入空屋：沒有東西可尋、沒有東西可偷。

現起即解脫有兩種模式。比方說我們是在入定的狀態，本覺的相續中。當我們保任時，看起來好像本覺的指認變得有點模糊。這種彷彿的模糊，可能採取俱生無明或概念性無明或某種習氣要開始活動的形相；一個念頭模糊地將要出現。

是什麼觸發了這種散逸？本覺的明性和這種明性的擴散。對空性的察覺變得薄弱些，伴隨著的是明性到達某些程度的凍結。明性為何會凍結？是因為忽略或忽視了空性。明性不再真的在乎其空性，所以明性變得有些僵硬，雖然不是真的如此。比方說將近百分之二十的明性變得模糊了，使得執著有機可趁。這和感官的感知發生與否完全無關。可能有感知或沒有；沒有差別。差別在於執著發生與否。

在這個明性稍微下降時，我們需要某種當下的正念，不是概念性或造作的正念，而是不費力和真正的正念。我們需要和明性無別的當下正念。我們不是蓄意地**試著**要提起正念，根本不是，而是僅是覺知到在這個狀態中發生了什麼。當明性將要滑落一點點時，我們就快要散逸時，僅僅需要認出其空性。這需要百分之百的空性。

當我和阿帝仁波切在中國時，我問他關於這個非常時刻。他說，為了要不落入散逸的逸離，需要透過不造作的正念來保任不散逸。正因為心的本體和正念的本體都是同樣的本性，在這個彷彿的模糊期間，藉由變得敏銳來保任本覺。此時，你不是離開本覺，而是你將要如此，藉由重新確立當下正念，你重新連結回百分之百的完全程度。散逸將要被形成，將要成為一個念頭。但就在它將要發生之際，本覺覺知到滑落將要發生，因為如此本覺變得更敏銳些。念頭的形成即刻就消融、解脫了。你幾乎將要從本覺移開，但不會。這就像是一個在水面上所作的描畫：就在你畫的同時便消失了。

另一個闡述現起即解脫的方式，是說念頭出現和消融是同時的。你幾近散逸，但不是真的。當在心性中，你待在沒有散逸的無修之中。但一個動念來了，散逸將要接手，一旦其開始顯現，你就有機會在被帶走之前將此動念解放。在幾乎要逸離的那一刻，有一種重振你自身的狀態，即刻就消融了那個念頭。換言之，念頭的第一波進擊，並不表示你就真的散逸了。

傳統的譬喻將此比作在水上畫畫：當你畫了下一條線時，第一條線已然消融。當你正寫著「ＡＢＣ」或「我愛你」或任何在水面上的東西時，隨即就沒有任何東西在那裡。同樣地，當你真正在心性中時，念頭就在其將出現的那一刻消融。就像你舉起手指的那一刻，畫作已不見一樣，即將出現的煩惱或念頭消融了，就在知道其即將形成的同時。了解這個要點是很美好的，因為你之後就能夠讓本覺保任一段長時間。因此不散逸之無修的延續，可以繼續下去。請了解這個原則：念頭的現起和消融是同時的。

就在念頭出現的那一刻，能同時在認出心性中被解脫。我提到兩個模式，一個是在入定之中。我們在心性中，涉入一個念頭而幾乎要失去此狀態，此念頭因不執著而消融。另一個是在座下之中，已經變得散逸了。一個強烈的念頭突然間來了，念頭的這種突如其來能將你推回本覺。以某種程度的修學，念頭或煩惱的迸發，能讓你憶起要認出此狀態，然後便到達本覺之中。念頭的強度使我們能夠認出心性，此念頭也立即就消融了。

現起即解脫意指念頭的現起和其消融，是同時發生。對念頭現起的執著必需消融。一旦如此，念頭便沒有立足點，沒有自己的生命，也因此就消失無蹤了。在此脈絡下，有一個微細點是至今我們可能沒有注意到的，但也無妨；在此沒有好抱怨的。有一個在念頭或煩惱發生和對其執著之間的微細差別。我們應該放下此執著。這並不表示念頭的氛圍即刻隨著執著而消之。念頭的氛圍可能還會飄盪一會兒；它並不一定就要馬上離去。煩惱也是如此：煩惱的氛圍可能會慢慢地淡去，即便沒有執著可維續。吾人可能會期待念頭得立刻和放下執著一起消失，假如不是，那吾人就會懷疑「這不會是本覺！」因為念頭或煩惱的迴音還在低迴著。殘留，以其氛圍或迴音的形式，可能還會迴盪一會兒。執著，是由第六意識所執持或維續著，被截斷而不復存在。因此，吾人應該不要相信這個氛圍就代表執著依舊存在著。但小心另一個極端，那是相信不管如何專注在日常的念頭或煩惱中，我們都可以免於執著。這個主題十分微細和敏感，這也是為何吾人需要與一位真正的上師印證自身的了解。

現起即解脫指的是當認出的同時，念頭便被解脫，不依靠任何的對治法。這只能透過修學而發生，不能沒有修學。在心性中，每件事都是自由的、無拘無束的。煩惱自由地來，所以你不用真的封鎖任何的情境；任何事物都可以來去自如。你坐在那裡，讓一切煩惱、所有東西、一切事物，都非常開放、非常清楚。一個念頭暴增！你執著了，幾乎要衝過去，然後──「嘿！」──你明白了，放下，沒有離開本覺。你快要執著了，然後你明白了，所以念頭的現起被解脫或自行消融。這的確發生地非常快速，快到念頭的現起和消融是同時間的。一切事物的發生，就在本覺的擴展或延伸之中。

第二種解脫，**自然解脫**，不是某個照順序隨後發生之事。它是說明念頭如何消融的另一種方式。請了解到無論何時「念頭」，藏文的 namtok 一詞，在被使用時，代表的是**執著的念頭**。但同時也有沒有執著的動念，稱做本覺的幻化。這第二種解脫，來自於認出任何型態的念頭，其**本體**是、且永遠都是本覺的事實。認出這個事實讓不管念頭跳動和迴舞地多厲害、不管念頭試著要怎樣，老闆依舊在位。本覺依舊在位，能夠立即處理，完全靠本覺自己。從不會說得有個別的對治法，來應付每一種念頭。

在應用大圓滿的口訣上，我們不一定得要另經任何一種長時間的智識過程，來解決基本的問題。不管心境、念頭、或煩惱出現為何，其本性一直是心的本性，一直是**法性**無所緣的本性。認出真實的本性，是最強而有力的；有所緣的狀態則略遜一籌。然而，當我們不能認出心性時，有所緣的狀態是更為有力的，而無所緣則沒有真正的力量。當然無所緣的本性、**法性**，一直是最強而有力的，但從我們不能認出的觀點看來，有所緣之心的狀態似乎較為壓倒性、較為強勢。我們的修學在導向某個不需要依賴任何其它對治法的時刻——據說本覺就像個大權在握的國王一樣。

自然解脫的隱喻，是一條自行解去其結的蛇。有些蛇相當長，會蜷成圈，但當牠們移動時，就自行滑開這一切的蟠纏。比方說有一對蛇，母蛇和父蛇，父蛇蜷成一個結。母蛇根本不用擔心要去幫忙，因為蛇能夠自行解套。同樣地，本覺能夠自解脫，能夠自行解套。這個隱喻說明了認出念頭或煩惱的本性是本覺的事實，你不需要太多其它的訣竅來解開心理的狀態。

我們說「單是本覺就夠了」，即是「唯一足夠之王」。不管你到哪裡、任何的念頭或煩惱，在認出自明覺性的那個時、地，煩惱立即就解脫了。本覺被形容像是這樣：「因為本覺自身從未迷惑過，所要做的一切，就是認出那種解脫的狀態。不需要將其改變成別的任何東西。」任何發生之事可以與本覺和諧共處，在這種智慧中有許多的空間。

在此關於解脫的主要重點是**信心**，而信心的基礎是一種和諧的感覺。而和諧的基礎是知道要如何自由。當我們修學禪定狀態時，接著是修學解開對執著的緊握。念頭形成，但在解開執著時，念頭也消融了。

第三種解脫的方法、**離於利弊的解脫**，在初學者身上並不會發生；除非吾人已經相當熟稔於大圓滿禪修，否則不會發生。在此討論的主題是本覺的自然表達。事實上，無論我們知道與否，凡事已經是本覺的自然表達了。事物的核心是這個：清楚地知道這個重點，並在一段長時間內，你從未自本覺的相續中離開。任何顯現者，從未傷害或干擾本覺的相續：既沒有利益也沒有傷害。

在此的隱喻是：比如說有一間大空屋。主人在那裡，他在家，但屋子裡沒有任何東西。完全空無一物。有個小偷慢慢地開了門，他潛入屋內，四處張望，但裡頭沒有任何東西可見，所以他很放鬆。然後他看到一個老傢伙坐在那裡，沒有別的東西，他說道「嗨！」所以這個老傢伙也回答道：「嗨！」這個老傢伙了解到這個人是個賊，但因為他沒有東西可失去，他非常地放鬆。這個賊見到他沒有東西可偷，也同樣很放鬆，只道聲招呼。這個老傢伙說道：「請進！請進！」所以賊進去裡面坐下來。他們聊天並一起喝著中國茶。他們變成朋友。其中一人沒有東西可得，另一個也沒有東西可失。

在此的重點是在本覺的相續中，不管任何念頭出現，主體在其它狀態可能會涉入念頭中，從而引發執著，但現在卻可消失。再也沒有自我留下。而且，也沒有對好念頭或快樂念頭的期待；沒有任何想要以任何方式來改善狀況的投入；也沒有對不悅念頭可能會惡化的恐懼。沒有任何希望或恐懼。不管任何念頭或煩惱出現，沒有任何東西讓其獲得，也不會產生任何的損害，因為其本質馬上就被認出只是心性本身。所以念頭或煩惱就被解脫，消融了。這超越了任何的利益或傷害。這個賊沒有被阻止，他可以就進屋去，沒有任何東西可失去。

換句話說，任何念頭都歡迎。感官的感知或煩惱，任何所現都無妨；任何所現都自然解脫。為什麼？沒有希望或恐懼，因為客體的涉入、主體的涉及、和牽涉的執著的整個機制——所執著者、執著本身、和被執著的對象的全部——都全消融了，解脫了。當這種情況發生時，證悟只是近在咫尺；證悟的發生將會相當快速。那時，即便你後悔即將證悟且想要停止過程，但已為時晚矣——證悟在所難免。即便你再度試著執著念頭，你也不能全心放入念頭中。這就像是當你已登上了飛機，而飛機已經起飛——後悔搭上飛機、想要下機已經太晚了，就是為時晚矣。

這是煩惱已不再是普通煩惱，而被稱做智慧的時刻。輪迴不被拒絕，而是自然地自身清淨。沒有輪迴好排拒，其自身是本淨。

這些是三種解脫的方式。有時有第四種，稱做**本初解脫**，但我們在空性中已然包括了這點，那是本初解脫、已然解脫，毋須被解脫。另一個面向，稱做**直接解脫**，也是需要了解的重點，這是和解脫如何發生有關。你在修行，比方說你變得有點昏沈、有點遲鈍、有些心不在焉。於是你注視地更直接，變得稍加明晰些，你強化心性好讓五根更鮮明些，這像是你狀態的直立。我們也可以說透過自我指認的活力，磨銳了、活躍了你的覺性。伴隨之的，是五根變得更敏銳和更覺醒。這只是一個偶然的法門或插曲，不是一個持續要保任的狀態。

不管我們對這點說得再多，仍是在試著描述我們實在無法言及的某個東西。真的。從一開始到現在，我們已經試著去思考那是什麼，一再一再地，但老實講，這並不是吾人可以思考的一個**東西**；這不是可以被想到的某個東西。**《般若波羅蜜多經》**，也被稱為**佛母經**，說道：

般若智，離言思、不可詮。
不生不滅，猶如虛空性。
頂禮此無二界、自明覺性，
一切諸佛之母。

如同帝洛巴對那洛巴所說：

嗟吠！此自明覺性
不可言說者，亦非念頭者。
非我、帝洛巴可示汝。
知其乃自身所揭。

這是對心性的描述。假如我繼續說下去，你的耳朵就要開始發癢了。現在你們可以問一些問題了。

學生：先前您談到在念頭或煩惱生起時，有種本覺彷彿的模糊。假如本覺是本性空、明的，這個模糊怎麼會發生呢？

仁波切：**的確**是有些模糊產生，就像你可能會注意到的。我們的基本狀態是體性空、自性明，但即便有對本覺的知曉，不知怎地失去其立足點。這個滑脫從明性的模糊開始，忘卻其是空。現在你問到為何有這種情況發生，有一些理由：過去的業、習氣、和無明。最後這一點有兩個面向。俱生無明是**不知**確認自身的內在習性，這種內在無知僅是表示忘了自身。第二個面向是概念化的無明，這表示吾人在念頭習氣或概念將要發生時，涉入了其執著和下標籤。

無明意指**不知**，其相對是知。我先前提到了磨銳、重新調整，讓模糊消融。但不知道要如何以正確的方式來重新調整，調整的企圖可能會阻礙了本覺的狀態。一次出去，沒問題。一百次出去，同樣沒問題，因為你總是能夠回來。我們不需要因為從本覺散逸而覺得有罪惡感，「但我還是很快樂，因為我回到本覺。在出去時，我不會失去對回來的興趣。」對返回本覺的興趣，應該不能失去，也不應該對滑落感到罪惡感。

學生：仁波切，您提到幾種從散逸返回的方法，說強烈的念頭或強烈的煩惱確實能有幫助。因為它們是強烈的，所以容易發覺。但當你只是飄移、分心而沒有任何強烈的東西出現時怎麼辦？那時要靠什麼來將你帶回？

仁波切：這很難，但也不是那麼難。處在當下，真正和強烈的在當下。這是避免讓你流入這種心不在焉伏流的力量所在。比如說你是沒有太多特別修學的人，在日常活動中不是處在本覺的狀態之中，你要如何對付，好讓你不會持續地散逸？你得從某個地方開始，那就是止的入手之處。止的功德意指住在當下，保持正念和警覺。同時，對一切事物培養出一切無常、如幻如夢的態度。這些是掌握你自心、保護或防護你自心的工具。當我們變得越來越熟悉這些，就進步了。我們需要面對念頭，不管念頭是頑強或溫和的。念頭或煩惱越是明顯冒出，就越容易察覺，但同樣也得對付模糊漫遊的念頭。這對變得太自在的老瑜伽士來說，才更是問題。口訣則是這樣的：要更強烈地處在當下；有著明晰和正念的當下覺性。除了這個正念當下之外，什麼是心不在焉的念頭呢？

保任

之前我提過一個有名的句子：「知道如何禪修，卻不知如何解脫——這不是就像禪定的天人嗎？」當然我們必須具備修行的重點，但那並不表示我們過於嚴肅地緊抓住或試著擁有那種經驗，而是讓其能夠徹底地展現。在認出後，我們可以強調鬆坦，而不是試著去牢牢抓住本覺。教導說在認出本覺後，我們可以不時地注重三種特質：一個是**鬆坦**，另一個是**明晰**，第三個是**清晰**。明晰必須是和清楚的感官有關——舉例來說，當坐在戶外，修持與三虛空融合時。五根是敞開的，不是閉鎖在自身上，只是處在當下。清晰更像是清楚的特質，不用倚賴感官的清明。應該說是和本覺本身的清明有關，與五根是敏銳或昏沈無關。

教導說本覺一旦被指引和認出後，幾天之內要做的最重要之事，就只是強調鬆坦的感覺。根本就不要抓住本覺。而是要非常開放，非常自由，對整個狀況非常放鬆。培養一種放棄的態度。吾人不是真的在意要保持所認出的東西；只是隨它去。只是集中在這點上好幾天。然後，在這種狀態下，強調心明晰的當下感。過一會兒，加上清晰感。當你這般修學時，就以一種非常真誠的方式，到達了無別和覺空。

當一位初學者第一次認出了本覺的覺醒狀態時，當然是件大事，因為那可能是吾人等待並期盼相當一段時間的事。這是如此重要，如此珍貴。因此，當然，吾人盡力地去保任它，並抓住不放：「這不應該溜走。這是如此特別，我必須保持！」這種自覺心態的心理，不想讓其溜走，讓我們緊張而使得鬆坦消失。因此，特別要記得這點：保持鬆坦和放鬆。當你有這種鬆坦時，接著要強調鮮明和敏銳的特質。請了解這點。

如同前述，大圓滿對「禪修狀態」的定義，是**本覺期間的延續**。這種入定的狀態，是你沒有從本覺的相續中逸離。當逸離時，就被視為是座下，不再是本覺的狀態。因此，入定和座下之間的界線，是由散逸或不散逸所構成。散逸時，便是座下；不散逸時，便是入定。當散逸時，就是分別心；不散逸時，就是本覺。

這時通常會出現一堆問題：止的修學是散逸的狀態嗎？生起次第時的觀想，是散逸的狀態？持誦咒語是散逸的狀態嗎？培養慈心又如何？當吾人以自己的用語來解說大圓滿法教時，答案是對的，這些狀態是散逸。但吾人必須加上這些是第一類的散逸狀態，尤其是慈心。對大多數的人來說，在這些高貴的方法中，要散逸是相當困難的，即便試著去做。是不是大多數的人，都覺得要持續地慈愛是很困難的？在生起次第中，要有非常清楚的觀想，也不容易。在修止時，要有專一的專注，也是說的比做的容易，不是嗎？所以有時這樣地發願「願我達到那種散逸。」是絕對沒問題的。

就大圓滿法教的觀點看來，我們得同意這些狀態仍舊是分別心，雖然是一種非常細緻的分別心，有時是我們所需要的。但是，散逸的狀態**就是**散逸的狀態。偶爾人們正是在這點上犯了大錯，失去了對培養任何分別狀態的興趣，像是慈心、止的專一、或生起次第等。這絕對是一個錯誤。有時我們應該肯定要培養這些。

真正的問題是，吾人因為聽聞本覺的無別狀態是實相，而對分別心的修行皺眉頭。吾人可能不正確地覺得，試著要充滿悲心或培養殊勝功德，是一種較差的修行，所以幹嘛去做？不幸地，慈心和悲心應該是任運於覺醒狀態之中，蓄勢待發。處在空茫和枯竭中的人，不會有太多的東西產生。將心固著在無所緣上，拒絕殊勝的功德，是個障礙。特別是對這種修行的修行者來說，這是自製的障礙。這種障礙被稱做「頑空的魔見」，是相信非善非惡的見。你可以說這是「魔羅的加持」，讓吾人誤入歧途。吾人對培養善的功德沒興趣，因為這類的修行「太概念性」了，但是吾人也並不是自然地擁有任何善德，所以什麼都沒有。這是一個大障礙，這是大圓滿法教保密的原因之一。不是因為法教有什麼問題——當大圓滿被正確地修持時，絕對沒有什麼問題——而是對個人而言，有可能誤解其過程，這是危險所在。我們不希望有任何人出差錯，對吧？障礙絕對不是大圓滿法教有誤，也不是在本覺的狀態中有某種嵌入的錯誤，這是個別修行者的過失，因為不了解要如何正確地修行。

吾人也可能在修行的開始，誤解本覺真正的樣貌。沒錯，本覺是廣袤、開放的，但不是只是一個外放、廣袤的自我。在這個扭曲中，自我並沒有消融，只是讓自己變成外在的廣袤：「在那裡有這麼多的空間。我是如此地開放。我是如此地開放！」於是吾人像這樣地停留著，空洞且凍結著。吾人一再一再地修學著保持這種開放、空洞、凍結的狀態，這絕對不是本覺。假如真的是本覺，悲心的功德和虔誠心會自然地出現。真正的本覺修行者，真誠地感謝其上師和傳承的法教。真正的修行者了解輪迴目標的徒勞，在他們的心中，會生起真正的出離心。但既然這不是真的本覺，這些功德就不會展現。

有一個特殊的心理問題，會伴隨著這個特定的本覺扭曲，以某種副作用而出現。無論何時吾人在做某種殊勝或有意義的事情時，這個問題就露臉。被誤導的大圓滿瑜伽士，會告訴自己：「我不應該做這個，因為這是分別的。」假如強迫地去從事分別的修行，吾人就會覺得有罪惡感，彷彿吾人背叛了這個空茫、廣袤的自我般。這時自我不是自解脫的，根本不是，因為對其空性的知曉不見了。有一種酩酊大醉、空空的感覺，培養這種習氣，會變成一個問題，因為吾人被卡在那裡。吾人只是不想要產生任何一種善心，因為他想像這會背叛了大圓滿的法教。吾人寧可不要增長任何東西。

這種扭曲有可能會成為一個大障礙。假如出現這種狀況，吾人特別需要向其上師祈請，接受更多的口訣，然後潛入慈心的概念性修行中，修學悲心等等，以便圓滿資糧。要一併放棄吾人過於嚴肅執持的「本覺的狀態」，並說道：「我不在乎這個；讓我繼續在道上前進。顯然我是走錯了彎路；現在讓我繼續下去。」

被困在這個扭曲中，確實是個大散逸。這不是真的修道。你們知道方便和智慧的兩面吧？所有屬於方便的各種修行，很少有歧路。真的沒有什麼好顛倒、內翻和扭曲的。我在這裡所教的修行，比較屬於是智慧的面向，特別是大圓滿的見。方便道很少有歧路，所以在試著累積福德時，吾人不會真的走錯路。在修有相的圓滿次第，像是**拙火**的修行、**氣脈**

之類時，可能會有一些易犯的錯誤，否則不太可能會出錯。

關於這個問題，龍樹菩薩曾說：「視物為實，愚蠢如牛；視物非實，愚蠢更甚。」我們用這種態度「這是真的；這是具體的，堅固的事實」，可能會做對事情。這種態度真的不太壞，因為仍會有些好事出自其中，且了悟萬物如幻本性的機會依然是開放的。另一方面，固著在無一物為真的斷見上，靠佛法的方法是很難以治療的，因為吾人已經決定無一物為真；吾人已經否定了萬物。要轉回承認有某種程度的真實，是非常困難的。要從相信萬物為真，轉變為相信其非真，是比其相反的轉變要容易多了。

我們可能會在心中抱持著這樣的看法：「有佛，而且證悟是很美好的。有這些供品，也有我。我喜歡供養，我正在供養。在來生我會因此而得到一些東西。這是很好的！」這不是太大的問題。當然，在這裡我們像是牛一樣，但至少我們不會比牛還差。另一個態度是：「這是毫無意義的！我為什麼要這麼做？點燈有什麼用？這不過是盞燈；這只是燈裡面的油而已。點燃了油燈的燈芯，哪會有什麼福德？好吧，分子被加熱成更高的溫度，以致於放出光芒，這個光延伸到各個方向，但福德在哪裡？我看不到。我看不到為何點燃某個東西，就會幫助我。他們說在淨土中有位佛叫做阿彌陀佛，但我看不到；祂從未對我講過話。就我看來，祂是不存在的！」

這種冷嘲熱諷的態度，讓**毫無一物**的想法，很容易落在我們的心上——換句話說，斷見很容易落在我們心上。有某種斷見的態度，可能被當成修行。就像這樣：「我只想要重點。我不需要任何這些文化或宗教上的陷阱；它們不適合我。在我想要靜下來的時候會干擾我。安靜是需要的，我了解，我需要安靜。任何時候當我自私時，我應該要更仁慈些，因為這有用，我也會覺得好些，所以我需要這樣。但請讓別的所有複雜的東西都遠離我！」從傳統的佛教觀點看來，這是一個可憐的態度。像這樣子的思考，會對自己造成重大的傷害。吾人會耗盡自身的福德，並莫名其妙地讓自己遭遇不幸。我覺得注意到這種誤入歧途的方式，是必要的。

言歸正傳：當你散逸時，你就是從本覺逸離了。當僅是讓本覺的相續繼續下去、持續著，就是不散逸。當你保持入定，不從本覺的相續中散逸時，有兩種散逸可能會發生。一種是甚至沒注意到，過了幾分鐘後，你發現自己早已離開了本覺，你不知道自己是如何出來的，但突然間你發覺了。另一種是在入定的相續中，某個東西開始在周邊活動，它抓住了你的注意力，將你帶走，即便你注意到了。這主要是初學者散逸的方式。第一種多出現在已有「資深禪修者」信心的修行者身上。鬆坦或許是太過鬆散了，以致於吾人不太在意去應用對治法對付任何所發生者。這是為何可能溜走的原因。

那什麼是需要的？當吾人散逸時，是什麼散逸了？那是明性散逸了。明性是如何渙散的？是因為忘記了其空性。這個明性的工作是什麼？要**重新認出**其空性。已認出其空性，這個明性或覺醒特質已然完備，它的工作完成了。這裡的問題可能是明性試著讓空性變成一個具體的禪修客體，然後，因為在心中緊握住此客體，產生了散逸。事實上，空性表示沒有客體。讓空性變成某個具體的禪修客體，表示企圖讓空性幾乎是有形體的，就像當我試著碰觸這個鑼一樣。認出空性表示**認出沒有客體**。假如空性是個客體，那麼空性就可被碰觸，但空性不是個客體。就像是碰觸無一般，於是僅是讓無顯現。但因為俱生無明的緣故，因為我們不知的天生習氣，明性有點煩躁。明性不太高興沒有「東西」可碰觸，而開始東張西望地找某個東西來抓住。這是從本覺狀態散逸的根本原因。

當明性開始找尋客體，一個非常特別的客體，可能有個情況；明性不會勉強接受瞋、貪、或相信。反而，它會將虛空變成一個客體。這是在茫然禪修發生時的情況。這時本覺絕對是失去了——或者可能在一開始並沒有很正確地被認出。吾人開始將廣袤固化為某個禪修的客體。這樣清楚嗎？

學生：廣袤變成了客體？

仁波切：沒錯，明性開始將虛空客體化。明性將自己當成主體，而虛空是客體。這顯然成為了分別心的狀態。可能你們都非常聰明，很快就了解了這點，但我不太確定你們是否真的了解，所以我繼續重複著。你們大可說：「夠了，我了解了。」

有幾種散逸的方式，所謂的相似型和相異型。當相異型的散逸出現時，頗為容易察覺，這表示完全不同於本覺。假如是相似型的散逸，感覺像是本覺的某個東西時，那麼就不太容易注意到。讓廣袤變成在心中執持的客體，是類似本覺的散逸狀態。它不是完全不同，因為本覺**是**空的和廣袤的。差別在於本覺的廣袤不是一個在心中執持的客體。本覺的廣袤是非常自然的、開放和自由的，然而讓虛空變成一個客體，表示我們形成了**廣袤的想法**，然後試著維持這個想法。可能感覺像是本覺，但絕對不是；這是一個散逸的狀態。因為很類似，但是，很難察覺。

以通則來說，相似型遠較於相異型難以去除。相異型的例子之一，是瞋，這完全和本覺的狀態不同。瞋的出現使你警覺並覺得「沒錯，現在我散逸了。」舉例來說，強烈的昏沈亦然；你可以很容易感覺到那時你散逸了。

我只是說明了散逸如何發生。下一個主題是如何對付散逸。當明性彷彿地模糊時，散逸慢慢地開始了。先前我提到光的模糊，和黑暗的開始。這個覺醒特質、明性，似乎開始模糊了，伴隨著對某物注意力的凍結。當這個發生到某個程度時，明性便忘卻了空性，接著散逸就開始了。但假如你意識到這只是即將要發生──假如你意識到你的注意力將要變動成念頭，將要變得散逸，那時你就重新認出此覺醒狀態的空性──那麼就沒有散逸。自由的特質被重新建立。

稍早我曾提到三種自由：現起即解脫、自然解脫、和離於利弊的解脫。我最近討論過的情況，是現起即解脫，有兩種顯現。重新認出是現起即解脫的一種，就在念頭將要形成時，再度地消融，這個的譬喻是猶如水上畫畫。整個過程發生在入定的狀態之間。另一個現起即解脫的面向，發生在座下。兩者都知道你正在散逸，你記起並立即到達本覺。舉例來說，你正要生氣，你察覺到：「我要生氣了，」你馬上認出本覺。以生氣為基礎，你認出本覺：「我在這裡要被帶走了，我不在本覺裡。」只因為察覺到這點，你馬上返回無別的覺性中：「喔，現在我出去了，等一下，注視，看。」你不需要一步接著一步地歷經整個過程，你直接返抵。當然每一次並不是那麼容易就察覺到你被帶走了，而這對大多數的人來說也不是就能做到的。在兩小時的延伸中，難得出現一次。多半出現在傍晚，當吾人真的累了的時候，會說道：「嘿，我在這裡真的散逸了。我真的被帶走了。」於是吾人注意到了，否則只是一個念頭而已。

第二種解脫是自然解脫。自然解脫表示「不倚賴對治法」。當認出知曉的覺知時，不管那一種客體讓你分心，散逸的消失是不靠任何別的對治法的。老練的禪修者不需要倚靠某種特別的對治法，來對付每一種讓人散逸的特殊客體。不管哪一種心的狀態生起，假如你能在當中認出本覺，它就解脫了。對念頭和煩惱都是一樣的：假如你僅是認出本覺，對這些結來說，都有能力自行解脫，不用任何別的對治法。本覺真的是唯一足夠之王。

第三種解脫的方式，是離於利弊的解脫，被比喻成是賊進入空屋。在此，在這個相當前進的階段，你已經認出了一切現象的實相，無論是屬於輪迴或屬於涅槃的現象，都無非是本覺的戲論。當你已經熟悉這點，那麼即便念頭還是以業串習的流動而活動著，念頭卻沒有任何東西可勾住你。不僅一切現象被視為如空一般，而且念頭的流動本身、各種串習，也被視為是如空的。這時，在念頭或煩惱生起時，沒有真的失去任何東西的危險。這時念頭「知道」也不再有任何東西可得，因為先前失去過這麼多次了，但念頭依舊會來到，這是它們的工作。也仍然有一些尚未清淨的業留下來。念頭還是湧出到某個程度，但那不是什麼大問題，因為沒有得到任何東西或失去任何東西的真正危險。

學生：如何保任本覺？

仁波切：在美國和歐洲，一般的保養被認為極為重要，對吧？在尼泊爾定期保養的概念，甚至不曾出現；人們談論獲得某個東西或建造某個建築物，但之後卻不維持其良好的狀況。看看在尼泊爾房子是怎麼蓋出來的，一、兩個月後，它們看起來就不再是新的了——看起來就像是定裝製造的，看起來很老氣。這是活生生的例子，說明了維護是非常重要的。

一旦我們認出了本覺，之後要如何保任呢？這是下一個我想要談及的關鍵。是否要如此辛苦地保持專一的正念？試著不要散逸？或只是注視著本覺一下，然後睡著——是這樣嗎？還是，較有形的法教比較容易保任。假如見是有形的，那麼禪定修學的保任，也會是有形的。但在這裡見是超越形體的，所以你的保任也必須是無形的。

比方說見是可理解的，是可在心中抓住的某個東西。當然，這麼做，就被稱做**保任**。但假如見不是可以在心中執持的**東西**——是無形的見呢？我們要如何來保任？這就是為何我們有先注視、然後看、然後任其自然的順序。有另一個用語來稱任其自然：不造作。我們要怎麼**做**「不造作」或「不捏造」？假如我們**做**，定義上就是造作的。假如我們不保任，就會失去本覺。所以，要怎樣來保任見？你了解這個兩難嗎？

我們必須利用文字來溝通，在這裡有一些重要的字句：首先，是見到大圓滿的見；接著，保任之。大圓滿法教利用一個名詞來稱這個保任：**修三不動**。請記得這個句子。在不造作和不動之間，有所關連，因為當我們試著製造某個人為事物的那一刻，立即會從本然狀態移出。不動的最細緻方式，是為了不要造作任何人為的事物。

三不動的第一個，是**身不動如山王**，如聖母峰。這是一開始如何擺放你的身體。【仁波切示範了坐姿】在擅長之後，你可以隨意擺放你的身體。頭朝下，四腳朝天也可以。眼睛閉上也無妨；張開眼睛也同樣可以。你可以坐在椅子上，或是在你的車子裡，或是俯臥在你的床上；沒關係。把你的鼻子壓平，也是可以的。西藏人很容易把鼻子壓平，但要西方人壓平他們的長鼻子，可能比較有困難。【笑聲】坦白講，有時我的確是俯臥著，沒問題。有些人說你不應該這樣睡，因為你的鼻子可能會變歪，不過我不在乎。

一旦我們在正確的身姿上達到穩定，我們怎麼坐，就不重要了。事實上，我們應該試著去找出什麼是困難的。到一個嚇人的地方，或是一個不舒服的地方，一個我們不自在或不舒服的情境，也許是某個擠滿人的地方，一個充滿各種混亂的地方，一個我們被吹捧、批評、有愉快或不愉快經驗的地方——各式各樣的地方。在這麼做時，我們應該以**經驗的象徵性老師**為所依，在那一刻當中教導了我們，因為在那些情境中，我們可以認出心性，而且依舊自在。那時經驗的解脫特質是「自然知曉的真正上師。」

有四種上師，其中兩種我在這裡已經提及了。一種是我們在逆境當中學習、進步的能力，這是經驗的象徵性老師。另一種是當我們能夠在不愉快的經驗當中，認出自然知曉，並且能夠克服不愉快，在這裡的自由的感覺是**自然知曉的真正上師**。在逆境當中的空性自在特質，也是上師。有另外兩種上師，我們稍後會回來說明。

重點是，當我們能夠在任何困境當中或任何身體的姿勢中，認出解脫的狀態，那麼不管我們怎麼坐都不重要。但現在，當我們還在修學時，我們的心是以某種方式依賴著氣、脈、明點的。心由明點所支撐，明點則由氣所支撐，而氣是由脈所支撐，脈本身是由肉身所支撐、或倚賴肉身。因此，身上的七萬兩千條脈，當肉身擺在直立、挺直的位置時，是在其自然的排列模式。當七萬兩千條脈在自然的模式時，氣就能在其中流動——上行氣、下行氣等等——全都自由地流動著，且能夠融入中脈。當氣流是在自然的模式時，當氣以這種方式被淨化時，於是不必要的動念就會減少。為什麼？因為念流移動的走道已經被消除、截斷了。當氣流移動良好，明點的清淨相，和心彼此連結著，也是在其自然的模式中。我們是以自在、覺得格外自然、放鬆的心境來體驗到這點。當心平和時，有更大的機會來認出其自性。一種自然的本智被揭顯。另一方面，假如有一大堆的干擾、混亂和緊縮，那麼我們的本智感就被限制住了。因此，要挺直背來做這個修行。

也有一個坐姿稱做毘盧七支坐，這相當困難，特別對西方人來說。西方人的手臂很長，對吧？他們的手臂似乎不太容易吻合這個特殊的坐姿。所以我們若不是需要截肢，就是需要在屁股下放一個特殊的坐墊。手臂應該要像這樣，而且腿要金剛坐（雙盤）。**【仁波切示範】**我的手臂短；假如我的手臂長，就會比較難。這個毘盧七支坐特別重要，假如吾人在修密乘瑜伽的氣脈，這是強迫氣流進入中脈的方法。但是，對大圓滿的修行來說，它就不是那麼重要了。你們之中有長手臂的，將手放在膝蓋上，就像龍欽巴尊者一樣。這被稱做心性休息的坐姿。有另一個放置手的方式，在禪宗和其它修行宗派中使用——你將手放在膝上，一隻手疊放在另一隻手上。我個人比較喜歡將手臂放在膝蓋上。肩膀稍微往後收放。可能會有氣動，一種難以解釋的衝促感——就只是讓其安頓。讓腹部稍微放鬆。這被稱做緩呼吸，也有被稱做寶瓶氣的緩呼吸。假如你修很多寶瓶氣，會有稍稍的凸肚。對於那些很在乎外表的人來說，這可能不是一個好點子！但做一些伏地挺身、做一些仰臥起坐，凸肚就會消失了。很多人經驗到在腹部周圍有點緊縮。肩膀往上提一點，脖子向下，就會使氣的流動產生交通阻塞，某種阻塞。這個的對治法是讓其安頓，把肩膀向下放鬆。然後你只是坐在那裡不動，不要煩躁。你坐著，只是放下任何對於身體要怎樣、不要怎樣的顧慮。鬆鬆地坐著，開心、放鬆，但是仍保持著你的身形。這便是有關於第一個不動的全部，身不動，像是山王一般。

接著是**感官不動如星辰倒映於湖中**。在這裡是一個平靜的湖，不是有波動的湖。你的所有感官都開放著。你的耳朵沒有塞住，眼睛也沒有闔上；你對身上的所有毛孔都有感覺，你心中的念頭也沒有閉塞。沒有東西被阻礙。你沒有東張西望，也沒有煩躁地想要聽這聽那。「當讓耳朵開放，就像措尼仁波切告訴我的一樣，現在我應該仔細地聆聽出現的每個聲響嗎？」不是的，不是這個意思。你不用刻意或有意地聆聽，而是所有感官僅是敞開而已。

這時，由嘴巴呼吸，經過牙間。嘴唇和牙齒只是微微分開，好讓氣息能夠不使力、自然地流動——不是像這樣。**【仁波切張開嘴巴、喘氣】**如果你想要的話，可以保持牙齒輕抵著，沒有關係。嘴巴稍微地張開，好讓呼吸能夠舒服地流動。嘴巴既不是張得開開的，也不是閉起來讓呼吸由鼻子進出。讓嘴巴微張，使呼吸完全不使力。最好是慢慢地習慣這樣呼吸，好讓呼氣和吸氣變得又長又放鬆，好讓我們不會緊張、發抖和氣喘吁吁。長、自在地呼吸。眼睛往前直視，凝視只是擺在那兒。

對某些習慣於在禪修時閉著眼睛的人，敞開的感官可能會有一點不舒服，但你可以慢慢地適應。事實上，最好是張開眼睛來修學，因為當我們起身四處走動時，需要張開眼睛。假如你持續閉著眼睛修學，當你四處走動時，不是會撞倒東西、弄傷頭嗎？旁邊的人就得叫救護車來。「你怎麼了？」「嗯呃，我在禪修」救護車的駕駛問道：「**這是**當某人在禪修時會發生的事嗎？」除了「呃……是的！」之外，你還有什麼好說的。在下一次閉關時，我們可能需要一台救護車，為不小心的禪修者做準備！

換句話說，讓所有的感官非常開放且活躍，不需要觸及外在的客體，而只是察覺。我們的傳承上師都同意，你不需要**刻意地察覺**事物。反而，只是讓事物被映現、自行出現而已。當你在夜晚注視著清澈、寧謐的湖面時，星辰只是出現在那兒。星辰自顯，當湖面非常平靜寧謐時，你可以將星辰看得非常清楚。當我們的感官敞開時，也是同樣的情形。

這個第二個不動，不動感官如星辰倒映於湖中，是非常重要的重點。將你的感官以正確的方式擺放，會促進某種特別的智慧——透徹、完全觀察一切現象的智慧——有如進步般地開展。你現在對於什麼是正確和不正確的，可以非常清楚地知道。我們可以說，感官敞開的情境，促發了這種智慧，或是讓這種智慧得以出現。

第三種不動是**心不動如無雲晴空**。心本身就像是晴朗的天空，完全清澈、明亮，根本不會形成任何的雲朵。當我們讓自己是三不動時，就叫做保任本覺。但要保任本覺，只可能是在認出本覺之後。假如我們不能察覺什麼是本覺，那麼就沒有保任可言。

另一個重點是，去除需要消除的事物，有兩個面向：透過了解和透過修學。透過修學的過程，越來越習慣這個方式，而摒除某些成因。在此的修學方式，根據大圓滿的特殊用語所做的保任重點，是**不散逸的無修**。

吾人在禪定時發生了什麼事？你可以隨你高興怎麼說，但請說一些事。

學生：有一些執著或攀緣。

學生2：概念化。

仁波切：這就是**無修時**關鍵的所在，對吧？但是要不散逸。假如吾人散逸的話是怎麼回事？

學生：被念頭帶走了。

仁波切：對！所以，要不散逸。因此為何要將這兩個詞彙，「不散逸」和「無修」擺在一起？什麼又是不在這上面修學的「不散逸」？若是不修學的話，能夠專精嗎？除非我們修學，不然我們就是一直在散逸中？為了要不散逸，我們是否需要修學然後逐漸習慣成自然？但是口訣卻說：「無修。」這聽起來是不是像是「不要修學？」不是嗎？那麼聽起來像是什麼？

學生：修學，但是不要散逸也不要禪修。

【笑聲】

學生2：「不散逸」表示保持清明或清澈。「無修」表示保任在空性中。沒有主體或客體；你不**做**任何事。

仁波切：對的，就像這樣。明性需要任其自然明瞭，自行了解，而不是藉由我們的努力或藉由禪修來達成。

所以我們要拿本覺**怎麼辦**？靠禪修嗎？問題來了：「於是我要怎麼做？本覺只是自動和自然的。對於本覺，沒有什麼事是我得要做的，我被告知所做的任何事都只是概念性的——所以我要做什麼？我不是要抓狂了？」不是的，你不用抓狂。

我們在此的工作是首先要認出本性、本覺自身。在之後，我們不需要**做**任何和本覺相關的事。本覺不用我們的協助。我們所需要做的一切，就是只是避免接受任何隨之而來的散逸引誘、對本覺的干擾。散逸來了說道：「現在讓我們來干擾本覺！讓我們將本覺覆蓋！」但我們只是一再一再地謝絕這樣的請求，那就是我們的工作。我們不需要改善本覺。比方說有個對覺醒狀態一瞥的指認，那是本覺。我們沒辦法延伸它，即便我們嘗試去做。試著對本覺做任何事，只是會更加覆蓋本覺而已。有些人誤解了這點，認為：「我應該**得到**本覺，**抓住**本覺。」假如他們試著這麼做，無別不二的狀態永遠不會持續。本覺就是這樣。

這句話是**不散逸的無修**，因為假如我們的禪修是概念性的，那麼我們在定義上就是散逸的，就凡夫而言，一直是散逸的。通常，為了要不散逸，我們試著保持正念，對吧？最好的方法是正念，對嗎？為了止的不散逸，我們維持正念。正念的主要目的就是不散逸。大圓滿的觀點是不同的，事實上這是止和本覺之間的主要差別之一，當然本覺也需要不散逸，但是需要藉著正念的方法來**保持**不散逸的本覺，只會變成一個概念的狀態。這裡似乎有兩種可能性：藉著保持正念而不散逸，和**不用**試著保持正念而不散逸。本覺的不散逸型態是後者；本覺不是用刻意的正念來保持的。

大圓滿的法教確實提到四種正念；刻意的正念、不費力的正念、真正的正念、和殊勝的正念。但是，概略地講，我們可以只用到兩種：刻意的和不費力的，一個是用來修止，一個是為了大圓滿。刻意的正念用在止的修學上，而不費力的正念則是用在修觀，就大圓滿的觀點而言。從大手印的觀點看來，真正的正念是在**一味**當中，而如王般的殊勝正念則是在**無修**當中。

吾人可能禪坐而想到：「我應該**不要**散逸。我應該保持安靜和平靜……安靜、平靜……只要知道這點就行了……安靜……不散逸。」當然這很好也有必要——我不是在批評這點。請不要誤解了這個要點。在解說大圓滿的特點時，可能有時會聽起來像是在批評止。密勒日巴的某些詩歌，聽起來甚至像是對佛陀的批評，但絕對不是那樣。這只是在某些特定的脈絡下，特殊的功德需要被提出來，以便看得更加清楚而已。問題是這樣的：見應該是要非概念性的，但假如修是非概念性的，見卻變成概念性的，會怎樣？當見和修產生衝突時，我們就停滯不前。

學生：我們要怎樣修學三虛空的修行？

仁波切：有時在我們的修行中，我們可能會覺得迷糊、昏沈、或呆滯？那些狀態的對治法，就是修學**融合三虛空**。融合三虛空可以說是一個特殊的修行，是增進**立斷**見的修行。但不要著迷於融合三虛空；它並不只是另一個要做的修行。它僅是關於立斷見、**斬斷**。

在此，外虛空是一個環境，所以找一個好的處所，一個無雲、無霧、或不迷濛的廣闊景點。假如你是待在鄉村裡，去找一個山巔。假如你是待在一個大城市中的市區，去一處高樓的樓頂。最理想的條件是「以群山為衣領」，這表示群山綿延於後做為後盾，但在你面前的虛空是開敞的，所以你不會在坐下、往上看時，是一個太窄的視線，只要往前看了廣大、開闊的虛空。在西藏，大圓滿的修行者會找一個像這樣的修行地方。關於你的眼睛，有兩種注視的方法。一個是注視虛空，猶如握著茅一般，讓你的凝視和虛空合而為一。但記得你的心、你的注意力，不應該像眼睛一樣往外放。另一個方法，比較像是將你的凝視投入虛空中，讓其停留在那裡。你應該和你上師的口訣結合，來修持這個。

其次是內虛空，這是你的空心。這表示注意力不應該緊抓住虛空，像這樣：「我應該看著虛空，我應該抓住虛空，我應該目標朝向虛空。」要避免形成這種強烈的意圖。讓其消失而讓路給一種覺醒的特質，僅是知道**怎麼回事**。你不是目標朝向外在的虛空，而僅是知道其本質、廣袤的特質。換句話說，明性認出其空性。這樣一來，在外頭有廣袤的空性；在裡面有心、不執著的空性；而且有本覺自身的空性被認出。融合的修行僅是由認出這三面向——外、內、和密——的空性所構成，然後讓那種狀態能夠以其自然的樣貌存在著。記得以那種方式自然構成的，被稱做**光明金剛體性的密虛空**。在此，「光明」指的是明性或覺醒，「金剛」意指不變，而「體性」指的是認出這些是同一個本體。

假如你聚焦在融合三虛空的這個修行上，會有落入太過空茫的危險。有時修一下當做是對見的增強，會比較有益。假如你覺得太緊縮、太昏沈、太迷糊，那麼融合三虛空可以清除你的昏沈和心理上的迷茫；這些會只透過對覺性的敏銳化或增強而消失。之後，只是回歸平常和正常的狀態。在這個修行中，要讓你的眼睛圓睜且面對虛空，且不要穿太多的衣服。

先前我曾提到兩種凝視的方法：將你的眼睛瞄準像是矛般，尖銳地注視著虛空；以及比較像是將你的凝視投入虛空、只是那般地停留著的方式。在注視虛空的泰半時間裡，我們只是任其自然，但有時我們應該試著非常銳利、非常直接地注視。為什麼？當我們朝向虛空，因為那裡沒有任何「東西」好瞄準，輔助或目標都消失了。有個同時修這兩種方式的理由。直接注視虛空會敏銳化或強化覺醒的當下感。思考之心被擱置在本覺中；同時，你只是朝向虛空，好像握著一隻矛一樣。另一個方法比較放鬆——只是讓凝視開放地留在虛空中。

假如你真的是處在光明金剛體性的狀態中，眼睛的位置並不重要，否則是有一定的關連的。這是人人不同的個別情況。但是，有時，假如你保持這種鬆散的狀態太久時，整個狀況就變得迷茫或模糊、難辨識，彷彿在虛空中有幾個層次在。或者，假如你太融入外在的廣袤中，同時內在又有念頭和概念出現，你就變得沒有連結。當然，有外在的廣袤，但內在念頭的流動並沒有被解脫。你只是坐在那裡，一片模糊，眼睛失焦像是一個沒有對焦的相機鏡頭。假如你像那樣修學過久，有一天這個向外的注意力不知道要怎麼辨，你的內在也會變得模糊不清。與其修學得失焦，你需要敏銳起來。這三虛空全都應該聚集、融合在一起：外在空的虛空、內在空的心性、和密的空的本覺。

學生：您是不是說虔誠心和感受力是散逸的狀態？在覺性和這些被視為是概念性狀態、心的狀態之間的關係為何？

仁波切：是有可能在虔誠的狀態中而不散逸。你也可以在虔誠心中散逸，假如你對這種感覺上癮，並全神貫注於其中。假如能夠讓虔誠心顯現如本覺狀態的妝點、莊嚴物，就像是鏡中的倒影般，不失去其空性的特質，那麼虔誠心就不是散逸。

有兩種不散逸的方式，記得，我們可以在禪修時不散逸，或是在無修時不散逸。我講的是第二種。你可以自己檢查一下，你的情況是哪一種。假如你不散逸的狀態，是因為保持專注，那就不是大圓滿的禪修之意。那絕對是禪修，也仍然是很好的——但是那不是大圓滿的禪修。保持正念和不散逸仍然是概念性的禪修狀態，而這種正念不是無所緣的正念，反而是**由主體作用在客體上**的正念。如同先前我所說的細節，「禪修」這個字，在大圓滿的脈絡下，指的是無修時的不散逸。

談到感受力，在五根敞開、任其完全地自由時，是在大圓滿口訣中所提到的一種特殊功德。我們必須非常清楚地知道那是什麼意思，好讓那不會變成空茫的另一種方式。那不是吾人只臣服於五根，完全讓注意力被困在或全神貫注在五根印象的範圍裡，那會成了一種特別的禪修戒律：一種空茫的修學，那**不是**大圓滿的禪修。大圓滿的禪修是給五根自由，在五根印象發生時能讓其能隨意地呈現，不會阻止任何東西。同時，你也不特別鼓勵任何東西，也不抓住或追求任何東西。這比較像是一面鏡子，任何東西都能被倒映出來。在空性的容納和寬廣中，廣大覺醒的明性能讓萬物毫無問題地被倒映出來。

對應煩惱

佛陀教導三種主要的戒律來對應煩惱。第一種是對煩惱保持一定的距離，儘可能地避免煩惱。你去到一個祥和的地方，在那兒你不會涉入任何的煩惱，一個沒有太多試煉的地方。這麼做叫做**捨棄煩惱**。你沒有從根斷斷煩惱，但也沒有太多「再投資」出現。第二種方法是**轉化煩惱**，第三種叫做**認出煩惱的本性**。

第一個技巧，捨棄，盛行於小乘法教中。你可能注意到在一些佛教寺院中，牆上掛著骷髏像，或是在牆上畫著骷髏像，特別是在緬甸和泰國。在西藏，佛寺中也有許多骷髏的畫像，有些也是懸掛著。這是為了僧尼的利益，做為在心中生起欲望時的對治。當欲望生起時，他們就被告知：「想想身體的內部，把皮膚刮去，裡面是什麼？你還會被吸引嗎？在我們的內臟裡全都帶著一堆屎尿。你對那些還有欲望嗎？當一副死屍被開腸破肚後，你看到的是在腐爛的器官，你覺得如何？如果你發現自己躺在那個人身旁的床上，會怎樣？」小乘宗派有許多這類的教授。但是，這種態度也會製造出別的障礙——厭惡的情緒，像是「好髒喔！」或是「那些不刷牙的人，好噁心！」

沿著這個路線，寂天菩薩在《入菩薩行論》中問道：「坦白講，是什麼那麼吸引你？」他讓你思考一整系列的吸引客體，一個接著一個，接著摧毀你對每一項的貪執。但每一次被摧毀，你就有了新的問題。你不再貪執那個特別的客體，但你的執著、你的欲望，還是存在著，又觸及別的事物。你摧毀了一個特別的欲望，但接著又有另一個替代物取代了這個欲望。要去除這個替代物，需要別的對治法。這是為何到最後有八萬四千法教的原因。

大圓滿的體系教導我們，假如你繼續像這樣下去，抓住一個接著一個的東西，過程是沒完沒了的。但是，在此的大圓滿法則，是不需要倚賴別的對治法。當瞋或貪生起時，可以讓其自行消失。唯有當你無法讓其自然解脫時，就必須依靠外在的對治法。假如一個煩惱無法立即獲得解脫，那麼你只要多給它一點空間。等個兩、三分鐘，然後放下。舉例來說，假如瞋真的很熾盛，你不用試著馬上放下它。你給它一點愛、一點同情心、一點空間，它就開始軟化。你在那個軟化當中認出其本性。

在某些脈絡中，一個熾盛的煩惱確實可以幫助本覺變得更清新和明顯。強烈的煩惱可以帶來某些更進一步的力量。事實上，當你進步時，就會發現每種煩惱都伴隨著一種基本的覺性。你聽過五毒是五智，對吧？這個法教非常有趣、也非常重要，但是也相當危險。有個危險在像是這樣：「越多煩惱、越多智慧」的句子裡。可是，坦白講，這是可能成真的。

通常你會看到那些重要、有力量的人，有著最活潑的心智。他們可能非常聰穎、非常聰慧，但同時也自我滿滿。他們可能有著強烈的激情，但同樣也非常慈悲。他們可以是難以置信的瞋心，有很強的驅力，但非常靈敏，也會在別的領域裡愚不可及、有著巨大的盲點。假如一個具有重要地位的人不好勝，他或她就不會有驅力繼續下去。因為自我的驅力，這個人能量的主導部份，就會變成五毒的習性，而非五智。這是為何辦公室裡的主管即便相當聰明，也會是很具侵略性。他們成為上司是因為聰明才智，但你可能不喜歡與他們共事，因為他們可能也是讓人惱火的。

這些類型的人，是在強烈激情中有某種天生潛能的例證。伴隨著激情，與其同時存在的，是讓其轉化的潛能——讓五智出現。這些智慧是和五方佛相關，五方佛自然地和某種類型的人、某種心智、和特定金剛乘的本尊有關。

教導說金剛乘的修行，特別適合那些煩惱更強烈的人。我不太確定是否能將這個困難的要點，解說地令人滿意。我心中有關於這個主題的一些看法，常試著要表達出來，但不太確定能夠真的將它說明白。在我開示時，總是看著人們的臉，看他們是否理解了重點、看我說清楚了沒有。這個猶疑的確籠罩著我。假如人們不能正確地理解這個重點，可能會非常危險。某人可能會認為：「好吧！我具侵略性和猴急，但那也無妨，因為上師說那就是表達我們基本智慧的方式。」那會怎樣？不太好，對吧？

有另一種類型的人，比較喜歡像蔬菜一樣——一棵好的、純淨的、有機的蔬菜。這個人喜歡袖手旁觀，沒有太多情緒的驅力，不會太生氣、太激情、或太嫉妒。但是，他也不會太過慈悲，他不想試著觸及旁人。不過，他是好的、正直的、安靜、和放鬆的。我不是說那不好，但似乎欠缺了某種膽識。

有時你發現大圓滿的修行者有著熾烈的煩惱，如火般熾燃著，但同時，當這些煩惱不太活躍時，這些人可能是非常聰慧、非常敏銳的。有時他們非常有愛心、非常仁慈、非常慈悲，有時他們充滿了虔誠心。當他們生氣時，火冒三丈，但他們可能非常敏銳。當這種人，同時有著強烈的激情和非常敏銳之心的人，和一位具德上師有關連時，他或她可能真的了解大圓滿的法教；法教是這般教導的。對某個煩惱百分之百完全綻放的人來說，其聰慧和敏銳心智也同樣有百分之百活化的可能，其虔誠心或悲心也可能百分之百充分顯現。在今日的時代裡，有很多像是這樣的人。

一個金剛乘的修行者，不應該批評煩惱是可怕的某種東西。反而，吾人應該放下對煩惱的執取，並認出其清淨本質，利用煩惱的力量來認出本覺。這是一個極為重要的要點。但是煩惱得透過這個過程而被解脫。煩惱變成被解脫，是什麼意思？這不表示我們要防止煩惱的生起，像是關起門一樣。也不表示我們應該以對「我」和「他人」的執著，來抓住任何所生起、任何展現出來的東西。反而，只是讓其消融、消融，再次地消融；於是煩惱中的能量，變得羽翼豐滿、完全綻放。這個最重要的時刻——煩惱即智慧——是密咒金剛乘不共、獨特的特色。不能正確地了解這點，可能會是一個嚴重的錯誤。但是當你真的了解它時，在了知上會有重大進步。千真萬確！在試著壓抑煩惱、試著不去感覺上，不會有太大的成效。我已經在這個議題上給了許多的想法，但我覺得這一點真的很珍貴，坦白講！金剛乘的主要特質，就是在如何有效地對應煩惱。

現在，當你不壓抑某種煩惱，就沒有被此煩惱帶走、並對其言聽計從的任何利益可言。只是放心並屈服於煩惱，是非常容易的，但那並不是大圓滿的方式。比如你讓房子的大門敞開著，有五十種煩惱走進來。煩惱告訴你：「現在起身，讓我們去搶銀行！你得一道去。」假如你的回答是：「好的，沒問題，我會加入你們。」你就完了。大圓滿的方法並不是和煩惱戰鬥，真的，但是你也不要順從它們。這是和門戶緊閉、當煩惱來敲門時假裝你不在家，截然不同。所以你要怎麼做？就只是讓煩惱進門來，你坐著，它們每個都拿著步槍對著你，說道：「假如你不跟我們走，我們就開槍！」怎麼辦？這時，你絕對需要金剛乘的關鍵口訣。假如你讓自己被襲捲並加入了煩惱的武力中，你就和凡夫無異。假如你要阻止它們進屋，關起所有的門窗，那麼就沒有莊嚴物，你只是一直坐在那裡，像是在修止。我們需要讓本覺的自然力量得以完全呈現。面對本覺的自然力量、完全顯現，一切煩惱就喪失其力量，並成為本覺的一部份。

要透過本覺的修行，真正解脫煩惱，你必須確認在一開始你已經認出了本覺。認出你的自性，基本上表示分別心被介紹給自身、被介紹給其本性——那就是你至今所聽聞的，是體性空、自性明。你也一定聽過這兩者無論如何都不可分；是不可分的整體。明性表示本然的智力，一種僅是在當下、完全覺察到所發生之事的警覺。本覺不是糊塗智、空洞的心境。本覺不是心不在焉、不能覺知什麼事情正在發生，也不是一種概念性的覺醒狀態。

在本覺裡有一定的處在當下，但那種正念的當下不是刻意製造出來的，是伴隨著空性的內在臨場感。它僅是這種了知自身狀態的事。

讓我舉蠟燭和其火焰為例，來說明這一點。比方說在房間裡沒有電，只有一隻點燃的蠟燭。你需要打開手電筒才能看到其火焰嗎？不用，火焰是自行照亮的。你可以說火焰有兩個面向：它照亮黑暗，同時也照亮自身。但是舉例來說，拿著我手中的這本唱誦本：你需要一隻手電筒才看得見它嗎？是的，因為它不是自行照亮的。要看見唱誦本，你需要兩個東西：手電筒和唱誦本。但是本覺是截然不同的。本覺是**自知的本明**。這就**好像**火焰知道自身一樣。

認出心性的直指口訣，涉及了將分別心介紹給自身。心被引導去知道其本性。我們被告知要如何認出我們的空之明性。綜言之：你根本心的狀態，不是稍後會到來的**別的**狀態。這個當下體驗的方式，僅是認出它的確是體性空，且在不失去對空的線索下，仍舊能夠感知和作用。

這個心應該是要認出其空性的，但不是將其當成一個客體。在這個心認出空性的那一刻，本覺是立即的事實。假如這個明性視其自身空性是一個分開的客體，那麼就有了知曉是主體，而將空性當成其客體的二元性，這和認出本覺是完全不同的。本覺的時刻是警覺、隨意、自發、無修、不執持、不排拒的。所有五根都是開放的。本覺不是一個東西，而是一個美麗、新鮮的時刻。我們也稱這個時刻叫做**平常心**。

首先，認出被叫做**明心見性**。接著，我們必須決定被認出的事物。這比較複雜，因為是誰真正決定？是概念性心態來安排嗎？或者是本覺自身來決定？或者是你的上師決定你的心——「上師說這樣，所以這應該是真的？」抑或是現代科技幫你確認？你可以去本覺實驗室，用儀器檢查你的心臟和腦，來決定你的本覺安好無恙，你的無分別完好無缺嗎？

這時你如何決斷？要立即判斷我們自身的經驗可能很棘手，但假如我們有百分之六十的信心覺得那就是本覺，就可以下決定。為了證實的緣故，我們可以利用上師的話語、可靠典籍上的言教、和我們自身的經驗。當我們經驗到本覺的狀態真的**是**本覺時，當中就會自動地有一種肯定的感覺。為了要達到這種肯定，你需要花一些時間在過程上，你也需要有熱情。屆時這種肯定就會滋生，自動地肯定。一旦我們獲得這種自然的、不動搖的肯定時，會覺得如此確定，即便佛陀本人來到我們的面前，說道：「嘿，你錯了，這不是本覺！」我們也會謝謝他前來，但根本不會改變我們的肯定感。到了某個時刻，空性、明性、和無礙能力的特質，變得如此徹底彰顯，讓我們**真的**知道。這時，我們就獲得了肯定，不管在心中出現任何事物，都會自行解脫。

這個決斷的過程和安住在本覺的真實上，似乎有兩個面向。一個面向是我們不懷疑「今日的本覺」。另一個是對如何對應現象和煩惱——我們如何面對在心中、在我們的感知領域中所出現的任何事物，有信心。不管在任何時刻，我們必須對認出**自明覺性**、本覺下決定。在瞋心的時刻裡，認出本覺。在貪欲的時刻裡，認出本覺。假如你已經知道要如何認出本覺，就不用倚賴別的對治法，來止息或摧毀那個特殊的煩惱狀態。換句話說，不管八萬四千種煩惱的任何一種湧現，一旦我們已認出了本覺，任何狀態的解決就僅是一再、一再地認出本覺。真的沒有別的方法。除非我們以這種方式來決定自己的心意，否則就可能無止盡地搪塞方法來應付各種狀況。沒有將本覺當成通用對治法的肯定，總是會有種種需求，要在當下的時刻**做**和**應用**，要努力遮掩或是準備戰鬥，而不是僅是當場認出本覺的體性，做為任何可能發生之煩惱狀態的唯一對治法。

我們可以在半空中放置一個客體，但它會停在那裡嗎？不會，不行。同樣地，煩惱在認出本覺的時刻裡，也會沒有立足點。煩惱不會處在與本覺的面對面當中。我的意思不是說在大圓滿的修行者身上，煩惱就永遠不會發生。巴楚仁波切這樣地讚嘆這個要點，他說：「煩惱生起的方式一如往常，但其解脫的方式卻大相逕庭。」

比方說有一位相當資深的瑜伽士在人群中。他或她生氣或經驗到念頭的方式，正如同其他所有人一般——毫無差別。但煩惱或念頭隨後能夠消融的方式，卻是截然不同。我講的不是一位已經完全開悟的瑜伽士，那會是不同的情況，而僅是一位相當資深的修行者。在此的重點是，念頭、煩惱、和感知的確在本覺的狀態中出現。事實上，也應該如此。它們出現在我們修學時，而我們也將之用來做為修學的機會。試著封鎖感知以便修學，會讓我們陷入常或斷的兩個邊見其中之一，而永遠不是在這麼極大價值的中道上。就像我們根本的基，既不是常也不是斷一樣，本覺，是基的一部份，也是既非常、亦非斷。

在我傳法時，會先強調確定你擁有正確本覺的方式。之後，以現象的現起做為修學的基礎。現象、顯現、經驗、感覺、或感知——在藏文中，都叫做 nangwa，所顯。在許多種所顯中，有微細和粗重的。在心中所出現的某些事物，不管那是一個景象、一個記憶、一個情緒、一個經驗、或是一個感知。既然感知出現了，就會在空性的大空中被解脫。在這些感知、這些所顯的基礎上，我們可以解脫或迷惑。也是在所顯的基礎上，我們可以成為一位成就者。總之，所顯是來自於出入於心之本然明性的任何事物。據說：「在空時，現象現起，而在現起時，現象仍然是空的。」這就是我們和現象共處、和我們的感知共處的方式。在這個傳承中，我們不尋求將感知統合成一個有主體感知者的客體。反而，我們讓感知在現起時能被解脫。

我提過不造作是一個禪修的關鍵。我們應該要僅是處在本覺的相續中，不要造作。你也可以說這種禪修，指的是本覺的**相續不失去**。第一個禪定的時刻，是見到心之本性。比方說這個第一刻能夠延續個三分鐘，這個禪定依然是新鮮的；我們說見的相續是延續的。認出的第一刻能夠被繼續下去，所以在三分鐘後，仍舊是第一刻。但是在這三分鐘之間，在許多時刻裡，我們還是快要從本覺覺醒狀態的相續中散逸掉，散逸的襲擊應該在現起時就被解脫。怎麼做？靠明性的覺醒特質重新認出其自身的空性，並讓**現起即解脫**得以產生。

禪修的關鍵是不造作——不設計或建構本然狀態，只是讓見的相續能夠延續。任何時刻是這樣的話，就沒有散逸。假如散逸的確發生了，僅是提醒你自己，要再度認出並重新開始。這就是如何持續這項修學。

比如說本覺持續了三分鐘的時間，在這短時間裡，感知的確發生了。我們並不需要期待在本覺的延續期間裡不會有任何事情發生。沒事情發生**是**可能的；若非完全是本覺的裸然狀態，就是封鎖一切感知的暗巷。因此，在當下或沒有感官的知覺，並不能界定本覺的真正狀態。可能是伴隨感知的本覺，也可能是沒有感官印象的本覺。在感知時或沒有感知時，是否認出了空性，是其準繩。請了解在這裡的「空性」不是說空白一片。而是，在感知時，假如這個感知一直被緊握住，也是錯的。法教說道：「既非陷於空，亦非執著取。」

在空性之中，我們可以歡迎感知。在此，空性不是一個理論上的建構；空性表示**不執著的指認**。我不是在討論空性的哲學表述說在空性中出現感知，因為事實上，一切經驗早已出現在空性之中，並且永遠都是這樣。這了無新意。我說的是**確實**認出這個廣袤的特質，並容許感知在此指認中出現。

以一位勇士為例。當他坐著時，看起來可能沒什麼。他需要一個環境、一個情境，來展現他的力量。應該要出現一些對手，用武器來挑戰他。於是他站起身，顯出他的實力。你可以在電影中看到這點——英雄需要一個壞蛋，好讓他能夠顯示他的全副武功。同樣地，本覺需要一個煩惱的情況，來喚起其本然的力量，一旦這個力量被喚起了，煩惱也就沒有機會了，煩惱必得放棄。就像一場起得好的火——你丟越多的木頭進去，它就燒得越旺。有時你甚至可以灑水在焰火上，水只是蒸發了；火甚至燒得比先前更熾烈。我們需要這種力量來對應煩惱。假如我們只是試著逃避煩惱，好像我們毫無辦法一樣，那麼內在的力量就不可能顯現。

這裡是另一個例子。在尼泊爾的窄路上，你發現牛隻、雞群、人群、所有東西，全都分享著那個空間。尼泊爾的牛非常特別，牠們可以在馬路的中央睡覺。就是在那非常擁擠的地方，牠們可以安祥地躺下來睡覺！想像一下你正在加德滿都開車，你不是一個很高超的駕駛，只是勉強過得去，但你還不太確定哪一個踏板才是煞車、哪一個是油門。突然間，一隻雞衝到你面前來。首先你記得：「好吧，我有兩隻腳，也有兩個踏板。現在，哪一個是煞車、哪一個是油門？」假如你得像這樣思考，等到你搞清楚了，就再也沒有雞存在了——雞早已變成肉醬了。同樣地，假如一個強烈的煩惱現起，你得先想著：「好，止……呼吸……啊……讓我想想，我的心在哪裡？」首先，你試著找到你的心，然後發現沒有心。事實上，你沒有時間這麼做，對吧？再說，煩惱已經抓住你，假如你需要像這樣辛苦地想著，已經為時已晚了。於是你可能會想著：「好吧，我會放下。」但是煩惱已經抓住你了。以這種程度的善巧，是很難解脫念頭或煩惱的。

相反地，一位好駕駛看到雞的那一刻，他馬上就踩了剎車。看到雞的那一眼，讓他把腳放在煞車上。他不用去想；對剎車的反應是自動的。沒有雞，就沒有需要煞車；因為雞所以他踩了煞車。把這個譬喻應用在煩惱上，我們可以說念頭或煩惱將你擲返本覺。換句話說，當你能夠以這種方式來修行時，你真正被煩惱所吞沒的可能性，會越來越少。就在煩惱生起的那一刻，你認出自明覺性，煩惱就像是水上之畫。我們得像這樣。過往的上師說現起即解脫，是這三種解脫裡最重要的。

我認為當你有小孩時，不要壓抑情緒的這個原則極為重要。你看著你的小孩，要他們循規蹈矩。有些小孩非常聰明、非常有侵略性、非常躁動——此時此刻，他們看起來似乎快要把整個桌子弄翻了；就是那一種能量。但是在下一刻，他們可能是非常可愛、和善、如此美麗、如此放鬆、如此清楚、如此豐潤。他們可能非常淘氣、充滿能量，同時又是如此清純、充滿生命力。我注意到在許多西方國家裡，小孩常被告知：「不要這麼做！不要那麼做！你不應該這樣，不可以！」老是限制小孩，在他們成長時會妨礙他們自然的能力，並抑制了他們的力量。在為什麼他們不應該這樣或那樣做時，或許可以給他們非常合情合理的正確解釋。在西藏，小孩被告知不可以這麼做時，有時是一頓打，而在西方，則是溫柔地說著，還在臉頰上親吻。不管是粗暴或溫柔的方式，小孩還是被壓抑了。這會讓他們在成年後，變得怯懦、退縮。有時我看到約莫十一或十二歲大的小孩，在心中已經有了大人的焦慮。我看得出他們的心中幾乎已準備好開始思索，因為你給他們太多的理由，去做這個或不要做那個。他們只要做了一點點的錯事，就會覺得大錯特錯。他們在心理上被陷住了。我不覺得這是一個撫養小孩長大的健康方式，這會教導小孩沒有自信。

在這裡，我建議我們可以將自心看成是一個活力充沛的小孩。我們需要教導自心，如同教我們的小孩一樣，對自己負責——教自心如何引領自己，這的確是必要的，而不是加諸所有各種外在的限制。當然，另一種方法可能是非常理性的，但就像爸爸、媽媽不斷在小孩身上掛起一串荊棘。不管她朝那個方向移動，他們就警告：「你會撞上荊棘，然後刺傷你。」到最後這個小孩變得處處受限，動彈不得，因為到處都是荊棘。她甚至沒有機會碰到荊棘，去從她自身的經驗學習，因為爸媽已經告訴她不要——會受傷！因此這個小孩變得完全被心理的荊棘所圍繞。我想那不是非常健康的。

我自己也有小孩。我有一個差不多九歲的女兒。我一直非常謹慎地觀察她，我觀察到最健康的情況，是她的心在被教導的狀況下，這樣她就能夠自己思考。這有點像是你在丹尼爾・高曼的《情緒智商》一書裡所讀到的——讓人們為自己負責。我現在教她一點禪定的修行。我不是教她任何心理上的禪定，不是無常教理的法教。似乎有太多心理性的理論議論紛紛、激怒人們並導致焦慮。我真的覺得問題在於太多心理學的東西，而不是太少。我現在不教我的女兒任何心理學，只是讓她能夠平和地安然自處，然後告訴她在念頭出現時，察覺自己的念頭。我告訴她：「這沒什麼大不了——念頭會出現，只要放下就行了。」小孩常把他們的念頭太當真。假如我能成功地把她對念頭太當真的習性解除，她就能夠調適：「喔！我可以改變我的心境！」她可以放下。然後她就會覺得更有自信，因為她能承擔自己能不能改變心境的責任。所以，當她成長時，不會把生命看得太當真，而因為太當真產生了所有相關的問題。我覺得以這種方式成長的小孩，在成長時能夠進步。

讓我再重述一下我的看法。小孩有某些能量，這是他們基本性格的一環，我不覺得讓他們成為心理不同，不知怎地把他們塑造成**不是**那樣會是我們的工作。反而，我們應該教導小孩對自己負責，自我主導。有些小孩可以一下子狂野，然後又是非常可愛和慈悲。擾亂了這些特質，並不是很健康的。這些能量**就是**小孩的。假如你干涉了；就像是削減了他們的火花、他們的鮮明。另一方面，假如不教導他們要如何為自己負責，你只是讓他們的能量以一種沒有控制的方式顯現，會發展成過度的習性，那也不是件好事。

讓我們將這點應用到自身上。假如每一次念頭出現，我們就告訴自己，舉起手指：「你很糟糕，你有這個念頭！」我們一再一再地這麼做——「你很糟糕，你有這個念頭，你不好！」每一次有念頭出現，我們就會開始覺得有罪惡感。念頭變得非常膽怯；它們不敢生起。念頭開始害怕地縮回去，製造出越來越多的恐懼。從大圓滿的觀點看來，念頭生起又怎樣？沒什麼大不了。煩惱生起，沒問題，沒關係。煩惱有權利生起，你也有權利不要去執著。我們應該不要干擾了煩惱的自由，也不要讓我們權利被影響或帶走。

假如我們以這種方式來教育自己，就變得越來越能朝我們所選擇的任何方向移動。我們變成有彈性的人，不害怕自己。大多數的人因為害怕自己、害怕不能解脫將要生起的念頭或煩惱而受苦。在念頭生起的那一刻，被挑出來當成沒有好處的東西。你常聽到煩惱是不好的，但你不知道要如何放下煩惱。所有這些煩惱的軌跡都在你身上。但你**不**能就是你自己，所以你要怎麼辦？對尚未開悟的人來說，只有一個解決辦法：沮喪到底。所有的修行體系都說負面的念頭是不好的，你找不到任何說負面念頭是好的，真的，有嗎？或許其中有的說你應該要表達出來，讓負面念頭抒發出來，但還是一樣，因為他們知道負面念頭是不好的，假如你不抒發出來，就只是讓它們在內部潰爛。這只是同一種沮喪情況的另一種說法而已。

重點是要解脫負面念頭和煩惱。當然，消除這些的方式大有不同。有成山成海的書籍，從精神與心理兩方面的觀點，撰述如何去做。我們都了解貪、瞋、癡、和所有其它自私情緒，對人們造成問題。普遍認為煩惱狀態是困難、痛苦和不好的，因為煩惱會導致自己和別人的問題。每個人都同意這點。但要如何解脫，真的？這就不是很確定的事情。要如何真正解脫，不太清楚。不管是如何地解說、討論、或思索，問題依然泰半懸而未決。坦白講，只有一個解決辦法：把你的屁股放在禪修墊上，並修學如何解脫。就我所知，那是唯一的方法。

有兩種解脫的方式。一個是一般的方法：當一個煩惱現前時，你使用對治法來對治它，讓其止息，並確保這個煩惱不會再生起。第二種辦法是不共的大圓滿方式，你不運用個別的對治法，僅是在這個煩惱中認出自明覺性，好讓其消融。事實上，吾人是從認出這個煩惱並不存在開始。

我想要說一個有關於安欽（Angtrin）、一位住在北印度札西炯（Tashi Jong）著名瑜伽士的故事。他的精神傳承是竹巴噶舉，但他的修行是寧瑪派、大圓滿，像我一樣。當他住在西藏時，他做了很多禪修，變得非常祥和。他閉關了六年，閉關的環境非常舒服，非常好。當年，人們會帶食物給閉關的瑜伽士，或是瑜伽士自己有材料，可以自行煮些不錯的小餐點。周遭有許多燃木；當陽光普照時，相當暖和；甚至還可以看到廣闊的天空景色。四周都是樹木，在森林裡可以看到各種動物。瑜伽士或許有些驕傲：「我在修行佛法，我很快樂；這裡對我來說非常舒適。沒有煩惱、沒有困難、沒有障礙，我還年輕。」六年之後，安欽覺得他的修行的確很不錯。但他接著想到：「好吧，誰知道，也許這個修行只是讓我變成一個安靜的蔬菜。」所以他問他的上師康祖仁波切：「假如我到一個可怕的地方，一個簡陋、崎嶇不平、不愉快的地方，或許會好些？」康祖仁波切說：「是的。絕對是，你應該到這樣的地方去。」他給了特定地點的指示。

到達那裡之後，安欽發現有一個陽光照不到的巨大洞穴，入口有水滴流著。傍晚時，裡面有一大群的鴿子飛舞，在發出一堆噪音的同時，還有糞便掉到他身上。第一天他不知道怎麼辦。他放了許多容器來蒐集滴下來的水，但當他喝裡面的水時，他說：「這是什麼？怎麼有奇怪的味道。」稍後他才明白那是鴿子尿。洞裡濕冷又嘈雜，夜裡挺可怕的。當他在那裡修行時，他發現先前的祥和之心消失無蹤。他想到：「我的修行支離破碎，現在我應該怎麼辦？」他覺得過去所做的一切，沒有留下多少，所以現在他真的得好好修行。在一開始非常困難，有著不安份的鴿子在黑暗中飛個不停。這就像是在中陰時，有著所有的混亂和吵鬧。安欽試著藉由不屈服於干擾、不被吵鬧所帶走，來培養這種本覺的內在力量。他一再一再地像這樣訓練自己。他待在那個地方，差不多又六年。現在，不管發生什麼事，無論是愉快或不愉快，**真的**都不能影響他。他再也不在意了。但那不表示他就漠視一切事情。

我相信當安欽過世時，他可能在中陰時不會有那麼多問題。對他來說，就像他們所說的，一切煩惱都納入本覺的空界中。換句話說，他是自由的。直到我們達到那個層次之前，我們都需要修行。我們必須習慣這種自由。以任何煩惱生起時，你應對的能力來當做準繩。我們不應該把目標朝向只是在修行時覺得很好。我們必須超越被目前的情緒所劫持，超越防衛情緒或試著排除情緒。我們慢慢地達到這點，就會變得越來越穩定，並對體性空、自性明、與無礙能力有信心。然後我們會發現煩惱不一定會凌駕我們，我們也不需要被煩惱所困住。我們不用避免或壓抑煩惱。反而，只是讓其自動地、自然地成為本覺的裝飾。

學生：我想要問關於瞋的問題。我注意到昨晚和今天早上我覺得生氣，也覺得自己生氣不好。在修行中，我試著認出是誰在生氣，但是念頭還是不斷地來了又來。於是，我轉向有所依之止和無所依之止，然後回到本覺，雖然那是我不太擅長的。我想也許您可以幫助我——我不太確定要怎麼做。

仁波切：繼續修行，很好啊。

學生：哪一個？

仁波切：所有的修行——做前行、做本尊法、修止、修觀、認出心性、向上師祈請、思惟四聖念轉心，一切。做大禮拜和修學自他交換、放光和收攝。當你生氣時，想著：「好，我是如此幸運，所以這個怒氣來了！願此怒氣耗盡一切眾生的怒氣；願此能讓所有人的怒氣終結！」

學生：但或許這會讓怒氣一直存在。假如你有怒氣，是有可能產生更多的怒氣。

仁波切：假如怒氣是永恆的，不可能只有怒氣。總是結合了不同的元素。事實上，沒有任何東西完全只有自己存在——沒有任何個體像是那樣。總是有輔助物、某種協助怒氣的道具。要不是貪、就是「我」的感覺，就是像「應該發生卻沒有」的某個東西。零零總總的念頭，成群結隊地為自己辯護該生氣的理由。假如拿開其中的一些念頭，怒氣就不能真的像先前一般容易地支撐自己。有時候問題是「我不能得到我想要的」或是「這不是我的方式」，因為這種貪執，以及「我」的妄念，就有了瞋的舞台。或者是：「我一路來到納吉寺，我不是來這裡生氣的，但現在我生氣了！這糟透了；我應該怎麼辦？我得不生氣才行。現在我氣自己生氣了。」變得越來越糟，這也是有可能的。

在怒氣生起的那一刻，其它煩惱也是一樣，採取一種自在的態度：「好吧，我可能不是很徹底地了解佛法，但那就是我目前的樣子，現在我生氣了，有時我不生氣，又怎樣？也沒什麼大不了的；就讓它來、讓它去。」假如你採取這種不擔憂的態度，怒氣就沒有太多的執持，也就不會延展。就像我所說的，自我的信念是瞋的基礎。假如能讓自我消融，怒氣就不能夠橫行無阻，且徹底被切斷聯繫。照樣得消失。假如你真的很聰明，那麼就騙自我。要騙自我，你得怎麼做？你和自我做朋友，不是成為自我的真朋友，只是裝的像是

自我的朋友一樣。於是自我就認為：「很棒！他對我很誠實，沒問題。」【笑聲】

學生：可能愛你的怒氣嗎？

仁波切：當然，絕對可能。這是一個很重要的點。很困難，但是有可能。愛怒氣表示對怒氣給予空間，告訴怒氣說：「你在這裡似乎太過擁擠了。為什麼不讓我給你多一點的空間呢？」給它空間就可以叫做愛，愛是**給予空間**。在這裡愛不一定表示盲目地服從瞋；那是另一種的愛，這僅是給予空間。就像是當你的腦、你的頭，真的很疲倦了：給腦袋空間就是給它空檔、休息。當你生氣時，你覺得非常迷惑。這就是在你的情緒裡交通阻塞了──你不知道要怎麼辦或是如何處理。所以只是給它空間、開放、不要執著，而是愛和接受任何發生之事。不要馬上批評瞋或其它情緒是可怕的；只是給它一些餘地、給它空間。

學生：當瞋出現時，我試著某種「注視和看」，我發現瞋還是在那裡，但它並沒有佔有我。我有一點點的距離。

仁波切：這很好，因為現在你並沒有把你的所有能量都給了怒氣，當你沒有給它注入能量時，慢慢地就氣消了。這和想著：「我得排除它，除掉它、除掉它」是截然不同的。

以這個為例：在你面前有個氣球，代表怒氣，灌氣的打氣筒就在你的屁股底下。你在禪修。你說：「禪修、本覺，放下怒氣。我不想要生氣。我不想要生氣，本覺回來。我不想要生氣。」——**【仁波切從一邊到另一邊地搖擺著】**這麼做，你是在灌氣、灌氣、灌氣，氣球脹得越來越大。「我得放下瞋，本覺得放下瞋。」你還是在灌氣、灌氣、灌氣，氣球持續地充氣著。自動地，你連到怒氣上，雖然這不是一個在實際空間裡發生的事件，而是在你的心識上。在此要應用不同的法則——假如這真的是在實際空間裡發生，那麼你就可以丟某個東西到氣球上，砰的一聲，整件事就結束了。但在心識上，狀況的能量是來自你的心、你的注意力，所以相信怒氣，事實上就是在為它灌氣。

寂天菩薩提過，假如你想要在所到之處，都走在一個平坦、柔軟的表面上，把整個地表都鋪上軟皮並沒有用。事實上，也不可能，所以更為實際的做法，就只是在你的腳底下放上皮革，這樣不管你走到哪，你都會碰到軟皮。同樣地，我們無法控制我們所經驗到的所有客體，讓它們都沒問題，雖然我們還是得試試看。凡夫用其對主體和客體的二元執著來愚弄自己，禪修者用試著編排其禪修經驗來自愚。吾人可能執著於大樂或清明的感覺。

但整頓感知者、掌握自心是比較好的——於是一切事情都自動地沒問題。這是一個極為重要的要點。

經驗與實相

在某個時刻，我們會知道本覺真正的樣貌，不僅是智識上的，而是在經驗上的。這根本不是多複雜的事情。到了這個階段，就不再需要詳查或是試著理解本覺。在經驗到本覺時，我們不需要理性上的分辨——那是在認出之前的事，那時我們試著了解本覺的概念、試著把心放在這件事上。本覺的實際體驗是非常簡單、完全平常、非常自然、完全直截的。在我們有了這個經驗之前，可能會誤解它；可能對本覺有著太多的期望。因為本覺被解說成是和一般思考方式截然不同的，所以我們可能會期待當對本覺的體驗終於發生時，我們的心會被完全吹走，彷彿一切都應該徹底不同。或者我們甚至可能會試著把本覺當成是一個超自然的經驗來培養，但坦白講，本覺不是那樣，不是用任何方法來促成的。當然，本覺的經驗的確有超越常、斷的功德。本覺無生、住、或滅；本覺是非常微細的某個東西。那些功德的確存在，但不是那種徹底摧毀其它一切事物的壓倒性方式。本覺是非常平常、非常柔和、非常簡單的。我們認出本覺僅是純粹的一種容納、開放的狀態。

看著這串念珠。只要除去一顆珠子，並不太容易只是把這個珠子拿掉，對吧？珠子掛在繩上，而把整個念珠串在一起，在此有某種一起撐住感。本覺的指認，把通常用來一起串住念頭的繩子消融，執著並不會宣稱其離去：「我現在就要離開了，現在我要走了，再見！」**僅在認出裡執著早已消融**。就在念珠的線消失時，整個東西就自然崩解了。你不用一個接一個地取出每個珠子。就是珠子串起的這件事，已不復存在。同樣地，我們用不著強迫煩惱和念頭離去，就在執著解除的那一刻，煩惱和念頭就自然地崩解了。

現在當這樣發生時，有些人不太滿意。他們不想要珠子慢慢地散開；他們想要有特殊的戲碼，一個念頭和煩惱被吹成碎片的場景。威風凜凜的本覺，戲劇化地進來，將念頭和煩惱吹垮——那才令人滿意。通常當我們自然地到達本覺的狀態，極可能像是那樣，是一個念頭和煩惱早已消失的狀態，但我們還是不太滿意。我們有個先入為主的概念或期待，認為本覺應該是**強而有力**的，是應該更誇張的某個東西，不可思議地大樂、所到之處都是清明、完全免於念頭，是某種奇妙的經驗。當本覺的覺醒狀態是稀鬆平常、單純、清晰、在當下、和沒有干擾時，我們拒絕承認那就是真的本覺，因為不夠目眩神迷。

由於這個絆腳石，一切證悟的功德可能不會完全顯現，但它仍然是本覺開始的階段。

當我們更進一步地修學本覺的真正狀態時，這些功德就會逐漸開始越來越彰顯，像是悲心和虔誠心的氛圍。而且，一種更深刻的智力，開始變得越來越明顯。這是以自然進展的方式出現的。對本覺開始階段的不滿意和排拒，會妨礙我們對本覺的修學，也會妨礙功德的顯現。我希望你們能夠知足並決定。子本覺是非常單純、非常自在、非常乾淨、和順暢的。慢慢地讓你自己能夠平穩地安住在上頭。然後，越來越習慣它。

現在我們的情況是要培育子本覺，讓它能夠以一種對本覺**相續的維持**感來成長。當我們以這種方式修學時，各種型態的經驗會出現——感官印象、肉體的印象、心理的印象等。當覺性在印象呈現時被困住、開始聚焦於這些印象、選擇某些印象排拒別的、被這個狀況所帶走，都叫做散逸。相續被這種執取所打斷。但是當感官印象和所有其它印象的輸入，只是得以被體驗，而沒有失去本覺覺知特質的相續時，那麼這些印象就被解脫。經驗透過我們保任不散逸而被解脫。

現在在此，對初學的瑜伽士來說有個問題：在他視所顯——經驗和感知——是侵入者、是敵對者時，會有種強烈地想要建立空性並安住在空性上的傾向。敵人已經來了：「客體出現，**那就是為何**我散逸的原因。」那種戒備的心態，是真正的問題所在。一位禪修者可能習慣在客體現起時反對客體，因為「它們干擾了我的禪修；它們破壞了我的空性。」在此的基本態度是客體應該被徹底摧毀，但這種態度是進步的障礙。紐修堪仁波切告訴過我許多次，為了要進步，吾人應該對感官印象和任何其它顯現，有一種更歡迎和迎請的態度。這種態度會說：「歡迎！好的，請來這裡，沒問題。請隨意干擾我的禪修；我不介意。」反而應該是培養出這種態度。記得，所顯包括了記憶和感官印象——色、聲、香、味、觸等等——任何可以被視為是客體的東西。除非你學會摒棄加諸於所顯的重要性，且不把它當成一回事，否則你是在阻礙自己成為一名資深的禪修者。底線是，你可以**察覺空性**，即使所感知到的客體並未消失。

有閉關者因為一塊木頭而打架，到最後彼此殘殺的故事。為什麼？因為不能夠解脫他們自己的所顯、他們當下的經驗。對解脫有信心，必須是和我們經驗所顯的方式有關。凡事都是出自這個所顯。有著奇妙景色和證悟裝飾的一切佛土，皆是所顯，六道眾生的一切各種經驗亦然。它們只是體驗的不同方式而已。我們必須讓所顯——我們體驗的方式——非常稀鬆平常、非常有彈性；而不是像一張老、硬的牛皮一樣僵硬。方法是要知道解脫的關鍵。這就是精神修行者所要做的：我們能夠軟化體驗方式的程度。待在一個高海拔的閉闊處、穿上白袍、蓄長髮，對我們而言，並不夠稱得上是資深的禪修者。

偉大的噶舉派大師告訴我們：「認出空性，並在經驗時強化之。」首先你應該認出開闊、廣袤的特質；然後，不管你經驗到任何的現象，你都得認出此經驗的本性——此經驗的身份、不管任何所經驗到的本家——都有著空、廣的特質。而且你需要在每一次都這麼做。明性從不會真的和空、廣的特質分開，哪怕只是一秒鐘的時間，一旦我們認出這個事實，就能真的說經驗和空性是不可分的個體。這就是清淨覺受能夠顯現的時刻。當我們讓此開闊、廣袤的特質，在我們體驗的方式中被認出時，金剛乘的淨觀原則是有可能的。每個覺受的時刻都變得非常開闊和自由，那就是真正的淨觀。

我們在此所需要的，是信心。信心的藏文，也有著自然能夠的涵義。這種能力是怎麼來的？是來自於**知道如何解脫**。在我們修學不散逸無修的一開始，某些經驗會發生，叫做樂、明、和無念。藏文稱這些叫做 nyam、覺受，通常被稱做是三個面向的第二個。首先是理論或技術上的了解，接著是覺受或禪修經驗，第三個是開悟。我們應該要格外小心，不要將這三者弄錯了。在佛法還很新的國家，對於似相和真相、表象真理和究竟真理，總是會混淆不清。總是有一種傾向，會將暫時的禪修經驗、覺受，誤以為是證悟。有個著名的說法：「理論像補丁；會磨損和掉落。禪修經驗像是霧；會褪去和消失。但證悟不變如虛空。」理論只是獲得某個東西的概念：「啊哈！就是這樣啊。」但永遠不能保證我們能夠保持這樣的洞見多久，它就像是補丁一樣。在西藏當你的衣服破了，就縫上一個補丁。可能不是用多大的技巧縫上，只是隨便縫住，所以過一陣子就掉了。這是對智識上洞見的隱喻。

有時一個禪修經驗可能驚天動地來到，但就像霧一樣，終究會消失，然後陽光又會再度照耀。然後又是雲、又是打雷。天氣老是一直在變化著。那這些覺受的經驗是好是壞？它們是好的，不壞。之所以會出現，是因為禪定的修行。那問題又是什麼？問題在於當吾人相信它們是證悟的狀態。十六世噶瑪巴的一位弟子，在一次特殊的覺受後，跑來面談，說道：「我的身體感覺像是彩虹做的一般，在任何方向都不感覺到障礙。我幾乎確定自己證悟了。在任何地方都找不到任何過失。」噶瑪巴回答道：「很容易判斷你證悟與否。去那邊那棟建築物的頂端、跳下去。假如在你撞到地面後不死，你就是佛。假如你死了，當然，是個恥辱，但我們會為你做些功德法事。」這個測試有點嚴厲，對吧？請不要嘗試！

我會給你們一個比較不嚴苛的測試，來檢驗某個特殊狀態是覺受或是開悟。有時某個覺受可能是「我完全證悟了。我的全身是樂、明、和透明的。哇！這是證悟。沒有任何東西能傷害我。我也充滿了悲心。我毫無一物。我是如此大樂，如此充滿關懷！我將要拯救全世界！喔，來我這裡，每個人！來這裡，我將會教導你！迷惑的群眾，我會幫助你們。」你絕對可能有這種的覺受。在某方面這是好的，因為這表示你在接近修行的真正狀態。為了測試，點一根大蠟燭，把你的手指頭放進火焰裡。假如你還能夠說：「我是證悟的，我愛每個人，我是如此充滿仁善。」而沒有被燒傷，那麼，哇，我向你鞠躬！但假如是痛死了，那麼請繼續修行，皈依、累積福德，並培養悲心。你還是需要在本覺上進步。

開悟和證悟在佛教用語上有不同的意義。你可能開悟到一定的程度，但尚未證悟。在西方，「證悟」一詞有各種方式的用途，但在我的傳統裡，證悟花更久一點的時間才能達到：證悟是徹底覺醒的佛果狀態。有兩種面向的解脫，一個是精神上的解脫，免於煩惱等等；另一個肉體上的解脫，免於一切業力的束縛。直到第二階段出現，請小心地觀察因果業報。你仍是在其規範之下！當你忘記時，總是可以將你的手指放進火焰裡，看看是否還會受影響。

在樂、明、和無念的三種覺受之中，無念的經驗來自於空性。這種經驗沒有概念性的念頭，有時能夠持續上一、兩個小時，根本沒有任何念頭，只是非常平靜與祥和。甚至可以持續好幾天，這是非常好的。問題是誤將這個當成別的東西；可能誤以為是開悟。經驗到這個狀態並沒有問題；問題是執著這個狀態。「哇！沒有念頭！現在業止息了。沒有任何東西迷惑我，沒有染污，沒有任何東西障蔽我的狀態。」即便你有這種經驗，也不要迷戀、不要執著。這不過是無念的**經驗**而已。

第二種明的覺受，你可以說這是已經更加習慣於明性[1]的一種反映、或表達。無論何時當你漸漸習慣於某個東西，就有一個影響——間接作用和真實的作用。間接作用是明的覺受：「哇！我知道每個人的心思！他正在想的東西是如此一清二楚。我知道在遠方正在發生的事，我可以看到別人房間裡正在發生的事。我的朋友要來了。」有時這種明的經驗，可以稍被開悟所影響，但大多數的時候並不會。真正的明是神通，甚至更進一步，是了悟三時。吾人可以問佛關於過去、現在、或未來的任何問題，立刻就有了答案。

讓我告訴你們一個關於證悟神通的故事。在佛陀的時代，有一個人以特殊的修道證得了成就。從佛教的觀點看來，那是一條世俗的修道，指的是一個精細的分別心。這個人有

1 明性和明在藏文中是同一個字。

某種程度的神通，但他沒有像佛陀一樣徹底遍知。有一天，他想：「佛不可能是真的。他應該可以被揪出一、兩個漏洞！」所以他就找了他的信徒，幫他一起去找碴。他們聚集在一棵剛被砍下的大樹旁，花了很長的時間，非常確實地計算所有的枝、幹、和葉子。費了幾個月的功夫，才完成一個正確的統計，他們還非常謹慎地把這一切都寫下來。因為佛陀每天早上會經過這裡去托缽，他們就請佛陀到村子裡，請他坐下，圍著他。於是這位老師問佛陀：「在這棵樹上有多少葉子？」佛陀馬上就說出了正確的樹葉數目。他們目瞪口呆，花了這麼長的時間、辛勤統計的結果，佛陀在幾分之一秒裡就知道了。這個故事的後續，是這位老師太過驚訝，當場就嚇死了。因為佛陀立即知道的，是他費盡千辛萬苦發現的結果。

佛陀知曉的方式，並不是一個推論的過程，不是「這個由於那個」，而是一個直接感知的方式，一個**立即感知**。舉例來說，你看到在山坡上有煙，於是理解那邊可能有火在燃燒。你不是直接看到火，而是推測那裡有火。佛陀知曉的方式，不是經過演繹，而是透過直接感知。這種能力來自於明性。基本的知曉感，在佛陀的例子裡，變得暢行無阻。我不是告訴過你們很多次，本覺有一種不執著的本然知曉？其圓滿就是佛陀的知曉。在其圓滿之前，我們會遇到各種經驗、不同的覺受。當面對這些覺受時，有些人覺得：「哇！我現在證悟了。」但假如他們開始所做所為如同證悟一般，那就有麻煩了。有些人心知肚明地知道他們沒有證悟，但還是假裝是。我不懷疑有一些人真的相信他們證悟了。這讓我為他們感到可惜，因為他們盲目地這般相信，而不知道用我簡單的手指放進火裡的測試來檢驗。我會很樂意提供蠟燭的。【笑聲】

空性和明性是不可分的整體。當我們變得越來越熟悉這個整體，就經驗到一種深刻的自在感，那就是樂的經驗、樂的覺受。當你修學地越來越多時，樂就會遍滿全身。感覺彷彿連指甲和頭髮都是樂的。整個身體從頭到腳，以及我們所感知到的一切事物，甚至是人們，都是樂的。你想著：「我以前討厭紐約，但是現在我這麼喜歡它，時代廣場棒極了！這裡沒有問題，沒有壓力。紐約是如此舒服。這裡要生存下去沒什麼困難，紐約的每個人都這麼好。」假如那是在你坐墊上發生的，而不是在紐約州裡發生，那麼這就是覺受。假如那是你在紐約州裡發生的，就會是開悟。【笑聲】坐在你的房間裡，你可能會覺得在這世界上沒有問題，但真的，有個問題：你執著這種自在和安樂的感覺。

我們不用對這些經驗、這些禪定心境置之不理，它們是整套修行的一部份，可以這麼說。嘗試藉著壓抑其生起來避免它們，只會妨礙了開悟。應該讓它們出現，並以其原貌來看待：它們是禪定修學的指標。只是不要對它們執著。

這裡是這些禪定心境不同於真正開悟的另一個例子。這發生在我身上，可能不是在你們身上。當我年輕時，住在印度，和一些出家僧去看李小龍的電影。我們走出電影院時，覺得自己像是李小龍。看到一些年輕的印度男孩，我們覺得：「他們不是我們的對手，我們可以輕易地把他們打倒！」這是李小龍式的覺受。事實上，假如我們其中一人走去印度人那邊誇口，可能會被當面揍上一拳，鼻子斷掉、耳朵被扯掉。他不是李小龍，僅是在看過電影裡的李小龍後，有一種成為李小龍的**感覺**。同樣地，你可以說本覺有相同的作用，所以有任何接近本覺的狀態，便會受到其開悟氛圍的影響。

一位真正的功夫高手是截然不同的。縱使被二十個人包圍住，他仍然可以打敗他們。但是我認為真正的功夫高手，不會陷入功夫高手的覺受之中。他有更好的東西：信心。最好的情況是某人有信心和悲心——不只是心境，而是真正的。舉例來說，想像這部功夫高手的電影場景：一位老人比我還矮，大腹便便，帶著一壺酒走進來。他微笑著，不是冷冰冰的，而是祥和的、仁慈的、和有信心的。他給人一種能夠處理任何事情的印象。他笑著打鬥；鏡頭全景式地繞著他轉。有時他把酒壺丟到空中，打鬥了一下，又接住酒壺、喝口酒。你可以看出他很輕鬆。這是一個好的禪修者的例子。你有一種非常開放、放鬆、空閒的態度；你不會只投注在你自己的事情上，所以你的心是清楚和準備好的。最好的禪修者總是單純的——比單純還要單純。空性是比單純還要單純，是一種你無法找到任何東西的感覺。它總是開放、放鬆、新鮮的。任何敵人出現——瞋、貪、任何東西——你不排拒，你只是讓它自解脫。那和功夫是相當不同的。

總之，不要把覺受的禪定心境誤以為是開悟。你也不需要排拒它們。有覺受無妨——只是不要執著。假如你不執著，就能夠持續地進步。進步是透過對諸佛和對你自己根本上師、傳承上師的虔誠心，對眾生的悲心、以及出離心——希望自由的意願——來產生的。簡言之，你的進步是透過慈心、悲心、見、和在禪定修學上精進。

遵循一種基本的節奏來進步。你只有兩條腿走路。你可以問：「我要怎樣路過一位美人？我要怎樣路過一位醜人？我要怎樣路過一座美麗的花園？」每個這樣的問題都有相同的答案，這個答案很簡單：保持基本的走路節奏。因為你走路，你看到了花朵；因為你走路，你看到了花園；你走路，你看到。這是自然的節奏。你不需要對你的看做太多任何的事情，只消繼續走著。不管是覺得樂或明或無念，不管怎樣，繼續本覺的相續。

學生：在任何的覺受中，有沒有究竟的一課要學習，即使我們不執著的話？

仁波切：讓我們在此分辨世俗諦和勝義諦。你在日常生活中走動著，有某些事情需要你的注意力。你和手邊的事情有關連，是因為有這種需求。你可以稱這個是一課，因為有一個明顯的理由要面對它。但是，坐在禪修墊上，你不用對任何發生之事**做**任何事。事實上，既然覺受只是一個短暫的經驗，沒辦法怎麼樣。你不用老是解讀訊息，根本不用。假如你有一種強烈的感覺，覺得有隻老虎從身後過來，那**真的**是一個強烈的感覺，也許你應該就轉過頭去，看看是否真有老虎，假如是的話，那麼快跑開。除此之外，你不用稱之為是「禪定的啟發」。假設你住在一間鐵屋裡：即便有一百隻老虎來了，牠們也進不來。假如你還是害怕老虎可能跑進來，那麼你應該了解那是一個毫無意義的禪定心境，所以不用管它——就是放下。你知道即使有某些東西需要注意力；明性會知道。這個明性夠聰明，能夠知道某些事情是否需要當真。假如這是一個生命交關的事，一個生死存亡的事，那麼你就應該認真以對。尊重它，因為你還沒有證悟，你還是會被這類事情所影響。

我們應該不要把世俗諦和勝義諦搞混，即便似乎有很多人都這樣做。在相信似乎為真和了解什麼是真的之間，有極大的差別。第一種情形發生在我們沒有仔細觀看上；第二種是我們仔細觀看，並看出其真正的樣貌。差別只在於沒有細看。一旦我們仔細觀看，就不再有任何實際的分野。我們不會被似乎為真所愚弄，而僅是看到真正的事物。

學生：昏沈遮蔽了明性是怎樣？

仁波切：有兩種昏沈的方式。一種昏沈是單純的疲累，因為許多事情導致肉體上的疲倦——氣和明點流動的不平衡、某種氣弱、或太過於集中精神、工作過度以致於身體自然覺得昏沈和疲倦。那不一定表示本覺就被遮蔽了——根本不是。另一種昏沈通常被稱做認知障礙或根本無知。這發生在心理層面，且必然是遮蔽的，因為這和本覺相反。在肉體上的疲倦，是可能不被遮蔽的。在肉體上所造成的昏沈，可能不會失去本覺的相續，反而會覺得更開放和清明，即便身體是疲倦的，且似乎是在打盹。吾人可以利用這種情況來進一步擴展本覺。這完全視你對認知本性的了解、看你如何在最初識別而定。假如那是感官的清晰，那麼當感官變得模糊時，你認為認知本性也變得模糊了。這是**辨別**之所以必要——辨別分別心和本覺、辨別感官的聰穎和本覺的明晰。

這些辨別的方法是非常重要的；否則，我們會弄錯。你在白天是醒著的，你的感官有種聰穎的特質——你如何看、聽、等等，是和肉體的狀況有關。這和身上明點的恢復彼此關連著，好讓你覺得活力充沛、活生生、和處在當下。假設你現在認定那是明性、本覺的覺醒特質，然後當你疲倦時，彷彿就像是本覺不知怎地消失了，或只剩一半。換句話說，認定本覺是肉體上感官的清明，讓你覺得當你疲倦或昏沈時，好像明的特質模糊了。這是因為對本覺最初的誤認。我們可能就相信我們需要在肉體上感官的清明裡擴展廣袤，且本覺的狀態是安住在感官的聰穎上。若是如此，每一次我們疲倦或昏沈時，「本覺」就喪失了。以這種方式來修學的人，必然會發現在死時要解脫入法身是不可能的。

空的體性有種廣袤、伴隨著一種清晰的明性，那是獨立於在感知螢幕上所發生的事情之外。本覺**不是**由來來去去的感官清明所界定的。舉例來說，當你在得到流行性感冒時，你可能注意到這種差別。你的鼻竇塞住了，你的所有感官都阻塞了，你覺得非常沈重。這是一個留意明性的好時機。不然你可能真的筋疲力盡、你的肉體能量一直往下沈——但那並不表示開闊感、主持整個狀況的氛圍，就消失了。這種清楚的空性也能夠主導昏沈，它還是在那裡；永遠不會跑到別的地方去。不管客人是瞋、昏沈、或別的事情，都是這樣。這就是為何我們必須分辨感官聰穎和本覺清明特質的原因。否則我們可能會認為：「現在我沒辦法修行，不清楚，所以不能認出。」我們可能會誤認明的特質。

當然身體好好的感覺比較好。關於這點是沒有問題的；我們的禪修狀態會覺得比較順。我們健康、活力充沛，更聰穎，整個情況有種提昇的質感。讓我再說一次這點：我們應該**不要**把這個和明性搞混，因為那就會看起來是本覺的特質倚靠感官的敏銳，不是這樣的。我們的目標應該比這更遠大些，不是朝向一種定位在肉身上的「明的特質」。現在當然在這兩者之間是有所關連，但我們應該要認定真正的明性、本覺的清明，**不是**奠基在物質上。

這是為何有時我會叫學生在本覺的狀態中，突然閉上眼睛。這是為了避免他們太過倚賴視力的清晰，過於倚賴視覺的敏銳，那**不**是明性。我們需要將覺性放進不同的情境裡去測試——偶爾坐在大太陽下、開敞的地方，偶爾坐在黑漆漆的黑暗裡，有時張開眼睛，有時閉起眼睛，用各種身體的姿勢。我們應該以這種方式來測試本覺，好讓我們變得越來越獨立於感官的清明之外。

帶著感官的肉體有特定的氣、脈、明點構造。感官經驗的顯現，是和明點有關。和腦以及最初從父、母親所得來的紅、白明點有關，只要這些都在體內運行著、保持活生生的，就有每一刻感官經驗的某種活躍或清楚特質。但那與本覺的清明特質是截然不同的。在死亡時，任何和身體的連結被中斷，但是明性卻更為本質化。明性是心的本質，而心不是物質的東西。這是為何感官經驗在死時停止，但明性卻沒有終止的原因。明的特質在死時不中斷。它持續地歷經中陰，下一生又下一生，持續地繼續下去，直到成佛為止。在全然證悟後，明性被稱做遍知，能夠見到如是的本性，並感知任何可能存在的事物。

這個明的特質在你無意識時，也不會消失，反而像是缺乏對明性的指認。假如有人用一根大棍子把你敲昏，並不是心消失了，只是你變得無意識而已；你的感官意識收縮，好像你在夜裡睡著一樣。你在早晨又再度醒過來，對吧？

當在肉身上時，分別心是明性，但這個明性經常涉入感知、下標籤的有所緣方式中，並思索著。「有所緣」表示有某種對感官輸入的倚賴。在凡夫的狀況下，不是一位資深修行者，這種倚賴是一個非常強烈的習氣。在死時，這種人有所緣的感知模式崩散，因為肉體對感官認知的支撐瓦解了。倚賴感官輸入的心，不再感覺現前的任何事物是固實的，所以就恐慌、昏厥。

只因為心是明的，不表示心就知道自身。這個明性的空性對有所緣之心來說，不見得就是明顯的，甚至在死亡時也不是。不要認為每個眾生對心性有自動的認知，就是不會這樣。與其在死時知道自身，一般人的心都是昏厥的。但這種無意識的狀態只是暫時的，不是永恆的。有些事情再度地開始出現，而且心會四處張望，注意到正在發生之事，很快地就到了投生中陰。

我想要在此介紹三個面向。一個是一切經驗的開展是因為氣、脈、明點、和心的結合。清淨和不淨的經驗，全都是基於氣在脈中運行的特定方式。當認知科學家試著理解當吾人以人身活著時，經驗是如何開展的，他們可能會看看脈和氣的某個層面——神經網絡和其傳導——但還有兩個其餘的層面。有有所緣的感知者，代表有所緣之心的運作，這是第二個要素。還有第三個要素，是這個心的本性，在這本書中被解說成體性、自性、和能力。當我們在肉身裡，一切視覺經驗都倚賴這個脈中之氣的結構，以及氣如何運行。其它感官輸入也倚賴脈和氣。當我們在溝通和講話時，當你聽到說出來的話時，這一切都發生在脈、氣流、等等的系統裡。現在請了解也有**對所有輸入的感知**，那是有所緣之心。在目前，這個感知之心似乎從感官輸入取得支持。

死亡中斷了以身體為基礎的脈和氣流，但這並不表示這個感知之心和其本性被截斷了，也不意味著這個心就證悟了。它仍然是有所緣的，但因為接收不到任何的輸入，其有所緣的感知方式就暫時擱置了。換句話說，心不像以前那樣**感覺**。感知之心聽不到任何說出來的話；也感覺不到身體的碰觸，從眼睛裡感受不到光線——這一切都停止了。這個沒有賦予形體的心——我們稱做中陰身或靈魂——清楚地不能如我們現在所做的一般去體驗這個世界。任何地方都沒有固實感。經驗感覺起來是完全不同的，但是這個有所緣之心依然在感知著。它有了心的情況，這個組成叫做意生身。再說一次，沒有賦予形體，**不**保證這個心能認出其本性，並覺醒而證悟。心只是繼續在有所緣的狀態下。機會當然是在那裡。假設這個心是一個先前有修學的修行者，他知道如何認出其自性；那麼對這顆心來說，就可能藉由認出法身而獲得真正、完全的證悟，並在法身中獲得穩定。這個可能性依然是存在的。

有所緣之心是如此習於待在肉身之中。它習慣於總是透過神經的脈和氣流來獲得輸入的訊息。當突然間，輸入的流動被切斷時，心就驚訝不已、嚇壞了、極度受創，所以就昏過去了。心關閉了一下子，通常說是幾天的時間。接著某些事情開始又發生了，類似像醒過來一樣。之後顯現的東西，是中陰的經驗，截然不同於我們一般經驗事情的樣子。

學生：假如我們本覺的經驗反反覆覆，我們要怎樣對真正的本覺獲致信心呢？

仁波切：這和我們個人的發願，以及你如何下定決心精進，密切相關。決心造成這一切的差異，因為我們的本覺就經驗上來說，的確會波動，直到我們臻至初地菩薩的果位為止。從那時起，才沒有退墮或誤入迷惑。那時的修道才是穩定、順暢的旅程。在那之前，我們會遺忘、然後又憶起，忘記，又憶起——來來回回地搖擺著。不要期望因為昨天我們被指引本覺，認出本覺的一瞥，現在就穩當了。經驗的一瞥，不會轉化所有事情，或是一路帶著我們到證悟。不會像是這樣。只有在初地菩薩的果位，你才會有真正的信心，是一種不再動搖的信心。

所以現在我們要怎樣才有信心？我們要如何真正相信覺醒的狀態？需要聚集很多的要素。一個因素是要相信你的上師和他的教授。另一個是你的了解、你自己的聰明才智，在這點上研讀更多的法教和佛學好讓你能夠在智識上決斷事情，才有道理。第三要素是創造福德，讓你提昇和往前推進。還有其它要素，一起讓你朝向正確的方向前進，並覺得更有信心。但在這個早期的階段上，現在，假如你只倚賴你自己的信心，整件事會相當不穩、來回擺盪。有時你的經驗很清楚，有時則不是。所以在這時只倚賴我們自己並不夠：我們需要別的東西。

當我們幾乎能自持的那時，稱做加行道，是在資糧道之後。當你到達見道，等於初地菩薩的果位時，你就完全獨立了。你自己的經驗，到時就是真正的本覺，再也沒有任何迷惑。從那時起，你是獨立的，在邁向佛的真正和究竟證悟上，是完全自持的。

我會給你們一個非常簡單的例子。比方說你要去夏威夷：這個稱做**心轉向法**。你在找一家旅行社，你要不是自己去那裡，就是打電話。你給出信用卡號和你的地址，說道：「給我一張機票。」這是**法成為道**。這個旅程成真：你現在手裡有了機票，但仍然不確定你就會開始旅行。情況會改變事情——你的經濟狀況、健康、家庭、情人都會影響你。你最初的願望本身還不夠，因為你還是可能被影響。即便你訂好機位，在一月一號出發，還是不能保證就成行。所以你需要做一些祈請，你得創造福德。你需要你的女朋友、你的銀行帳號、你的良好健康等等的加持。當時間到了，你坐上你的車，一路到了機場，你還是得祈請，因為你還沒有上飛機。然後你到了報到櫃臺，讓你報到，但還是沒有保證；情況還是可能有變化。現在你走在前往登機的階梯上，但就像你在電影裡看過很多次一樣，還是可能回頭。人們在最後一刻下飛機。現在他們關上機門，發動引擎，但即使到了這裡，還是不能保證。起飛才是決定的時刻。一旦你到了空中，就不可能說：「我走不了。」除非你不知怎地劫持了飛機，迫使其飛返。在起飛之後，你就不再倚賴你女朋友的准許、或是銀行的帳單、或任何東西了。你自動地前往所要去的方向，假如空中沒有大障礙的話，你就會降落在夏威夷。同樣地，一旦你抵達了初地菩薩的果位，你可能想要說：「事實上，我改變心意了，我不想要證悟了。我想要回到輪迴的迷惑中！」但太遲了。你不能回頭了。

現在，我們需要倚賴一位具德上師的教授、積聚福德、自己的決心和意志，以及許多其它因素，來邁向正確的方向。就像我們早上所唱誦的：「直至獲得證悟前，請您幫助、我皈依。」這暗示說：「一旦我到了那裡，就不再需要您了。」我們不用以負面的方式來解讀這個，但一旦你完全到達時，你就不再需要任何外在的協助，因為你自己在那裡了。

我想要說明白的重點是這個：這頗像是我們已經認出了大圓滿的見，也很像是我們在日常狀況下所經驗的大圓滿之見，但基於某些理由，我們對這點還是不太開心；我們想要別的東西。這還不夠令人滿意。我們反而想要在心中記住某個東西，一個有所緣的狀態；我們想要**做**某些事情。同時，我們想要假裝心理習氣的所作所為是大圓滿。這就是問題！

在此的進退維谷，是你誤將造作當成本覺。事實是這個誤以為的假裝，無非是另一個有所緣的狀態。所以要留意這個。我們的習氣要咬住、咀嚼**某個東西**。但在本覺裡是沒有任何東西可咀嚼的，所以念頭生起：「我希望那裡有什麼東西可以咀嚼，或許我應該培養止的平靜狀態，或可能做某些氣脈的修行、某些瑜伽，來進入某個特殊狀態，或是唸誦咒語來完成某件事。然後就大功告成了。那裡應該有某些東西可以咀嚼才對。」假如這是你的意圖——去找某個東西來咀嚼——一年可能就這樣過去，再一年，等等，然後當我們回過頭來說道：「現在我已經修了大圓滿五年了，我得到了什麼？什麼都沒有！」

大圓滿不是落入某種習性或是找某個東西來咀嚼。希望咀嚼的結果是大圓滿，只會失望透頂。某一種修學都有其結果，其自身的結果。所以希望從某個修行導致不同的結果，只會有點混淆不清。

總結來說，請了解要在本覺的狀態中極為單純和平常，是可能的。訊息是：要對其開心，知足。不要期待那會是驚奇的某個東西——不是的。你可能會想要驚人的某個東西，但嚮往某個驚人的東西，無非是欲望而已。

心的覺醒狀態是完全和複雜相反的。它不是一個炸彈，來炸掉分別心。假如本覺是一個物質體，你可以有個情況，是某個東西吹走另一個東西。不過，本覺不是這樣的。本覺不是一個爆炸，來吹走你所有的概念。它比那要溫柔許多。你可以說那是一個讓執著可以消融的氛圍。本覺不是念頭或煩惱的對治，因為那就會是一個有所緣的東西除掉另一個。不要發展出戰場的心理，認為本覺應該摧毀其對手。本覺也不是強而有力的暴風，進來粉碎任何需要被排除的東西，然後，用閃電和颶風橫掃，不知怎地把你的心轟乾淨。不像是需要某個特殊的宣告，吹著喇叭和號角，然後本覺像個國王似地走進來，或是像一位高階喇嘛浩浩蕩蕩地蒞臨。反而，本覺從你底下滲進來、從背後溜進來。事先沒有注意到，本覺已經在認出的那一刻現前了。在這種氣氛下，你每日的執著不是被一位強迫者所驅離。本覺不是你的警察，而更像是執著在其中會自然消融的氛圍。

無畏

假以時日，不管我們是否覺得自己的修行在蓬勃發展，我們都必須偶爾檢視一下自己。我們可以從某些外在的徵兆，來檢測自己的進步，正如我們可以從看到煙就猜想到火一樣。我們絕對應該進步，不然修行就沒有多大用處。自行改變並不夠——吾人可能變得更糟。我們需要以好的方式改變。

我所提及的那種改變，不一定是我們從某一天到隔天就會注意到的；在幾天之後才會比較看得見。從現在開始的三、四年後，我們應該回顧一下，看我們是什麼時候接受大圓滿法教的，並問自己：「在這段期間內，怎麼樣了？我改進了沒有？」這是重點，在於我們應該注意到過去我們曾是怎樣，和現在我們是怎樣之間的差別。岡波巴四法的第一句是這般祈願：「請賜予您的加持，讓我的心能轉向法。」這個願望早已經實現了，不然我們不會學習佛法。四法的第二項，才是我們應該期望的：不管如何我們的精神修行能變成修道，真正的道路。

有三種徵兆，顯示我們進步與否：虔誠心、悲心、和智力。這三者的出現，證明我們的佛法修行做得不錯。在這個脈絡下的智力，指的是我們對本初覺性，即是體性空、自性明、和其能力無礙的指認。是透過對這個覺性的指認和修學，虔誠心和悲心以其自然的表達而顯現。我所教導的主題，是第三個——智力或洞見，在藏文中稱做 sherab——但我希望和期盼，當我們徹底發展出智力時，虔誠心和悲心會自然地隨之而來。沒有真正的智力，是很難有真正的虔誠心和悲心的。但不管它是否真的發生，完全是個人的事。

真正的虔誠心是怎麼來的？比方說你不只認出你自心的空性，也對解脫自私煩惱之繫縛獲得某種信心。你真的確信不管是什麼煩惱，你都能夠解脫。這是你以前所不知道的某件事，所以你發現自己對這樣的發現很開心：「這是解決煩惱問題的方式！」頭一遭你成為自己和你煩惱的朋友。你不排拒煩惱，煩惱也不會搶劫或從你那邊偷東西。「沒問題！可以，任何事情都可以在我心中出現，我知道如何解脫它。」也因為這個解脫，你對自己達到一種很強的信心。這種自信帶給你一種深刻的平和與一種喜悅感。

這時，你溫和地反省你先前是怎樣的，並了悟到：「喔，好吧，我犯了相當多的錯誤，但我不會因為這樣就憎恨自己。」所以你先反省自己的過錯，同時也很開心，因為你現在知道了關鍵要點。你解除了不得安寧的憂慮，也繼續地更加修行。不知怎地你發現自己能享受煩惱，但不是以同樣老舊的自以為是方式。你心胸開闊，所以任何事情都可以出現，絕對是任何事情。假如某個煩惱有用，你就會和它一起散步，和它聊天，你運用了這個煩惱。假如某個煩惱不是那麼有用，你知道如何放下它。你掌管煩惱，而不是成為煩惱的奴隸。對任何前來的煩惱，你說道：「歡迎！」對你來說，變得非常容易和煩惱共處，因為這樣，你就不會擔憂、能自在、和喜悅。除此之外，你有很強的信心，是奠基在解脫之上。

因為這種解脫的修學，你慢慢地開始喜歡自己。你能夠真心地欣賞自己。「這個修行真的很好，我是如此幸運。我生在美國，我在輪迴中很快樂。」這時，你不知怎地喜歡待在輪迴裡。你不覺得輪迴特別負面。你視輪迴僅是一個心理的投射，你知道如何去解脫這點。待在輪迴裡不再讓你害怕，這種信心起自你對心性的指認。除此之外，你現在非常相信佛法，特別是大乘和大圓滿法教：「這些法教真的是活生生的；它們改變了我並且改變了我的心態。法教真的是太棒了！」

對這種存在方式漸增的欣賞——如此自由和自在——是透過已經修行認出心性的法教

而來的。所以，自動地，你會珍惜如何解脫的教授。這些法教是由傳承上師所傳授。你了解到以這種解脫的方式，所有的上師開悟並將之傳遞下來。以這種欣賞、這種隨喜法教的價值並相信法教，你對傳承上師的信任，會全部融入某個可被稱做虔誠心的事物裡。

虔誠心不是只是一個東西、一個單一的感覺。虔誠心是所有這些要素的總和。它主要是基於你自身的體驗，去欣賞並隨喜某個真正的事物。你已經經驗到什麼是真的，所以你會欣賞、你會信任、你會隨喜其價值。這是虔誠心：對法教感到真誠的欣喜。這種虔誠心是你不得不感覺到的某個東西。它不由自主地以一種真誠感激的感覺生起。這種虔誠心是和加持緊密相連的。

我們需要接受加持，而為了讓加持得以產生，虔誠心是必要的。沒有虔誠心，加持永遠不可能顯現。首先是有這個開放、自在的狀態，你覺得自己很好。你隨喜這種存在的方式。這真的是一種你本然狀態的感覺。由於這點，不管經歷到任何事物，都真的沒有問題，不會困擾你。感覺就像是回到家一樣——感覺很好。這是家的真正感覺，有一種安全、確定、和來自各方面都被舒適擁抱的感覺。就是這一種安樂。所以真正欣賞大圓滿法教的價值，帶來了這種信心：「沒有這種信心，我總是會被**所感知**的東西困住，就像冰一樣。現在我覺得像水一般流動著，我真的尊敬這些法教的價值！」有一種深深感謝的感覺：「能夠像這樣，多虧了佛法，感謝大圓滿。我真正的家，多虧了傳承上師的加持——法身佛普賢王如來，五方佛、金剛薩埵、極喜金剛、文殊友、師利・星哈、無垢友、蓮師、二十五弟子、和一百零八位大伏藏師，秋就・林巴、才旺・諾布、桑滇・嘉措、頂果・欽哲仁波切、祖古・烏金仁波切、紐修堪仁波切——我真的感激你們全部，多謝了！」

虔誠心讓加持能在你的心續中成熟。當虔誠心真的強烈時，會將你的心吹開。虔誠心是一種感覺，當這種強烈的感覺生起時，分別心就不能掌握住所有事情。虔誠心會襲捲一切，是完全失去了要抓取什麼，只會瓦解成碎片。現在你是真正的開放。

虔誠心是三個進步徵兆的第一個。第二個，真正的悲心，和虔誠心來自於同樣的方式：透過認出你的自性，並欣喜於知道如何解脫每個迷惑的心境。你了解迷惑出現，你了解如何解脫這個迷惑，而且你覺得在這種自由裡極為自在。這是一種非常深刻的隨喜、喜悅、和諧、和安樂的感覺。

你不害怕自己；你有一種和諧、安樂、和自由的感覺。在虔誠心中，主要的感覺是那種感激。在悲心裡，主要的感覺是一種負責的感覺：「幸虧有大圓滿法教，我才能夠解脫所有這些煩惱，這是多麼珍貴啊！其他每個眾生也都有同樣的機會，只是自己輕鬆和覺得自己什麼都很好，是不容許的。我必須做某些事，但我應該做什麼呢？所有眾生都無助地被他們的煩惱所帶走，這是如此強烈。他們不自由，我不能真的氣其他行為自私的人，只因為它們被其煩惱所襲捲。他們沒辦法自主；他們失去控制。」當你這麼想時，你**就是**慈悲的。事實上，只是這樣想，悲心就自動地出現。無可避免地，下一個你會有的感覺是：「只為了我自己的利益而自在，是不夠好的，我可以做什麼？」

你的悲心還不能夠解脫一切眾生，但是基本上是存在的。你覺得有點悲傷，同時又是喜悅的。你想要為他人的安樂負責，但你不知道要怎樣做。這是一種非常特殊的感覺。你覺得自在，但是你卻有麻煩。你覺得快樂，同時又是憂傷的。這是一種苦樂參半的感覺。這種悲心產生了一種在修行上堅持的深刻感。你注意到你的能力還沒有完全開展，但是你還是真的想要幫助別人，你**必須**幫助別人，所以你覺得有修行的必要，遠大過於以往。這樣的悲心做為大圓滿修學的成果，應該也的確會自動出現。

這種悲心的氣氛，不一定會由某個特別的人物、基於特殊理由來主導，像是：「他生病了，可憐的傢伙！」它比較像是**就是**悲心自身。你現在達到真正開展悲心的大圓滿方式：處在悲心的氛圍中。因為你生之為人和悲心是完全相同的，有著同樣的身份，你就自動是個慈悲的人，不管你做什麼，都是這種悲心的表達。慈愛的行為自然出現。而不是在心理造作的悲心，或是心理造作的虔誠心，它們的湧現或顯現，是出自於本然的狀態。

這是如何擁有強烈信心、深刻信心的方式。你有信心，是因為自私的煩惱真的消失了。當自私的煩惱消融時，再也沒有敵人；既然你沒有任何敵對者，你就可以完全地自在。你現在可以真的隨喜自己！不僅是你對自己感到開心；你也開始喜歡別人。早先可能對欣賞你岳母有某種抗拒，但現在感覺容易多了。你發現你真的喜歡她！你高興地面對那些先前似乎頗棘手、你和他們不太合得來的人。你很高興地跟他們相處。

伴隨著這種欣喜和這種自我肯定而來的，是一種漸增的責任感，想要負起責任。你開始越來越關心他人，並和他們的福祉產生關連：「這個我所發現能夠自由的潛能且具有信心，是在每個人身上都存在的。他們是怎麼搞的？我希望他們也能夠自由。他們為什麼不呢？他們有潛能，但是似乎不知道這件事。他們似乎不知道這種存在方式是可能的。」你覺得多少有點悲哀，但同時，因為你已經看到這種可能性，你也對他們能夠自由感到高興，這是一種酸甜交織的感覺，一種悲喜交集。當這種感覺開始在你身上增長時，你變得願意為了別人的安樂，而承擔更重大的責任。這種悲心是菩薩仁慈態度增長的根本。

這種基本的悲心是一種對自己的信心、對自己的欣喜、和喜歡他人的混合。它是對別人的關心，希望不再對他人轉身而去，不捨棄任何一個眾生，而是真心要別人快樂。而且還有一種稍微挫折的感覺：「為什麼別的眾生不自由呢？為什麼他們不了解呢？對這件事我應該怎麼做？我必須**做**某些事！但假如我只是告訴他們，他們似乎不會了解。」你在乎；你感到挫折和一點憂傷。但在這種憂傷裡，有某種安樂的感覺。這就像是好的辣椒粉。你喜歡它，但它辣死你，不過你還是喜歡。一種很好、很好的辣椒，讓你的舌頭受不了，但不只你的舌頭難招架，在下肚的另一頭也會有問題。你都知道這些，但你還是喜歡吃辣椒。所以這是一種混雜的感覺。一方面，你想要放棄眾生，因為他們不了解；另一方面，你不能放棄他們，因為他們**能**了解，可能性還在。他們有能力了解，就像你一樣。你在乎且想要負起責任；你想要幫忙。這種關心的慈悲態度，需要張開眼睛。它需要智慧或智力之眼，以便成為真正的悲心，以便能夠顯示解脫的法門。

當悲心和智慧不平衡時，會產生問題。對空性太過了解，卻沒有悲心，會是個問題，而沒有智慧的悲心亦然。我們都需要這三者：虔誠心、悲心、和智慧。當你有這三種特質來真正的修行，當你的悲心和信任進一步地開展時，在人們之間的衝突便減弱，而個人的問題也會有消融的傾向。

讓我舉個例子。過去幾年裡很多人問我：「我的母親和父親不喜歡佛法。我應該怎麼做，才能讓他們變成佛教徒？我應該告訴他們什麼？」不用對他們說什麼，真的，因為你的母親和父親不管你怎樣，都愛著你。修行的徵兆之一，是你會變成越來越有責任的人，不再像過去那樣狂野和叛逆。你變得越仁慈和越能掌管自己。你的雙親，當然，是一直在看著你，他們注意到不一樣。所以他們對自己說：「我過去以為他去印度和尼泊爾，只是為了吸毒，但看起來他的確是改善了。到底發生了什麼事？」然後你的雙親就會問你：「怎麼回事，你在做什麼？」這才是說話的時機，不同以往。現在你可以解釋，尊敬他們，證據就在你身上，因為你有改變。這是唯一有效說服你雙親的方式——或其他人，就這件事來說。假如你反而變得更糟糕——更敵對、更情緒化、更固執己見、也更封閉——然後你開始談佛：「佛說這個，悲心就像這樣，空性像那樣。」人們會閉上眼睛、耳朵，充耳不聞。他們永遠不會聽進去，只會說：「一派胡言！」然後走開。總之，我們需要改變自己，變得更慈悲、更有信心、更有洞見。當這些真的發生時，那你的佛法修行不錯，就有了真正的徵兆。

伴隨著虔誠心和悲心，第三個特質是智力，這是我主要想要教導的，智力在這個脈絡中，指的是不迷妄和清楚，以一種願意接納任何狀況而存在的氛圍。無論何時都這樣的話，就有一種解脫任何煩惱時刻的清明。那就是**真正的**智力，那才是我們修學應有的樣子。

假設你注意到在三、五、六年的修行之後，與其體驗到更多的虔誠心，你只變得更加有偏見，和更封閉，你對佛法的欣賞減低，與其變得更有洞見，你覺得昏沈和迷妄。與其更有悲心，你是更有侵略性、更焦躁、和自私。假如情況是這樣，你真的應該小心了。

瞬間出現的煩惱，沒什麼大不了的，因為我們的心能想到任何可能的念頭。念頭和煩惱的生起，是沒有任何限制的。有時吾人甚至會認為佛法是完全無用的，但在別的時間裡，吾人可能會認為佛法是如此美妙。任何念頭都有可能——但不過，在這一切背後，我們對精神修行是真的有價值的這一點，是非常有信心的。瞬間的念頭，真的不成問題。

假如在五、六年後，你發現你真的朝向錯誤的方向走，那麼你絕對需要向你的根本上師諮詢，不管他是誰。去找你的主要上師，或是還在世的許多偉大上師之一，去請求指點迷津。誠實地告訴他：「我出現這個和這個，我應該怎麼辦？我要如何改善？」今日你們許多的修行者都非常幸運。你們和真正的嚮導、真正的上師有緣，他們從其自己的上師處，得到了指點、法教、和口訣。直接和你的上師溝通，好讓你能夠釐清任何的誤解。假如你以正確的方式追隨上師，你就不會走錯方向。在這世界上的各個地方，也有許多的中心，佛法研習和修行的團體。利用同修的支持、和同修的聯繫，在避免錯誤修道上，也有很大的幫助。

假如這些無一能幫助你，你還是覺得自己走錯路，那麼這是放一個佛法假的時候了。就是從佛法修行中，休息一下。去坐在一間咖啡館裡，和那裡的人們聊聊天。閒聊一下、喝一點點酒，之類的。否則你只是在幫自己倒忙而已。要修行一個「精神修道」，但同時卻越來越糟——那不是毫無意義嗎？

當我們修持法教時——正確地——我們的迷惑和煩惱會穩定地減弱和消失，直到不管怎樣都沒有迷惑的經驗，直到我們獲得證悟為止。在道上的階段時，我們見到的體性空、自性明、和無礙能力，這時我們了悟其為法身、報身、和化身。這樣一來，我們覺醒成為真正、究竟的證悟，是為三身。獲得證悟表示基被完全了悟、徹底實現。在道上階段的迷惑遮蔽了基，但現在遮蔽完全被消除了，迷惑顯露為智慧。基被揭顯，這就是果。一旦你覺醒成真正、究竟的證悟，你不是只停在那裡——你為了眾生的利益又再度示現。從法身中顯現報身；從報身中顯現化身、無數無量，為了利益和指引各方向的眾生，永無止盡。

學生：我要怎樣明確地克服沾染我所有經驗的恐懼暗流？

仁波切：我相信你**能夠**無懼。現在，你不確定在你的心中會發生什麼事。事實上，在我們的心中任何事情都會發生，對這一點你還沒有準備好。你不知道什麼會到來，你不知道對任何經驗、任何出現的所顯，你要怎樣回應。所以在內心深處，你害怕你自己的經驗。所顯不會總是以正面形相出現；所顯會以任何可能的形相出現。現在請了解一切所顯的基礎是自由，因為一切所顯是從空性中顯現的。空性永遠不會說道：「他有一點點虛弱，所以不要打擾他。」空性會說：「我的工作是容納，你的工作是在任何事情中解脫。不管你讓它成為佛土或是地獄，那是你的責任。」恐懼製造出你不信任自己的障礙，所以你不想聽也拒絕去看。因為這樣你的心變得不斷封閉起來，而經驗也感覺更為侷限。這種對所顯的反應，越來越阻絕你的開放，直到最後你的一切所顯都變得冷冰冰的，你失去了果汁，你失去了開放，你失去了悲心。你完全自以為是，變得瘋狂。當你的心完全只考慮你自己和你的神經質時，要怎樣對其他人有悲心呢？這裡的關鍵是軟化你對待所顯的方式。

在和你的所顯產生關連的脈絡下，我想要提及**經驗的象徵性老師**，指的是逆境轉成朋友，且變成幫助者。如同前述，我們在生命中會遭遇到各種型態的老師：由證悟者陳述所構成的老師、現存傳承上師的老師、經驗的象徵性老師、你內在本性的究竟老師等。在此底線是：當你達到本覺，不管發生什麼事，情境都變成你的朋友。在你解脫的那一刻，一切現象——所有輪迴和涅槃的事件，一切顯現和存在的事物——生起並顯現有如舞蹈般，像是一場盛筵。二資糧——有參照點的福德資糧和超越概念的智慧資糧——都俱足了。智慧資糧是不離覺性的空性，福德資糧是讓現象的幻化能夠以各種可能的方式，無礙地開展，就像是一場盛筵、一場宴會、一個大夢。你知道如何享受這場盛筵嗎？

你現在可能至少對所顯和空性之間的關係，以及對何謂解脫和不解脫，有某種程度的了解。當你對這種關係獲致實際的經驗時，我確定你就會有一種更強的安樂感，出自於不再害怕你自己。記住，任何所顯都可能產生，因為所顯的本性是開放；經驗能夠顯現，因為其本性是空性。透過修行，你知道如何和無礙的所顯產生關連，而沒有執著。你以三種解脫的方式來面對所顯，藉此經驗到某種安樂。你的心現在是和現象和睦相處的；你不再和所顯對抗，那就是最好的安樂。你的開放、廣袤之心，邀請任何所顯前來並遊戲。你既不被困在其中，也不排拒所顯。每件事情都極為單純地發生。

無論何時你都容許這樣的開放——這基本上就是空性——萬物都是和諧的。這種不害怕自己的方式，給某種欣喜帶來空間、一種自在的感覺，這即是基本的安樂。當我們訓練自己像這般平靜、免於希望和恐懼時，就遇到兩種自然的本覺表達，我想要稱之為兩種果汁。

在這個階段，你的空性和所顯享受著良好的關係、一個好的伙伴關係。當解說本尊雙運的形相時，我們常會聽到男性是所顯，女性是空性，而其後代是大樂。這種在現象和空性之間和睦的關係，是一種完美的雙運、一個完美的結合，孕育了許多第一流的後代。這些小孩是悲心、虔誠心、對萬物本性的深刻洞見、等等。它們詮釋經驗和空性結合的幻化，以和諧、開放、廣袤的方式修行，讓虔誠心、悲心、和智力能夠自然地顯現。

空的特質的開放，就像是一位祖父，有著十分強烈的當下感，但也非常仁慈。當他的兒女和孫子們聚在一起時，因為他慈愛的感召，全都相處地如此融洽。他有讓每個人都自在、讓他們能相處的能力。當他不在場時，他們都彼此吵鬧。在他一回來的時刻，每個人都靜下來。開放就像這樣——強大但包容。

任何時候我們只要在本覺中**任其自然**，即是本性空和自性明，任何出現的，即是本覺的自然表達——虔誠心、欲望，任何事物——都是和諧的。那是真正祥和出現的時候。祥和的基礎——不就是和諧嗎？所以有了本覺，一切現象都被和諧的方式所影響。藏文的菩提心、覺醒之心，叫做 jangchub。在這裡 jang 指的是以微細而非粗重的方式，來精鍊或淨化堅硬的現象，而 chub 則是包容的特質，一種非常廣闊的氛圍、一種開闊的感覺。每個想到的個體，都被容納在這個廣袤之中；有許多空間讓一切事物生起和存在。那是菩提心的基本氛圍——一種**完全容得下**。有種基本的和諧，因為空性是透過一切現象來呈現。這樣一來，一切現象都和空性的廣闊和諧共處。當吾人真的體驗到這種廣袤的和諧時，是非常樂在其中的。

有許多修行者之歌，道出了這種喜悅。你在享受，而在享受時你不用步出心性之外。當你完全任其自然在空性和明性中，就像是突然間有了這麼多的空間。一切事物都能夠在這個廣袤之中。有眾多住宅、眾多食物、眾多車子、眾多萬物。完全容得下，而且萬物都以非常隨和的方式呈現出來，所有各種所顯都是完全的和諧。

即便萬物的身份和空性相同，在本覺的廣大之中，同一時間內，萬物也仍舊各自分明，彰顯其自身的特質，保持其自身的特性。欲望仍然被表達為欲望，虔誠心依舊是虔誠心，出離仍舊是出離，而自在也依舊是自在。沒有任何東西只因為其體性是相同的，就被混淆或是混在一起。這就像是祖父讓每個人和睦相處，但同時小孩也能夠是個體，並表達自己。另一個定義祖父特質的方式，是讓萬物都以其體性和諧共處，即是**法界體性智**。祖父的延展、其慷慨能夠包容整個家族，即是法界體性智。而任何被容納的事物，都和祖父完全和睦的事實，便是**平等性智**。

不過，小孩並不是被祖父所宰制。小孩容許以其各自的方式，自由地表達自己。某個孫子是律師，這完全沒問題；他徹底地表達其律師的特質。某個是裁縫師，這也很好，他表達他裁縫師的特質。祖父不壓抑任何一人的個別特質。這是**妙觀察智**。**成所作智**是祖父的能力不被任何方式所限制，就像整個家族都遵照他的意願，去完成任何需要被完成的事。不管那是息、增、懷、或誅的那一種，每件事都被自動地完成。這就是成所作智。

最後還有**大圓鏡智**，這表示任何時刻，在任何情況下，祖父的本願都不會失去。沒有一個孫子是以任何一種方式被迷惑，他們也沒有忘記祖父主要的意願是什麼。你可以說他的氛圍滲透到孫子們所執行的每一項活動裡。不管發生什麼事，無論是貪、瞋、虔誠心、或悲心，同時間內，其本性空的明性，永遠不會失去或被忘記，一刻也不會。這是大圓鏡智的特質，基本上不被迷惑。當情況是如此時，無論如何都沒有問題。任何所發生的，就像是賊入空屋一樣——根本沒有失去或危險的任何意義可言。

祖父自己也根本不會擔心在任何時刻所開展的任何事物。他知道只要他存在，在這個龐大、快樂的家族裡，就是和樂融融的。他不用做任何事情來強化這點。有一種自然的和諧，有許多可吃的，每個人都相處得來。孫子們不會彼此吵鬧；有許多的房間。這是自在的殊勝方式，這也被稱做大樂，是對任何所發生之事都完全自在。這是一切偉大功德增長的根本，是其開展的根源。這是非常享受的、非常喜悅的。在以這種存在方式喜悅的同時，吾人還是沒有忘記祖父的恩德。為什麼？因為空性沒被拋下。但是，不管吾人的能力是什麼，都容許被完全表露，不需要把空性的大空拋下。這是一種極為喜悅的存在方式，這是真正瑜伽士享受的東西。有許許多多道歌描述了這種境界：「這個大自在、這個大樂，啊啦啦！」偉大的上師和真正的瑜伽士從他們直接的體驗中，表達了這個大喜悅，就像是實相。

生死的兩難，是人類活在這世上最嚴肅的議題之一。但是，對一位真正的瑜伽士來說，對個人死亡的預期只是個笑話。某個不被死亡嚇倒的人，能夠非常地自在，對吧？假如你認出死亡是法身，根本沒有死這回事，那時什麼事情能打擾你？死亡只是另一個概念。死或不死——只是念頭來決定。那是可能的情況；從我個人的經驗來說並不清楚。說實話，我還是害怕死亡。但對一位真正的修行者來說，甚至沒有如毫髮般的死亡恐懼。這並不是說假裝目空一切、鎮定，「我不怕死」，而跳進一個致命危險的情境中——那只是愚不可及。死亡的時刻顯示了某人是否真是個偉大的修行者：那時你能誠實地無所畏懼嗎？那的確是我們所能想像到最艱困的現場，不是嗎？

在這一生中我們所有對這個和那個的抱怨，和面對死亡的時刻相比，是相形見絀的。東藏的修行者常說：「現在聽好，不要當個丟臉的人。你死亡那一刻說明了一切。」在面對死亡時無懼，是不用偽裝的。這可能是真的，當真正體驗到在本覺的**延續**之中，生死只不過是一個念頭的生起、消融，又有另一個念頭生起、消融的事實。這是生命和死亡的真正樣貌。我讀過過往許多偉大瑜伽士的道歌，我得到了許多的教誨。只從智識的角度一想到這點，我就反省到萬物都發生在無形體性的相續之中。某些事情展現，然後消失；

展現、消失。持續地被困在這種展現中，是我們通常所稱做的「我的人生」——是一個概念生、滅的長線，這就是吾人所認定是一生的東西。但這全是消失、消失、消失的某個東西，但是其消失在其中的環境、無形體性本身，是不受制於生和死的。它不是某個來來去去的東西。因此，生和死只是和展現與消失、展現與消失有關的事物。當我從這個角度想到這點時，即便我沒有任何個人的經驗，我覺得這可能就是那些偉大瑜伽士的意思。

當祖古・烏金仁波切往生時我在場。當紐修堪仁波切過世時，我也是幾天前就在那裡。我也目睹了許多其他修行者、上師、和一般人死亡的情形。我被請到他們的床邊，或是在他們死後去拜訪，去做法事，像是修遷識的**頗瓦法**之類的。但是像祖古・烏金仁波切或紐修堪仁波切的大師身上，有個明顯的徵相：他們完全沒有對死亡的恐懼。沒有像是「我就要死了，喔，不行，怎麼辦？」之類的焦慮，根本沒有。

我看過很多世俗之人的死亡。他們會說：「拜託，請做些事，救救我！」過去一段時間，我是札西郡社區某時期的負責人，當我在那裡時，我的秘書去世了。我到他的床邊，他說道：「仁波切，這不是我該死的時候，我不想死，我有妻子、有小孩。」他和我同年紀。他求道：「拜託，做些事，做你能做的任何事，請一些別的上師來，請他們給我任何需要的灌頂或加持。」他是如此地害怕，如此憂慮。但是沒辦法做什麼。

偉大的大師從不會說：「我就要死了，我不知道怎麼辦。」不知怎地他們知道自己的死期。他們不會做太多的準備，寫下他們的遺囑、有著各種擔憂或執著，交代「做這個，做那個」——不會像這樣。他們只是坐著。當他們死時，他們是知道地、接受地死去，彷彿他們往隔壁門去。紐修堪仁波切和祖古·烏金仁波切只是離開。他們不會對這個大驚小怪。他們不需要寫任何的信、對別人拼湊一堆細節。假如他們不知道他們行將死去，情況就會大不相同，但他們知道。對他們而言，這是如此容易。是不是這樣，當你搬家時，是件不得了的大事！單單是結帳離開飯店，就可能是很複雜的工作。當你去登山時，需要多少的準備工作，好去登山一星期？牽涉到多少的希望和恐懼？有多少件行李？但像他們這樣的大師，根本不需要準備。無論如何他們都不會小題大作。他們只是離開，就像是從一個房間走到下個房間。對這點我非常驚嘆。一開始我還在意是否有任何吉祥的徵兆，而留意著。但之後，當回想起這件事，我了解到事實上最吉祥的徵兆，是某人離去時的自在，就像是晚上的入睡，沒有一絲的焦慮或恐懼。

果汁

真正大圓滿修學本覺的覺醒狀態，有三個連續的要點：認出、培養這種力量、和獲得穩定。首先我們需要認出本覺、本身的覺醒狀態，這具備了本初覺性的三個面向：體性空、自性明、和無礙能力。實際地認出這點後，我們需要透過修學本覺的自然表達，來培養其力量。本覺不是某種不能、空洞、虛弱的狀態——根本不是。在本覺裡有無盡的根性或能力，開始要展現自己。當這種覺性狀態的能力開始散發、顯現、和表達出來時，我們必須知道這是我們自然的表達，亦即本覺的自然表達。在這種本覺特質顯現的期間，修學不要離於其空性。這就是修學。如同前述，各種的顯現都會發生。我們應該和任何生起的事物都保持絕對的和諧，好讓任何發生事物的相續，都是本覺的狀態。

我也提到各種本覺的表達，如何在本性上皆是相同的，但還是能夠各自地表達其自身的特質。他們和本覺和睦共處，也能夠實現其特殊的功能。現在我想要更仔細地談論本覺自然表達的兩種果汁。這兩種果汁是非常重要的。第一種牌子是虔誠心、柳橙汁。第二種牌子、悲心，是蘋果汁。我們不能沒有這兩種果汁。

在虔誠心和加持之間有特定的關連。加持是一種根性，當情況對時，就遍佈整個人。就像凡事都有其自身的內在根性，在開悟的狀態裡，也有特定的根性。當任何人其內在本性實現之時，這個根性就會現前。反之亦然：在某人身上也有類似負面的根性，徹底、持續地薰習對自身本性的無知，持續地涉入要不是貪執、敵意，就是封閉。這種「加持」我們早已知道了。

祖古・烏金仁波切常給的加持例子，就是自然地像陽光一樣，太陽的光芒只是照耀著。但假如一個洞穴的出口，恰好面向北方，或是以某種方式封起來的話，陽光就照不進來。不管幾世紀過去了，太陽還是沒機會除去面北洞穴的黑暗。為什麼太陽不能去除洞穴的黑暗呢？這不是太陽的錯——是洞穴座向的問題。同樣地，一切諸佛和菩薩、證悟的傳承上師，僅是由於他們存在的狀態便有無量的加持——這是由佛教「科學家」所嘗試與證明的事實。無數的修行者以其個人的「實驗」將這件事付諸試驗，並發現到，沒錯，有這樣的加持可領受，是透過直指口訣來了悟的。成千上百的這些佛教科學家，藉由修學他們透過直指口訣所認出的東西，而獲得解脫。

在此有一個關於加持和虔誠心之間關係的隱喻：某人得了感冒或流行性感冒，會老是打噴嚏，而坐在附近的人，可能也會被感染到。這就好像諸佛菩薩一直在對我們打噴嚏，傳播證悟的病菌。但假如我們我執的硬繭執行其百分之百的免疫力，他們可能打了長達二十四小時的噴嚏，但我們還是不會感冒。我執的殼是如此地強韌、如此堅固，以致於沒有任何方法可以讓加持進入。虔誠心是讓這個免疫系統下降的東西。虔誠心減低了自我的防衛。

我想要補充道，虔誠心在這個脈絡裡，不是某個東西而是許多不同元素的組合。它也不只是一種感覺。比方說你正安住在入定中、安住在無二覺性的體性中。你以一種非常和諧的方式禪坐著。你完全沒有問題，完全自在，以一種徹底不迷惑的欣喜方式，以自明覺性來感知一切事物。不管情況如何，都被清楚地感知到。在這種狀態下，來去可以自由地發生。這是非常廣闊的，也有一種很好的感覺，對處在這種方式下非常欣喜，但卻不沈浸或湮沒在覺得好的狀況裡。有一種對你存在方式是如此自在的欣賞，但這種欣賞卻不是愚蠢、不是想像著某個不真實的東西。這更像是真的認出你實際的樣貌，你真正的身份為何，你以這種方式來欣賞自己。而眼前存在的智力，能看到你真正樣貌的智力，也是以一種有信心的方式被欣賞著。因為你知道如何讓任何出現的情緒，能自然地消融，你覺得完全不害怕。當然肉體可能還是會有麻煩，但在心理上你是完全沒問題，不害怕任何可能出現的事物。

在心理的層面上，不管可能是多麼複雜的情況，可能是多麼大的麻煩要面對，都沒什麼大不了，因為你知道如何處理。這樣的了解是比你過去所知道的任何東西，都要來的更偉大、更深奧。在這個感覺裡融合了許多的元素，但主要是一種真正欣賞的感覺，因為你了解以這種方式修學的價值。這是對大圓滿口訣的應用，讓你能夠是這樣，於是你認為大圓滿口訣是不可思議地珍貴：「嘿！現在我了解到它們的價值了。但是大圓滿口訣並沒有指引一個新的狀態。它們只是揭顯並認出實相、即什麼是我本性的法門而已。現在我清楚地看到了。我真的尊重其價值。多謝了，大圓滿法教！」是這種的感激。這也是我們如何去信任法教。這是真正的虔誠心、真正的信仰。

對我們來說會變得非常清楚：「這個經驗從普賢王如來所傳下，透過傳承上師傳至今日。上師們將其活生生、新鮮地保存著，所以我也是一樣，在這個長長的傳承法脈受法這一端，能夠以我自身的經驗來嚐試。我只了悟到一點點；想想一位開悟上師體驗到的不知有多少！我真的感激他們如何活生生地保存這個了悟並傳承下來。我非常地感謝這點！這個經由上師的傳承，是某個真正特殊的東西。我深深地感激它！我能夠免於自身基本存在的迷惑、對什麼是什麼的迷惑、和寧可追求一個如幻的目標或朝向錯誤方向的迷惑。我知道如何前進，我真的感激這點！」

這種感覺是一種欣喜、廣闊、感激、覺得自己不錯的感覺。這是以虔誠心和迴向，對口訣的一種信任。這不是愚昧地信任：這是基於你的自身經驗、沒有染污。這不是一種陶醉在虔誠心之中的感覺，而是一種真誠、有智慧的感激。但是，不管吾人多麼地感激，都不會失去對空性的線索；同時有一種對整件事完全自在的感覺。當這一切都聚集在一起時，我們稱之為虔誠心。當這種感覺十分強烈時，就再也沒有任何空間給我執了：經理，即總是宣稱所有權的自我，就徹底崩解了。至少有一下子，我執是消散的。這時諸佛和證悟上師的加持，能夠進入你心續的空隙。

事實上，加持並不屬於某些上師。加持自然地存在著。加持只發生在內在本性實現的那一刻，它不像我們向傳承上師祈請，他們多少有點為此而高興，或當我們忘記而沒有這麼做時，他們就不高興。根本和這個無關。在我們心中的虔誠心，能在我們身上造成不同的影響。透過虔誠心，我們得以讓加持產生。假如你根本不關心自己，那麼這就不那麼重要，但假如你珍惜你自身的安樂，假如你想要對你自己好，那麼就開展更多的虔誠心。

諸佛和傳承上師並不需要你的虔誠心——這絕對對他們沒有差別。假如有差別，假如有位佛，因為你的虔誠心而感到快樂，因為你缺乏虔誠心而不快樂，那就不是佛，因為佛是某個已經離於我執的人。佛是透過開悟而解脫，那表示對自我的無明概念的任何基礎，都完全地消失了。某人認為他或她是虔誠心的焦點，因為有虔誠心而開心或因為沒有虔誠心而不悅，絕對是沒有證悟的。

假如你對某個佛不高興或有敵意，佛會有同理心和悲心。假如你愛祂並向祂祈請，祂也會有同理心和悲心。假如你敲打佛的塑像或在佛像上放糞便、或砍下佛像的一隻腿等等，祂只會覺得同理心和悲心。毫無差別。不是佛會想著：「嗚，他傷害我。」在西藏這麼多的寺院被燒成平地；佛經被摧毀；佛像被毀掉。但諸佛菩薩，從祂們的觀點看來，只有同理心和悲心。祂們只是感知到這些人不能自主，他們被其自身的煩惱和念頭所帶走，是多麼可悲啊！

在深心、真誠的虔誠心裡，分別心碎成碎片，對主體和客體的維持也分崩離析。這並不表示我們應該或多或少沈浸在虔誠心中，品嚐其滋味或樂過頭。反而，我們應該體驗虔誠心，但不失去對心性的指認。在虔誠心的時刻，據說：「在愛的時刻裡，空性裸然顯露。」換句話說，在虔誠心裡要認出心性是容易許多。所以當我們快要失去心性時，假如我們運用虔誠心，是更容易再認出心性的。

將這點和上師瑜伽或上師儀軌結合，真誠地向你的上師祈請，讓你的心和上師的心融合在一起。在修行的結尾時，你想像上師的證悟之心，和你自身心的狀態互融，然後你只是任其自然地處在這個無別、覺醒之心中。讓分別心消融，並像這樣地維持入定，而在虔誠心中。假如你將自心放進上師之心中，會怎樣？你會得到加持。

當然假如你是某個在覺醒狀態的感覺中，只能做你自己的人，不倚靠任何事物，且藉由你自己的根性而完全解脫，也無妨。但假如你發現這不是一直都那麼容易，那麼或許利用上師瑜伽的架構，觀想一切諸佛菩薩融入你的主要上師、你的根本上師，你也隨之將上師融入自身，會是個好辦法。讓你的心和上師之心相融。然後某些覺醒狀態的滋潤會浸透你，才有可能。通常我會說有一點奇蹟是必要的。這是奇蹟出現的時刻。

假如你只是在智識上分析又分析，你是不能修學大圓滿禪定的，因為你無法放下概念之心。透過加持，產生了在放下後，進入上師之心和你自心無別的狀態，而你能夠放下智識化的禪定狀態。這樣一來，上師瑜伽就極為有用。

虔誠心來自於你自身對法教的經驗，藉此你獲得更為深刻的感激和信任。透過這種信任，你能夠領受更多的加持；透過加持，你能夠加深你的經驗，獲得更多的感激和信心，所以這會繼續、繼續下去。

西方人常想著：「這很好。」當他們首次聽到加持和虔誠心時。然後幾天之後，他們開始質疑：「這真的需要嗎？我不知道。」當我遇到人們時，常相信他們了解虔誠心和加持的需求。但當我在幾個月後再次遇到他們時，我就不確定他們真的了解與否了。這是個很困難的點，單是智力並不夠，這需要伴隨著其他要素才能奏效。悲心也是同樣的，這和我剛剛所解說的虔誠心，有著相同的基礎。除此之外，在悲心上有一種負責的感覺，覺得有責任。

要獲得對本覺的穩定，我們需要在自己的心續上，生起真正的菩提心。為了要有真誠、真實的菩提心，需要空性經驗的依持，因為空性揭顯了我們的本然狀態。真正的悲心，出現在對我們本然狀態的指認。我們必須是慈悲的。為了要慈悲，我們需要認出我們的本然狀態。也有一種不知道本然狀態而慈悲的方式，但那不是究竟意義的悲心。

我們總是有些悲心，雖然那可能不是完美的型態。任何眾生的本性是慈悲的；沒有人是完全、徹底的鐵石心腸。這就是不可能。即便某個殺了很多其他眾生的人，可能有妻子、小孩，或是某個心愛的人。對任何眾生來說，不可能完全沒有悲心和愛心。《寶性論》告訴我們，一切眾生皆有佛性的證明之一，是其自然根性是慈悲的。每個眾生偶爾都會透露出這種自然的同理心，這證明了每個眾生都有佛性。

每個人偶爾都是慈悲的，但是在這個同理心如何顯示上，卻大有不同。有時可能是有分別的悲心，有時只是百分之五、或百分之二、或百分之一，或甚至是一丁點。依然，偶爾還是不得不顯示一下悲心。這和我在這裡所講的，不是同一類的悲心。這裡我所說的是百分之百的悲心，悲心的**全部**。對我們來說，這還沒有完全顯現。目前我們所擁有的，是這個的基礎，百分之百的完全悲心能夠增長的根本。傳統上所說的三種悲心之中——以眾生為焦點的悲心、以真理為焦點的悲心、和無論如何都沒有焦點的悲心——我在這裡所教導的，像是第二種和第三種的混合。

我們需要**是**慈悲的、要這樣做，我們的身份是悲心本身。當悲心浸透整個人，就像在我們身上到處都是果汁，於是不管我們碰到什麼，不管我們怎樣表達自己，都變成一種慈悲的方式。假如你變成煤炭，不管你擦到什麼，都會有個黑印。同樣地，當你**是**慈悲時，你表達自己的每個方式，都變成是顯示悲心的方式。你的整個人，都變成了悲心本身。

以一公斤的真金、純金為例，不管它屬於誰；它無論是在國王或乞丐的手中，都仍舊有著純金的價值。不管它在哪裡，價值都保持不變。同樣地，**成為**悲心表示在任何情況下，其價值都存在著。會一直顯示自身是慈悲的。

不像有條件的悲心，被某個特殊環境或人所主導，真正的悲心是被輪迴的染污機制所主導，它是一種對染污的慈悲感覺。讓這個悲心生起，並真誠地表達自身，讓我們自動地感覺到完全地自在。我們覺得放鬆、勇敢、有勇氣、和不自私。這不是只為了**我**——反而，有一種對他人的深深關懷，一種有責任的感覺。沒有人要求你，但你還是覺得對他人的福祉有責任。這是非常珍貴的事。

要相信某人是大圓滿行者，卻對虔誠心和悲心毫不在意，認為這些特質無關緊要，肯定是個錯誤的修道。這是「乾的大圓滿」，沒有果汁，沒有奶油，沒有滋潤的東西。你站在一個高海拔的地方，那裡每樣東西都非常乾燥。或甚至更糟，你不在乎任何事情。事實上，一切錯誤的特性都從其中滋生。對別人毫無感覺，因為每件事情都是空的。「我得要有平靜，啊，現在平靜在那裡，我得要放鬆，啊，很好。」或是「我有這種情緒化禪修的問題；我得治好。」或是「我需要在輪迴中過好日子。我做大圓滿的修行，因為有某些空隙我可以逃去。」假如某人是這種修行者，那不是大圓滿。我保證是這樣。

當我們進步地修行時，會發現自動地有越來越多的果汁。那當然是最好的狀況。但當不是這麼自然地發生時，那我們就應該運用某些法門。我們可以讀讀啟發性的書籍，接受更進一步的法教，或是利用一個可以激發虔誠心感覺的修行。悲心亦然：和大圓滿一起修持時，我們利用別的法門，直到這一切都自行產生為止。舉例來說，讀寂天菩薩的《入菩薩行論》，想想其他眾生，並試著一再一再地改進你的發心，直到悲心更自然地到來。當你覺得一種真正真誠的虔誠心和悲心時，就會認出本覺。當本覺的相續，充滿了虔誠心和悲心的果汁時，你就到達了非常好的層級。這時，你的禪修就不會有錯。我稍後會針對這點再多做說明。

加持也對本覺的釐清有幫助。加持有許多的利益，我相信你們能夠了解這些。你們是聰明、受良好教育的人。每個國家的人，都有某些力量和某些弱點。在西方，人們是受好教育和聰明的，他們也願意持之以恆，至少到某個程度。他們可能是真的有興趣，通常在一開始，但這個興趣在一陣子過後，就逐漸消褪，因為面對煩惱狀態是個困難、但卻不是不可能的工作。當吾人修學地越來越深時，煩惱就變得較不強烈，而吾人就能更順利地進步。但不要放棄，也不要太過沒有感覺，是很重要的。這相當重要。我們應該確定自己不要失去和**有悲心**的聯繫，並有虔誠心的感覺。事實上，這不只是西方人的問題，也不只是佛法修行人的問題；這是所有精神修行者的危機。

另一個重要的要點是這個：不要認為口訣是個人的財產，或任何經驗或開悟是**我的**。反而，要把它們當成是被用來幫忙的某個東西。我們培養精神的特質，好讓我們能夠像是診所，提供別的眾生需要的任何東西；而不是在我們的祥和感周遭，劃下界線並孤立自己。這是另一種危機，對某些修行者來說，他們越老，就越自私，不一定是對物質的東西，而是關於**我私人空間**和**我的平靜**。要小心這種心態！「我在禪修，不要吵我。」當然，試著獨處，是初學的一種方式，但之後你可能變得有點太過於刻板，覺得：「任何干擾我的東西都是不好的，因為我在做好的事，你對我負面是很不公平的，因為我正在做好的事情。」這迥異於悲心的散發。每件事都干擾你，那悲心在哪裡？悲心滅少，早先，你還有的果汁。當你開始時，在你的眼睛裡還有某些果汁，某些水分、某些滋潤。你失去這些。

我不是說這出現在每個人身上；這只是要小心的某件事。在指導手冊中，提到許多次。有一個待在高山洞窟裡禪修者，和別的洞窟裡的禪修者打架的故事。真的，會出現這種事。他們為一些小事而爭吵，像是「他在我前頭搖鈴，不是在之後。」對此的主要預防措施，便是菩提心，能避免一切的問題。

同樣地，當你深深地被悲心所激發時，不會難以修行或對修行感到厭倦。「我累了」只是一個念頭，一種態度。你先相信你累了，然後就覺得累了。你讓你自己疲累，然後你變得真的疲累。但是是概念讓你疲累。你知道這點：不管白天或晚上都不要緊——假如深深地被激發，不管是多龐大的工作，都不會讓人覺得疲累。是不是這樣？

一旦你是悲心本身，這有別於追求悲心：「我需要悲心，所以我得找尋悲心，並得到悲心。」智慧與佛也是如此。並不是佛有智慧，根本不是。佛純粹**是**智慧，**是**本初覺性。這不是當你是慈悲時，「我」的感覺還在那裡，這個「我」已經不見了，有的只是悲心。悲心已經變成你，只會已經變成了你。

以虔誠心和悲心來進步，得保持本覺為你修行的核心，並讓本覺得以表達為虔誠心和悲心。你現在發現到這些本覺自然的表達，會越來越開展其力量。像這樣地修行，讓我們不可思議地快速進步，且特別有效地摧毀染污的惡機制。當你像這樣地修學體性和表達——體性是本覺且表達是菩提心——就沒有迷惑的根源。沒有煩惱或念頭可以從任何地方冒出來，除了不能認出體性並被困在其表達之外。迷惑的根源無非就是這個：失去對體性的指認，並過於涉入其表達。當體性沒有被忘卻而被認出是本覺，且你沒有迷失在其表達之中而認出其是本覺的自然表達時，就沒有迷惑可以開展的根源。

現在你了解到，下一步是什麼？修行！這是還缺少的要素。其它一切都具備了。

在這三要點——見、修、行——之中，行指的是解脫的方法，如何解脫。對念頭來說最好的情況是，要不是現起即解脫、自然解脫，就是離於利弊的解脫，好讓見的相續不會被念頭的出現所截斷。這是必要的！但假若不是這樣，假如我們真的散逸了——好比說我們偶爾從本覺的相續中散逸——那麼我們就需要概念性地提醒自己：「嘿，認出心性！」這就像是再敲一次小鑼的隱喻。然後放下。當我們再度忘記時——就再敲一次鑼。這是我們生命的課題。

到了某一點時，相續自然地延續地更久些，到最後變得相當長久。坦白講，不是相續變長，而是迷惑的期間變短了。本覺本身不是某個可以增長或減弱的東西；它是超越了一切生滅的。但那個障蔽的東西——俱生無明和概念化無明——會減少；迷惑的期間會減低。當我們繼續修學，有一天我們會發現自己完全證悟了。那時，假如你懷疑你證悟與否，可以打電話給我。我有那個特殊的測試給你，不管我在世界上的何處，都可以提醒你。但假如你自己知道你完全證悟了，那很好，沒問題。先去到淨土，和佛握手、寒暄，看看四周，再回頭下望這個世界，然後注意到：「喔，不行，措尼仁波切還在輪迴裡，多可悲！他還在加州的修院傳法，他還是迷惑的。我最好回去幫忙。」

那時，請馬上回來。不要待在淨土，跟所有的勇父、空行享樂。不要只是在那裡閒晃，放出一個化身、兩個、三個——任何需要幫助的，請幫忙。幫幫措尼仁波切，假如他需要的話；幫助任何需要幫助的人。讓你為了眾生福祉的事業永不間斷。事實上，究竟證悟不是在淨土逍遙——根本不是。完全覺醒的狀態是為了眾生的利益，其事業永不間斷且永無止盡。以蓮師為例，同時有一百億的化身，以各種形相示現。不只是人類——也有昆蟲，或各種動物和其他眾生，或無生命的物體，以無窮的方式化現。也不只是在這個世界上。釋迦牟尼佛提到我們的世界和其他許多有眾生之處的差別，就像是一個指甲上的一點灰塵，與全身相比一樣。到處都有眾生，同樣地，所有這些地方都有化身。

當你以在這裡所解說的方式修學時，你可能在某個時刻有這個想法：「我不能獲得證悟，我拒絕證得佛果。」但是這個程序已經啟動，所以你仍然會覺醒。事實上，在某一點之後，你要阻止這個程序已無能為力；這是無可避免的。一旦你完全開展並圓滿本覺的力量，就有一個階段，是一切散逸的客體都融入**法性**中，融入無所緣的本性中。任何可以吸引你的注意力，讓你離開本覺的事物，現在都自動地被認出是本覺自身的表達。無論如何都不再有任何東西會導致散逸。這是佛果、究竟證悟的狀態，是基被了悟為果的時刻。過去的基，現在成為事實，不再隱藏起來，這本身就是果。三身被完全地了悟，亦即空性被了悟為**實際的**法身、明性被了悟為**實際的**報身、無礙能力被了悟為**實際的**化身。這是三身在完全證悟之佛果的狀態。

學生：究竟俱生上師是空性的表達嗎？

仁波切：講到「任何所見者，皆是上師的形相或本尊的形相。」真正的意思是，心不執著於事物是具體和真實的。反而，客體和事件都僅是得以開展為幻相，就像夢中的場景一般。這個的發生，被視為是認出究竟俱生上師的一種表達。當實際認出這點時，有柱子、牆壁、天花板等等的現實，毫無障礙；這個明顯的堅實不會傷害任何事。對這些是具體或真實，沒有任何的執取，就不會製造出任何的羈絆或束縛。這是帝洛巴著名偈語的意義：「兒啊，概念不會羈絆，是執著所致；所以斬斷你的執著，那洛巴！」

當執著被截斷時，之後任何所出現者——色、聲、香、味、或觸——都可以說是空性的表達。講到「任何所聽聞者，皆是證悟之音」並不表示我們聾了。還是有聽聞，但是你不執著於這個聽聞；你不執取聲音是**別的東西**。你是以更自由、更寬闊的方式經驗到聲音，這時，我們可以名正言順地說一切聲音是上師的聲音，心的活動是本初覺性、證悟之心的幻化。在認出本覺的時刻，念頭從我們本性生起，並融入回到我們的本性之中。這自然地發生，因為沒有執著。

口訣解說了到達這個層次的方式。但是必須正確地應用口訣，而這只可能是在我們與一位具德上師有所關連之後。信任和虔誠心是在這個混合之中不可或缺的要素。虔誠心是最高品質的愛。當人們彼此相愛時，他們是如此開放、如此高興地在一起，以致於他們日常的煩惱全都煙消雲散。當一個男人和一個女人真心相愛時，平常的分離感會消融，所以他們再也不覺得是兩個人，而更像是合為一體。在徹底相愛的時刻，日常的概念會消失或融化，所以他們無論如何對自心都沒有強烈的執持。吾人像是迷失在愛中，完全地開放。不幸地，因為在男人和女人之間愛的對象，只是一個凡夫，遲早都會是輪迴導向的結果，不能比這個更遠大些。

當這個愛被引向上師——認出心性口訣的根源——與這些法教時，則是截然不同的情況。全然虔誠心的時刻，會讓念頭減弱，所以你的心不再被包裹在世俗概念的殼裡。這時，就有了認出本覺的強烈可能性。假如你已經接受了如何認出本性的口訣，可能性是存在的：已經被披露、被開放，以致於覺醒的自明狀態可以被完全認出。這是虔誠心的道理。

你們大多數都有某種愛的經驗。當你在青少年時談戀愛，是不是愛得很強烈？青少年的愛是最強烈的愛。男孩和女孩**真的**是愛上了，他們是如此地相愛，只消彼此對看一眼，不用太多的世俗概念，整個世界就消失了。甚至沒有我或妳的概念；只要看入彼此的眼睛，他們就融入一個經驗中，沈迷於其中。其它的念頭都消失了。這就像是混合，一起溶入了一味裡，這真的感覺很好。因為愛，你變得如此開放，以致於沒有了希望或恐懼。因為感受愛，使經驗開放，於是你們真心相愛，你們真的開誠佈公，沒有任何心機，你們誠實地、開放地、真誠地彼此交談，沒有耍任何的心機。這只是一個例子，可以嗎？

在精神意義上的虔誠心，是類似這樣的某個東西，但不盡然相同。愛的客體是不一樣的。在此的客體是什麼？愛的感覺來自對真相的信心，使迷惑得以解脫，所以基本上是一種佛法之愛。虔誠心的感覺，非常近似真愛。過去的上師寫下了許多關於這點的情歌，一個是《遙呼上師》。這是不一樣的情歌，有別於世俗的類型，你唱著：「我愛細看你的眼睛；我無法忍受和你分離，一刻也不行；我得一直和你在一起。」不是這一類的情歌，這更像是欣賞如何消解迷惑且了悟的價值，「若沒有這個了知，我是迷失的。」這是對何者是真正的、何者是真實的愛。

拿一首你在聽的情歌，探究一下它到底在講什麼。基本上是和誠實地講出你對另一個人的感覺有關——某件事對你的意義有多少、你的心境怎樣、你真正想要的東西、你追求的東西。同樣地，《遙呼上師》就像是首情歌，它像是某個在歐洲的人，寫給在美國的愛人，說道：「我多麼想念你，我獨自在這裡是多麼地難過。」在《遙呼上師》中，你就是一偈接著一偈地唱著：「在輪迴中生存，是多麼地難過，對於我真正想要的又如此迷惑，我正想著您，請賜予您的加持，您為什麼不立即幫助我，沒有證悟是如此困難，像這樣被染污。」當唱誦著《遙呼上師》時，你必須完全地開放；你不隱瞞任何東西。你是從一個完全顯露你如何感覺的狀態中唱出，百分之百。在這首歌裡，沒有隱瞞的任何迷妄。一切事物都被敞開；你將自己揭露到筋骨。在這種開放裡，你可以接受到加持。

當你早上起床時，唱誦情歌，以徹底的真誠呼喚上師。假如你哭了，哭了，沒問題，但無論如何唱誦著。然後當你的心，與其如此拘限，開始越來越鬆開，而讓皮殼、概念的裹覆，就此脫落。在這種開放的心的狀態裡，領受加持並讓本初覺性的了悟開展。

這是虔誠心的整個目的所在：解除心的僵硬。自我的心態是如此刻板，如此牽繫在自身上。虔誠心能徹底鬆解它，這是一個必要的過程。大多數的宗教，不僅是佛教，都教導虔誠心是一種打開吾人心胸的方法。

虔誠心對在佛教中被教養長大的亞洲人來說，非常自然地出現。我沒有說這是好或壞；這就是這個樣子。但對來自於世界上其他地方的人們來說，這種虔誠心的感覺，可能不太容易出現。除此之外，吾人可能會認為：「這實在是不那麼重要，我很機伶，我受過良好的教育，我非常聰明——我能夠靠我自己的智力，了悟心的本性。」以這種態度，不是那麼容易就能夠獲得了悟。不管我們喜歡與否，虔誠心是必要的。之所以必要，是因為虔誠心幫助我們從內心深處敞開胸懷。藉由積聚福德也能敞開胸懷。所以我們結合了福德與虔誠心感覺，與了知關鍵口訣的智力。只有智力是不夠的：我們需要智力跟虔誠心與福德。在這三者之間有特定的關連。

信任是揭顯那不太明顯者的法門。有兩種信任，一種是我們以某種方式修學自心，而至信任；另一種只是我們對某件事情自動地信任，沒有經過任何一種的修學。在佛教中都教導了這兩種信任，而這兩者都非常重要。讓我們認定我們已修學了第一種信任：在此脈絡中，我指的是第二種，自動信任的感覺。當自動信任加深並增長地更為強烈些時，我們稱之為虔誠心。因此，虔誠心是奠基在信任之上，而信任是奠基在個人的經驗上。這種信任來自於思惟俱生覺性，那是我的上師為我直指而出的。這是解脫輪迴之因的根本——我執——的東西。我執是奠基在對二元的執取，而這個執取可被完全地消融。換句話說，藉由經驗這個俱生覺性，我能夠徹底離於輪迴的三界。多美好，多美妙啊！

了知這點帶來了肯定。而這個肯定是本覺的表達；這是本覺如何揭顯自身。這個信心的身份、這個肯定，是和本覺無別；它們是同一個身份。在禪定狀態之後的休息時間裡，我們可以回顧一下這個經驗，並感覺到一種甚至更為強烈的確定感。像這樣地思惟，我們了悟到在本覺狀態下的這些入定時分，真的可以截斷輪迴的迷妄；真的有效。我們會覺得完全確定這點。這種強烈的信心，就是讓我們信任的東西，且從這種信任裡，我們擁有虔誠心。

讓我們唱誦《遙呼上師》。**【唱誦】**

待在定中一會兒。**【仁波切敲鈴】**

在觀想上師的心境和我們的自心不可分之後，將你的心和上師相融在本覺的狀態中。一般來說，有兩種上師：約定俗成的象徵性上師和究竟的俱生上師。世俗諦的上師是肉身的，是我們領受皈依戒或菩薩戒的上師，是對我們解說佛法並為我們灌頂進入金剛乘的上師，是我們接受直指口訣的上師。這是我們用自己的肉眼所見到的上師，他是由五蘊所組成，是我們祈請文針對的人身，我們可以直接和上師溝通。

究竟的俱生上師是上師心的本性，完全俱足了一切本初覺性的功德。無論如何我們的自性和他的都沒有不同，既非在大小上，也非在功德上。在我們自己的經驗上見到這點，裸露我們心的本性、本覺的狀態、俱生**法性**，不管我們用什麼字——要完全地、實際地了悟這個，就叫做**了悟究竟俱生上師**。

第三部份

點心

閉關

佛教，當應用於修行上時，可概述為**三勝學**——殊勝戒、定、慧的修學。我想要說明一下我們如何使用這三學做為閉關的基礎。藏文的閉關，是 tsam，意指一個結界。開始閉關，字面上的意思是劃出界線。劃上這個結界的經驗，可以定義為三個層面：外、內、和密。我們常在一般佛教法教上發現這些區別，特別是在金剛乘裡，經常有三個層面或更多——外、內、密、最密、和究竟。請不要有這種心態，認為外是較劣等的，內是稍微好些，而密是真正特殊的。這些區別並沒有指出特質上的差別，反而是指微細度上的差別。外的層面指的是對任何人立即明顯可見的事物，之後，有某些事情是有些隱密的，這不是刻意地隱瞞任何人；只是自然地無法見到。當我們越發熟悉這個可見的層面時，就會對我們顯露出有另一個層面，在那之後我們終於發現還有另一個層面。這就是事物自然的樣子；請不要認為某個層面多少比另一個要好些。

閉關的外層面，和**勝戒的修學**相關。佛陀講到第一學時，是用這幾個字：「戒的意義是像地球本身，它是一切善德增長的基礎。」戒必須是和傳統上所謂的四根本戒[2]和支分戒有關。假如我們能持守這些，是很好的。

我們的行為和如何說話，也應該包含在身和語的戒之中。在西藏系統裡對禪修者的第一條基本告誡，是確定你的身體待在禪座上。其次，你的身體應該是放鬆的。第三，你的心應該在你的身上，放鬆但卻不太過於放鬆，就像是我們真的很疲倦時，伸展而放鬆。在此有一種自足的感覺和挺直，就像是一個茶杯放在桌子上直立一般──它是穩當和純粹**在那兒**，是放鬆但不刻板的。你沒有迷醉在放鬆裡，而是同時非常處在當下的。通常人們不了解放鬆和當下之間這種重要的平衡。有些人越禪修，就越緊張，而其他人則強調過於放鬆，就變得越愚笨。在形體上我們的身體應該要非常放鬆和自在，同時我們的意識也應該是清楚和清醒的。據說：「當正確的情況安排在身上時，了悟就會發生在心上。」

戒表示保持某些行為的規範，同時是身體的和語言的。藉著閉關和藉著修學小心與謹慎，我們不殺害任何東西，或試著不要去做。我們不盜取任何人的所有物，也不從事邪淫。在我們的語言上，避免說謊、兩舌、惡口、和綺語。持守這些，便是我所謂的外閉關。

---

2 指殺、盜、淫、和誑。

一個閉關處應該是相當遠離其他人類的居住地，至少一公里半的距離。在閉關中，最好是保持禁語。一整天不說話，出乎意料地會空出許多時間來。這表示我們有更多的閒暇可修持，而且會更放鬆。相當多的談話，是和翻攪起若非貪就是瞋的感覺有關；浪費了許多時間在這上面。在禁語時，反而是把時間花在修行上。另一個重點是閒扯會消散了語言、咒語的能量和力量；毫無意義的談話，擾亂了別人的心；第三，它製造了吾人自心的念頭。

閉關的內層面，和**勝定的修學**有關，是內聚且不被困在外在所發生的事情上。它也必須是和我們自己的念頭有關：因為保持正念，而有某種心的當下感。身體是放鬆的且坐在禪座上，我們的心是入定的，表示不持續地涉入別的某些事情，只是純粹地在當下。現在心是自主的，不是某個其他個體來命令我們的注意力。這是止修學的一切內涵：處在當下。

內閉關是放棄多餘的活動，你藉由杜絕說話與杜絕執行其它世俗活動，來完成這點。當你注意某件事，然後保持在這上面，取代了讓你的注意力飄散到其它各種事物上。穩固地聚焦在那時你所關注的任何事物上。保持你的注意力，就像是釘在草地上的橛一樣——就只是待在那裡。要不散逸。定的修學是獨立的，而不是被情況所操縱。與其讓你的注意力毫無目的地遊蕩，不如讓它自主。我們透過勝定的修學所培養出的不動搖特質，是非常珍貴和重要的。

現在我們談到了密閉關，**勝慧的修學**，有時也稱做「離於取捨」。你承認在一切經驗中有一種遍佈的感覺。這個密閉關事實上表示根本沒有任何結界，因為它遍佈於每個情境。你認出了超越有時持守、有時放下的本性。讓我們直接了當地說，因為密閉關是最緊要的；它是萬物成或敗的關鍵。我們必須以有結果的方式來使其產生。外和內閉關，是用來創造讓密閉關出現的因緣。

密閉關是關於劃下界線，好讓分別念、即將把感知者和被感知者概念化的念頭，融入我們的俱生本性中。當我們的分別念融入**法性**時，就不再有任何保持或逾越的界線。這是密閉關的意義。我們變得能夠讓發生在我們經驗上的一切事物，都在廣袤和綿延的感覺中解脫。我們需要這樣來進步。

再說一遍，密閉關是勝慧的修學。這表示完全超越了什麼要取或捨的每一個概念性界線。你超越了概念性心態的牆，純粹是本空。這就是大圓滿閉關。密閉關是了悟大圓滿。

勝慧的修學，自動地包括了定的修學和戒的修學。在我們外在的行為中，我們持守戒，但在內在我們應該非常無憂無慮、心胸開放，並完全放鬆、自在，不太過於擔憂種種事情。

我的個人閉關型態，是於外在持戒，但內在放鬆，在內心無憂無慮。這是單純地生活在一個複雜世界的基本要點。這不是相反——在內部持戒，但對外界漠不關心。假如我們這樣做，就變得內在刻板而外在輕浮。要相反做：內在快樂且無憂，且不要因為無憂無慮而覺得有罪惡感。人們常會認為：「在這個世界上有這麼多的痛苦——我怎麼能夠無憂無慮且快樂呢？」從某個觀點看來，這是真的，但這是一個有限的觀點。假如你的不快樂和內在緊張，能夠多少幫助受苦的人，那就無妨。但假如不能幫助他們，就沒有必要這樣。比較好的，是完全開放、有這種心的開放，就像是一個開放的線路，像是與一切諸佛和一切眾生的聯繫，以便接受加持然後傳遞下去，許願和發願這能夠利益一切。這是最好的狀況。且當我們修學將一切的念頭和煩惱，解脫入覺性的大空中，這會慢慢地、慢慢地發生。

精神修行不是根據我們的習氣或某個特殊時刻的心情，只做我們喜歡做的任何事。佛法修行指的是消融這些習氣和心情。不然，習氣永遠不會給我們片刻的休息。假如習氣能偶爾就給我們休息一下，當這個習氣的傾向休假時，我們就能夠自由地修行。但它們不給；習氣和心情是一天二十四小時都在。這全由我們決定來攔阻它們。事實上，精神修行是要斬斷習氣。

新的習氣不斷地在形成——習氣、習氣、習氣、習氣。要持續大圓滿的法教，我們的精進應該要堅忍不拔，這在藏文的字面意思是「內心堅實」，如骨頭一般堅實。有著堅實的決心，我們能夠在這一生、以這個身體達到究竟證悟。我們必須找出何時、在何種狀況下是欣喜的，來應用於自身。換句話說，我們應該了解精神修行的關鍵：信任、悲心、智力、和精進。擁有這些關鍵要點，我們就是適合大圓滿法教的法器，且會發現自己在修道上往前邁進。就是這樣。

誠如我常說的，大圓滿必須是和我們如何經驗現象與其無所緣本性有關。有所緣的現象在我們的經驗中是顯而易見的內涵。它是一切現象的事實，任何被感知的事物，從未離於其無所緣的本性、**法性**本身。萬物都完備或圓滿地被包含在法性中，這是大圓滿第一個字 dzog的一個意思。另一個含意是一切有所緣的現象——包括無明、煩惱、二元、障蔽等等——已完結，即完成、消失、消融或在俱生本性的無垠中被清淨的意思。

大圓滿中的chen一字，意思是「大」，指的是從最初開始，不管何種顯現或存在，萬物從未是除了清淨圓滿之外的任何東西。從未有過一天、一刻，是萬物不徹底清淨、不清淨圓滿的。這不是萬物得在某個時刻，被帶至清淨的狀態，而是萬物一直是這樣。要認出這是其真正的樣貌，我們需要三學的第三種：勝慧的修學。在我閉關中的主要功課，便是這第三種修學，這是為了發現大圓滿的狀態。

有任何問題嗎？

學生：請您以三乘的角度，再多解說一下閉關？

仁波切：事實上，我的閉關型態同時也可定義為是修持這三乘。首先，我們奠定了律的基礎，意思是有戒的感覺。然後我們以悲心的大乘心態來妝點，最後我們產生了金剛乘的果。

律指的是佛教修行的基礎。你可以類比為上座部的法教，但律實際上必須是和你如何行持有關。你以溫柔和尊重的方式來活動，所以當你和人們有所關連時，不會使用惡口、臉部表情、或肢體語言。在坐下時，你背部挺直地坐著，以良好的姿態而不是彎腰駝背。當禪修時，你不會順從一個接著一個的念頭，那是在做白日夢。你也不會讓你自己心不在焉。當受法時，你仔細地聆聽。在修行時，你專注。

在更深的層面上，戒涉及了解除孤立的態度，即「他」和「我」、「我」和「那個」的概念性世界，在其中事物在我們的經驗裡永遠是分開的。你放下這種心態，以便了悟一味、一切事物的單一本性。在經驗了一切現象的平等性之後，你可以欣賞其多樣性。首先放下孤立感，好讓平等性的了悟得以產生。

這個原則是重要的，不管我們是在修行上座部，或是在修學大乘心並試著像一位菩薩般行止。在此了解多樣性、各式各樣，必須先了悟為一味。之後，在一切事物的一味裡，其個別的特性現在可以再度以多樣性現起，以各種方式，因為你不再執持個人個體和現象特性的僵化概念。現在我們在心中所製造和承載的表面事實，就像是垃圾，需要在一味的大型回收機器中被回收。一旦被清理、清除，可以再利用後，就是不同的東西。就像是乾淨的再生紙一般，可以再度被使用。現在我們在某個區域擺著空瓶、別的地方是巧克力包裝紙，到處散落著塑膠袋。四周有著這些，並不夠好，它們需要被回收。

我們的概念也是這樣。我們在心中形成了「我」和「你」、「那個」和「這個」、東和西、南和北、昨天、今天、明天、上、下的這麼多想法。在這些想法裡我們將自己包覆起來，這些概念被我們認定是如此真實，實際上是一個大幻相。只要我們還維持著這種體驗真實的侷限方式，就延緩了證悟的時機。在我們看到或聽到的事物上，真的沒有真相。佛陀曾說色和聲的客體，不應被視為是勝義諦，不是一個可驗證的真實。當我們還執著於這些是固實時，證悟是不可能的。有些人可能會懷疑，這個「證悟」一詞到底指的是什麼？真的，這不是什麼特殊的東西。這僅是當捆住我們、壓縮我們、限制我們的因素被解除的時刻，那時我們可以說我們是自由的。證悟只是自由的另一個詞彙而已。

學生：薈供的目的是什麼？

仁波切：我們做薈供、藏文的 tsok，是為了與一切傳承上師、空行母、法教的護法和諧共處。金剛乘的薈供修補了任何的裂痕，調和了可能已經發生的任何不睦。當人們為了小事不能相處時，就聚在一起舉行一場宴會，好讓一切事情能夠被清淨、原諒、和忘卻。同樣地，我們可能也會陷入與法教的不和，或是在法友之間可能齟齬。這一切都可藉由舉行**薈供**而被清淨。我們辦場宴會時，會小酌點酒、吃美食，並一起度過美好時光。這是外的意義。

薈供內的意義，必須是和食物與飲料的事實有關，飲食具有方便和智慧的本性，以無所緣的甘露形式，進入你的口和身上的壇城。大樂的本性遍滿了你微細身中的七萬兩千條脈，這種自在和樂的感覺，遍佈於你的全身，以致於你彎曲的、萎縮的、或纏繞的所有脈，都直挺起來且完全地開放。住在你身上壇城中的本尊，所有的勇父和空行，都被獻上了這個無所緣大樂、樂空無別的供品。觀想祂們都陶醉在大樂的滋味中，完全地滿足。這個徹底的內在和諧，是內在的意義。

至於薈供的密層面，你認出了你整個人的本空，叫做法界，你空性的無垠，是薈供的供盤。薈供物本身是明性、具現在這個空性之中的覺醒特質。你的無所緣本性、實際的示現、其經驗和禪觀的增長、你臻至頂峰的覺性、以及概念與有所緣現象的窮盡、還有六燈與覺性的幻化——這一切都是密薈供物。總之，當這些物品沒有離開供盤，顯現和存在的萬物，是密薈供的一部份。這樣一來，當萬物自動地被體驗為是清淨的——離於對主體和客體之分別執著的清淨——在密層面上的萬物也都是融洽的。

對枯乾瑜伽士的建言

根據大圓滿的不共法教，一切現象都自然地被包含在本覺中。因此萬靈丹是知道本覺，且這個知曉被稱做「唯一足夠之王」。認出這個空性，從空性的相續之中，現象開展為空性的表達。這個關鍵點，即一切現象是本覺任運的一部份，這是極為珍貴的。但「大圓滿修學」若沒有真正認出本覺的空和廣袤特質，會讓其表達毫無果汁——本覺慈悲的明晰和智慧無法顯現。吾人不正確的「本覺」有變成枯乾的危險。

祖古・烏金仁波切的法教，主要是透過他的了悟而表達出來。他可能是瞬間型，表示打從一開始，當他年輕時，就認出了空性、明性、和其無別。他最初了知的實際內涵，變成他終其一生所教導的東西。他直接、果決地對其弟子談論這點，教導裸然覺性的體性。相較之下，我們可能認出了這個體性，但是卻重複地被困在其表達裡。在我們的層次上，做為一介凡夫，我們需要知道介於體性和其表達之間的主要差別所在；我們必須認出本覺的體性，並漸漸熟悉它。無論何時我們只是即將跟著表達、動念，我們應該認出本覺的覺性。這就是我們應該持續去做的。假如我們能重複地像這樣修學，我們就會進步。

我在這些法教中一以貫之的重點，是即便你熟悉本覺，心念的活動仍會生起。若沒有從本覺的相續中離開，這個**似動**應該容許其現起。就固實的角度而言，它不是真的活動；反而，它彌漫著本覺的氣息。在心念的活動中，**有**明性，當然——假如沒有的話，那麼本覺就被堵住、被障蔽。但是，就像大圓滿的經典常說的：「假如你在表達中不知道體性，那麼表達就轉變成念頭而染污了你。」是在表達中，而**不是**在空性中，你可以要不是被染污就是解脫。

我想要提一個特殊的問題，即是所謂資深的大圓滿行者，在修學的某個時刻可能會碰到的。這是被誤導的大圓滿瑜伽士問題開始的樣子：明性似乎是凍結了，轉變成冰，而空的特質就像是一片空茫，你覺得被障蔽、被堵住。即便你認出你的心是體性空，且你**知道**這點，不知怎地你還是錯失明性的表達是一種自生自解脫的重點，所以明性似乎凍結在其空性中。在這種冰凍的狀態裡，或許沒有明顯的念頭活動繼續著——沒有粗重的貪、瞋或癡，也沒有任何強烈的執著。沒有任何東西是特殊的。然而，這是一個障蔽的狀態，因為少了本覺的無礙。在本覺真正的開放中，萬物現起並被解脫。任何在心中現起的事物——

不管是一種自在感、安樂、不舒服、喜悅、悲傷、痛苦的情緒、激怒、或別的任何事——都得以生起。體性沒有失去，也沒有封閉起來。但是，凍結在空性的狀態中，你可能還是清楚的，只是任何你所經驗到的，並**不是**本覺，保任這種阻絕的狀態沒有用；它只會阻礙了證悟特質的表達。

假如你根本沒有明，這個狀態會轉變成只是單純的舊有癡。你會迷失在阿賴耶中一會兒，從那裡回復煩惱的習性。在這個情況下，明性是相當清楚的。但是，假如它凍結成**覺得**空空如也，這是一個心念的活動，並不是完全無為。這是心念的活動，維持在空洞、空茫的狀態裡。假如你像這樣修學安住，無論如何都不會生起任何的悲心。你覺得既沒有尊敬也沒有虔誠心。現在，把這個和從一位真正修行者身上流露之悲心與虔誠心的豐潤特質相比！在祖古・烏金仁波切身上，你感覺到沒有任何東西是障蔽的。不管任何時候你看到他，早上、晚上、或任何時間，他都是鮮活和豐潤的——不像一個枯乾的瑜伽士，堵塞和封閉在他的私人空間裡。

通常，我們的明——讓我們稱之為明性先生——老是抓著過去、未來、瞋、慢、或嫉不放。在這個特殊「呆板止」的品牌中，無論如何明性掌管著無的狀態，在心中執持著空無一物為其客體。空性持續地陷在空茫中。通常，明性先生是處在瞋、慢、嫉、過去念、和未來念之中。現在他想著：「這不太好，我應該停住，我應該禪修。」但這一路他陷在空裡，太過倚向空的那一面，以致於再也不是一個空和明的整體。明轉變成主體，空性是其客體。像這樣地執取，根本沒有一個好的特質，除了一個：刺眼的煩惱不會生起。不同於真正的本覺，這個狀態沒有離於所知障。雖然新的煩惱障不會形成，先前的也沒有被清淨。事實上，沒有任何事物被清淨。

這個凍結、無汁的狀態，是一個強迫安住的狀態。你住於當下中。這比止要好些，甚至高出一點點，但這可能比執著一個常態的平靜感更危險，因為這個狀態牽涉到一種更微細、有問題的執著類型。你不是對**一件事**提起正念；知曉的特質固著在**成空**上。這不盡然是一種情感上的執取；這是類似於鎖定在空上。所以什麼是解開你覺性的法門？什麼是避免落入這個毫無啟發頑空的方法？有兩個法門：培養悲心和**修心**的一般法門，以及金剛乘的上師瑜伽法——「虔誠心的高速公路之旅」。利用它們在見、修、行上迅速進步。

上師瑜伽涉及了以虔誠心祈請，並在一開始這種虔誠心的感覺是心造的。然而，當你注意到你的心被鎖上時，想著：「這不好，這是唱誦《遙呼上師》的時候了。」祈請你的上師，並修持上師瑜伽。以「請賜予您的加持」的這種態度，冰會慢慢地融化，果汁會在你的心中流動著。以深有所感、全心全意的方式來祈請，所以你先前的心境都全融化、消融了。然後認出本覺的體性，這個心造的虔誠心也瓦解了。加持慢慢地從閉鎖的感覺，將你的狀態轉化為開敞。在諸多加持的修行之中，最精要的是上師瑜伽。

你的大圓滿修學必須產生這三種特質：虔誠心、悲心、和智慧。有了它們的依持，你就會體驗到無分別的淨觀。菩提心，即解脫一切眾生的深心願望，透過悲心的修學而生起。「這一切眾生毫無例外，都曾是我的父母。」以這種態度，捨棄「我」的自我導向念頭，並試著自他平等。第三，既然大圓滿的體性在本性上就是智慧本身，無論如何你都不應該對任何事情無明——不昏沈、迷妄、無知、心不在焉、遺忘、或甚至迷失在念頭裡。本覺是一種覺知的狀態，一種大大覺醒的狀態。

這三種特質——虔誠心、悲心、和智慧——應該自然地產生。雖然你可能沒有太多的貪、瞋、或癡，但缺乏這三種特質，你可能就是在做「凍結修學」的徵兆。假如這三種特質不容易出現，偶爾你必須製造它們。有時保持入定，然後摧毀禪定的狀態，以做自他交換的悲心修行來替代，就像由阿底峽尊者傳下的傳統噶當派方式。偶爾在淨觀的修學和安住在修學三虛空的見之間交替。那時，不管發生什麼，都不要執取，不要禪定：修無修。在這三者之間變換和交替。

事實上，虔誠心、悲心、和智慧應該自然地產生，但其自然地生起在一開始有點困難。大圓滿的典籍中提到，在「外」我們應該保持不造作的本覺修學，而在「內」我們有時是以一種造作的禪修來開始一座。無論情況如何，你絕對必須在座下期間修慈心和悲心。因為慈悲的根源是智慧，你越真正地修學本覺，慈悲就自然地、逐漸地綻放。悲心要如何擴展？當你更進一步地修學本覺的狀態，一種更溫柔的感覺，會從不是基於一種「我」的感覺中浮現出來。你覺得有一點點悲傷，就像密勒日巴，他唱出無盡的悲傷。這不是失去父親或母親的哀傷、或是沒有食物的不快樂、或是落在地獄中的絕望。也不是為某個死去之人感到可惜的悲哀。我所描述的感覺，比這個更寬廣；對你的悲心來說沒有特別的對象。一種溫柔的氣氛只是自然地遍滿著你，就像果汁一樣，但你並沒有沈沒在這種溫柔中，而失去了智慧感。你清晰的智慧是水晶般清澈，同時也非常溫柔。你也經驗到一種更深的虔誠心，從感激中所冒出的誓願。隨著悲心，讓它是清晰且清楚的。不要變得在其興奮中若癡若狂，就像印度教克里悉納派（Hare Krishna）的熱衷信徒一樣。

另一個禪修者會碰到的問題，被稱為**誤入阿賴耶歧途**。根據大圓滿的不共法教，你的修學應該是活生生、清楚的，不是障蔽和昏沈的。當你是清楚、覺醒、且完全無障蔽時，我先前提到的這三種特質應該會現前——若是這樣，那麼一切都沒問題。問題來自於當吾人不根據大圓滿法教修行，反而追隨舊有的習氣，讓體性誤入阿賴耶歧途之中。你可能是真誠、虔誠、和有悲心的，但假如你的修學停泊在阿賴耶上，你只是擴展了未來輪迴的基礎。從阿賴耶中，自我再度豎起，這般修學不能讓你從輪迴的存在中解脫。

現在你可能會認為：「不應該是這樣；我應該摧毀造作的情緒並強調超級正確！」這種態度讓悲心和虔誠心沒有空間，且這些特質保持不完整，讓你的修學有極為枯乾的危險。關鍵點是這三種特質必須具現在清楚覺醒的體性中。假如這三種特質都在，那就是一個真正好的修行。

這是一個非常難以立刻了解的重點。有時有虔誠心或悲心，但也有試著操縱、宣稱所有權的危險。「法教說要有悲心，之前我沒有任何悲心，現在我有了。我現在一定是位資深的修行者了。」當明性先生接著認定悲心或虔誠心的所有權時，修行者就誤入歧途了。不要這樣做。

大圓滿法教常談到空性。為什麼？這是為了減少即刻的緊抓。很容易突然就跳入緊抓之中；我們重複地涉入。在空性中，我們緊抓不放。在明性中，我們緊抓不放。在樂中，我們緊抓不放。在悲心中，我們緊抓不放。在虔誠心中，我們緊抓不放。在每個情境中，我們緊抓不放。現在我們必須打破這個緊抓的習性。摧毀、摧毀、摧毀。但假如我們太過先入為主地要避免緊抓不放，就有一種誤入頑空歧途的危險。為了讓這個不要發生，要產生虔誠心和悲心。當你的虔誠心和悲心變得太執迷時，也要摧毀它們。

學生：在這個務實的脈絡中，悲心要怎樣包括對自己的接納或愛呢？

仁波切：首先悲心是怎樣出現的？在一開始，最初的悲心是對自己的。它是以一種喜悅、欣喜的感覺，以及當這種欣喜的擴展也包含他人時而出現的。這種欣喜從何而來呢？它是來自於感激如何得以解脫。真正的自由是透過解脫任何一切念頭狀態的信心所產生的。

大部份的人都的確害怕自己。不是就害怕他們自己的手或頭等等的意義來說，而是不同方式的害怕。當然，也有例外，就像是害怕看著鏡中的同一隻手，每天變得更老些。當我看著鏡子，我看到裡頭越來越少的頭髮——這真的蠻嚇人的。真的，除了開玩笑，我之前所說的害怕自己，是一種「我沒辦法應付我心中所發生的任何事，在我和我的經驗之間，有些不對勁」之類的事情。

我們都由某種微細的恐懼來開始：生存本身就染著恐懼。但這個恐懼可能和你身上某些其他面向的不必要因素混合在一起。有某些關於吾人如何經驗的迷惑。「我」——指的是什麼？這不一定是指這個身體，而多少是我們所經驗到的「我覺得」、「我感覺」、「我覺得不好」、「我覺得好」——關於「我的關係」、「我的財產」、「我的房子」、「我的世界」。而且這個和整體的關係可能是相當尷尬的，因為至今你還不是真的很清楚什麼是什麼。在這種迷惑之中，你不確定接著會發生什麼事——「我為什麼在這裡？我要怎麼做？解決辦法是什麼？我不太知道將要發生什麼或是如何去處理？」——而你不知怎地對此感到害怕。

當你害怕這點時，這種恐懼就是**你**。你找不到除此之外的其它經驗來界定你自己。不知怎地你害怕自己。情況不確定、不明朗，在這種感覺裡生起了各種念頭，不耐煩或是驕傲、嫉妒、或封閉，執著這個和那個。這是非常不舒服的。你覺得：「我寧可不要這樣。」但因為你不知道如何避免這種方式，這些感覺繼續湧向你——「這不對，不應該是這個樣子，但它還是繼續如此」——一再一再地下去。於是你開始失去自信。

從我的觀點看來，這的確是人類主要的兩難之處。動物不會像這樣受苦。我們認為：「我不應該這樣覺得。」但因為我們不知道要如何不以這種方式感覺，我們是不自由的。我們應該是自由的，但卻不是。這不應該出現，但就是這樣。不應該是如此痛苦，但就是這樣。而且就是一直繼續下去。最糟糕的是你了知那些尷尬的感覺不好，不應該在那裡，但它們就是在，而且很難受。假如你只是沒注意到這個痛苦，那或多或少是可以的；你可以就繼續下去。最糟糕的是你的確注意到這是多麼地痛苦，卻不知道要如何解脫，就更加痛苦。這就像是在真的地獄裡一般。

因為這個尖銳的不舒服，你追求你聽到的某個叫做禪定修行的東西。你禪修又禪修，並試著學習相關與訓練這顆心。你全盤相信感知的舊習氣，鬆開到了某個程度。你開始較少怪罪你的念頭；有一種和你的念頭做朋友的感覺，因為坦白講，這些念頭也是你。你需要愛，要給這些念頭一些空間，這麼做你是在幫助你自己。現在當一個念頭生起，它有時是被解脫的。這發生了幾次後，你注意到：「嘿，一個念頭會生起，但不是那麼有害，它不再那麼重要了。」一個念頭生起並被解脫；另一個念頭來了，它也被解脫。你開始與念頭的出現和睦相處，並發展成一種友誼關係。

你現在開始注意到在念頭之間也有和諧，以致於即使是生氣和驕傲的念頭，也可以變成朋友。一個慾念和愛念也可以被調和——你有許多空間給它們。透過認出了空性，似乎有更多的空間給每個人。自動地給予空間，變成了一種對念頭的愛的感覺。先前，感覺不出有任何的空間給任何一個念頭或情緒：整個狀況患了幽閉恐懼症。現在舒服多了。認出空性給全局更多的空間，這是一種對念頭的愛的感覺。你覺得發自內心的自在感，你自己變得和諧了，對自己也覺得深深的自在。

在恐懼與和諧之間的差異，是在於你如何掌握你的念頭。當與念頭和睦相處且自在時，你確實可以是非常祥和的。當你體驗到一種越來越多的祥和感時，你變成輕鬆愉快的：「我的整個經驗在過去習慣是這麼凍結和僵化的，但現在它在我身上是徹底地自在。這真棒！喔，我愛我自己！」在對的氣氛下，這種感覺能夠溫和地且自然地加深——不是侵略性的，這只會扭曲了整個狀況。你覺得欣喜、自在，但也不執著於這種自在感，而且全因為大圓滿口訣讓念頭和煩惱得以自然地解脫。因為這些口訣，你體驗到一種漸增的廣闊之心的感覺，和一種自在的深刻喜悅。有時法教形容這個，是生起一種壓倒性的感覺、幾乎是承受不住的虔誠心、悲心、和喜悅。

有某種精神性的心態，能義不容辭且無私地讓別人開心，去試著忘卻自己，只想要取悅別人。這種強迫的不自私，就像是把牙膏從管子裡擠出來。有某些東西不見了——一半的悲心不見了。有某些東西不在——自然解脫的特質。你藉著擠壓、擠壓、和擠壓，試著要不自私並關懷別人。沒有任何新鮮的果汁留下。到了某個時刻，你可能後悔這整件事，說道：「我在這裡做什麼？有什麼用？」這種自我犧牲的精神看起來非常好，而且這當然**是**一種好的態度；我不是說這不好。我的建議是，你不如讓悲心能夠從一種自由的感覺中流露出來，從你自身廣闊的存在狀態中流露。悲心的根本是這種自由的特質。在知道要如何自然地解脫任何或每一個念頭裡，有一種喜悅感，那就是無所緣悲心的根本。

在這種自由的狀態裡，你先前的迷惑被和諧地安頓著，徹底地被淨除，除此之外，有一種漸增的強烈信心感。當這種信心增長地更為強大時，你發現自己變成了一位**真正**的勇士——一位慈悲的菩薩勇士。缺乏這種無畏信心的悲心，是軟弱的慈心。

真正的菩薩精神來自於這種個人的自由感。你發現你不再覺得這麼匱乏。你不渴望別的填補——用止或用別人的愛和注意力來填補——因為你知道你自己如何解脫、如何有信心。以這種安全感和自由，你開始將你的注意力導向別人的需求。悲心擴展了。這是我對於內在的單純是無懼地活在一個複雜世界中基礎的看法。

這個無畏單純的原則，涉及了二資糧**為一整體**的修學，和體驗這般修學的成果。我們已經發現對我執、煩惱、兩種無明、和敵意的真正、有效對治法。我們在二資糧上精進，並對解脫生出了信心。我們現在是開放和廣闊的，而且從這種無畏單純的感覺中，我們可以包容一切的現象。我們可以不矯揉造作自然地關懷別人；再也沒有任何是種威脅。

這種精神絕對是充滿了喜悅感，因為你從自身的經驗中，知道先前這一切是多麼地痛苦，而現在不是了。掌握真正的解決辦法是非常愉快的。這是知道如何解脫的真正體驗——自我放棄了，說道：「好吧，現在我終於滿足了。」一切的艱辛都融化了，就像在熱鍋中的奶油一樣。這並不是說你就坐下來、品嚐其滋味。反而，你甚至更加地開放。你非常清楚地了解，**從經驗上**，融化迷惑並解脫的機制是如何運作的。這是非常有效的。以這種洞見，你不再覺得只想要傾靠回去個人消極的平和狀態裡，「有這麼多其他眾生還不知道如何這麼做。如果他們都知道，那該多好！」你越來越熱衷於和別人分享如何解脫的這個事實。有一種要觸及其他眾生的意願，你達到了主動的悲心。

這種無畏和單純的心態，是非常無憂無慮、非常開放、非常滋潤、一點都不枯乾的。

悲心是大圓滿的潤滑劑，充滿了果汁。它可能和你開始修學空性的時候，那一種心造的空性、一種空蕩的無汁型態、一種本身絕不可能變成真正大圓滿狀態的修學，截然不同。但現在它幾乎是無法解釋的，只過了一陣子，你就開始覺得對你最深處存在的真正樣貌有信心。因為這種開放、這種徹底的鬆開，就好像是你完全被浸透了。西藏是一個非常乾燥的地方，所以人們在皮革上抹奶油，舉例來說，是為了滋潤皮革。這就好像是悲心的奶油，觸及了每個角落和縫隙，就你整個人的角度來說——每個念頭和情緒、你的每個部份、你內心的最深處、你的心、你的精神、每件事——都浸透在這個慈悲的開放之中。每個念頭和每個情緒都浸透著一種關懷感，不是表面地而是深深地和自然地。透過認出本覺、修學本覺、和獲得本覺的穩定度，每個地方都被解脫了。這種解脫透過你的整個大腦和你的全部神經系統而延展。在你的心續中沒有任何一個角落是枯乾的。

這時，有某種對空性的自由特質，遍佈你整個人，所以你覺得極為無憂無慮。真正的悲心從中生出。也是從這個重擔的卸除，使虔誠心透過這種愉悅和欣喜於你的真正樣貌而出現。你覺得這個佛法真是太棒了。你真的深深地欣賞這些法教——「哇！」喜悅和欣賞融合在一起。這也是基於信心，在其中你不害怕自己；你願意面對你自心可能上演的任何事情和一切事情，你有技巧去解脫它。你不用對你的現象感到不耐煩，反而，你可以與任何所現起的事物和睦共處。這是愛你自己的基本意義。

同時，你有信心：你不再害怕任何事情。不知怎地現象對你來說似乎運作地不錯，而且欣賞感增長著：「多好啊！多棒啊！妙極了！好極了！」彷彿就像是你皈依了這種信心。這是一種結合了肯定的非常放鬆、欣喜的感覺。這些全結合在一起的感覺，創造出一種更強、更強的欣賞。你覺得：「這些大圓滿法教是多麼棒啊！它們是這麼有益！我修行了五、六年，我已經獲得了這麼多的利益。所以諸佛菩薩和一切上師，修行了這麼長時間的瑜伽士和瑜伽女——他們的開悟狀態一定是很棒的！」你隨喜他們的覺醒。這種強烈的隨喜感和欣賞稱做虔誠心。這是一種真誠的興趣、深深的仰慕，就像是你的初戀。這種深深的仰慕甚至讓你的心更為開放；它徹底讓你陶醉。

在這整件事當中，本覺從未被捨棄。本覺一直都在那裡。事實上，到此刻你可以說本覺的特質開始要化現。這是幻化開始顯現的時刻，而且覺得相當好。你是非常開放的，你不憎惡輪迴的現象，且修行的意願增長地更為強烈。事實上，你享受著輪迴的現象，但你對這種享受沒有執著，不再追逐著、不再嚮往著這種享受，想要緊抓住它不放。這更像是當你在看一部電影：你看電影而娛樂，但卻不執著於電影是一個堅固的事實。輪迴現象的每日幻化，就像是一部動作片；你和輪迴現象的關連，就彷彿它是部電影。它**似乎**是真的，但當你探求時，就不是那樣。

一旦你在經驗上了解本覺時，你知道何謂享受輪迴現象的能力。在你認出本覺之前，和輪迴現象的關連似乎只有兩種方式：一個是有分別的抓取，另一個是徒勞的感覺和想要讓其遠離你自己。

請了解從體驗覺醒狀態所生起的悲心和虔誠心，並不是我們慣例上所稱的悲心和虔誠心。其伴隨的，是真正的智慧，如何解脫的真正知識——這也是為何它們可以成為真正悲心和真正虔誠心的原因。不然，當然我們感覺到悲心，當然我們有某種程度的虔誠心，但那更像是為了某個特殊理由，我們強迫或是操縱自己進入這些感覺裡；它們不是自發地和真誠地出現。從真正智慧中生起的虔誠心和悲心，是不可動搖的。它們是從真正的信心中生起的。

在這裡智慧指的是一種能夠的感覺，當一個念頭或情緒開始成形時，知道如何發生和什麼在發生。你一點都不盲目於正在發生之事，也不像過去，當你不耐煩或被激怒時，當你在終於可以放下之前，每一次被包裹在某種感覺裡長達幾小時之久。再也不像是這樣了。有一種對情況清醒的感覺，你可稱之為智慧。你清楚地看到這是如何產生的——不僅是它是如何開展的，而且什麼是解決的方法，以及可能僅是讓執著消融的方法。你對這些一點都不愚昧無知。這種智慧來自於內在。你幾乎可以說它是在空中，舉例來說，**隨著**貪的生起，貪可能會製造出許多問題。煩惱製造出這麼多的複雜和痛苦，當吾人被困在煩惱中時，追逐著某些事情，並失去對自己的線索。在這裡的智慧，指的是對什麼導致了負面的狀態，什麼有不好的後果，以及什麼是正確的道路，都看得非常清楚。這一切在你的禪觀領域裡，都相當清楚地安排好了，所以當然你選擇——不是概念性的，而是某種立即性——正確的道路，而不是暗巷。這種智慧不像是能夠記得一萬個電話號碼，或是能夠了解錯綜複雜的系統。它是自然的、發自內心深處的。它是一種不盲目的感覺、一種基本的沒有盲目。這種智慧是一種自然的裝飾、一種從認出本覺所生起的自然氛圍。

悲心、虔誠心、強烈的欣賞和仰慕，以這種方式開展；智慧亦然，一種真正的聰穎越來越增長。這不同於透過制式教育所發展的智識，那是第六意識的一部份；這是截然不同的，且更是關於越來越少的不自覺。「內在的不自覺」透過內在的覺性、俱生無明透過俱生智慧而消失，當**就是不知道**的習氣減弱後，**就是知道**變得越來越強、越來越明顯。在此的智慧不是一個我們試著帶入我們狀態的外在成分，它更像是本覺自身的自然特質，逐漸地彰顯。

在一開始，可能有錯、落入一個凍結、僵硬、枯乾、錯誤的本覺裡。可是，過了一陣子，當這三種特質現前時，就不再可能犯同樣的錯誤了。最好的是假如這三者——悲心、虔誠心、和智慧——全都是本覺自然的一部份。有時它們其中之一可能占優勢，以致於有比較多的悲心、虔誠心、或智慧。但這三者全都稱做本覺的內在特質。

當修學勝義諦時，吾人可能會到遙遠的頂端，一切都無所謂。當修學世俗諦時，吾人可能會執著於每件事情都有確實、固定的意義。這兩者都是邊見。我們需要知道它們之間的差別，我們必須平衡並調和勝義諦與世俗諦。佛陀所教導的每件事，都可被個人驗證。我們可藉著了解二諦而肯定，因為二諦包含了一切事物，包括**四聖諦**。到了某一點，我們必須以二諦是不可分的方式來修行。根據大圓滿法教，要認出空性從而一點都不執著，便是尊重勝義諦。同時，經驗能夠以非常驚人的方式無礙地開展，也了知這點，便是尊重世俗諦。這兩者應該是以無別的整體被經驗。

融合修行與日常生活

在此是關於將修行與日常生活融合的一些建言。有許多手冊以及你個人上師的口訣，談到要如何融合認出本覺與日常生活。除了這些眾多的法門，要將修行與每日的生活結合在一起，並不是那麼容易。大圓滿不共法教提及，在所有情況下，吾人都應該認出法身覺性，且不需要倚賴任何其它的法門。不管有瞋、貪、癡、慢、或任何其他煩惱，認出法身覺性，你的煩惱就自解脫、現起即解脫、或直接解脫。這的確是一位善巧的瑜伽士所做的，但是對一位道上的初學者來說，像這樣的修行是極度困難的。念頭的解脫在座上時，比在座下或日常活動時較容易發生。

記得修行的最困難時間，以及最有利益的時間，是當我們不快樂或心理上不舒服的時候。我們經歷沮喪、欣悅、強烈的驕傲、或競爭，或我們僅是覺得有壓力並被一大堆的工作壓垮。我們的心裡意念紛飛：「我必須做這個，我必須做那個。」在這種對得完成什麼的不斷執迷裡，很難認出本覺。在這種情況下，你需要某些額外對心的修學、修心。當你有一堆工作要做，且有川流不息的念頭時，提醒你自己無常。馬上反問你自己：「誰知道我什麼時候會死？假如我今天就死了，有任何人來完成我的工作嗎？」了解世俗的工作是永無止盡且徒勞無功的。想著這一切都像是場夢和一個魔術的幻相。透過修心來說服你自己，凡事都不是真的那麼難擋，然後認出本覺。這是我第一個建言。

在別的時候，當你覺得沮喪、生病、不快樂或有風息的毛病時，僅是歡迎你的痛苦並說道：「喔，多好啊！真是謝謝你，痛苦！我真的享受這點。不管發生什麼事，不管你是吃我的肉、喝我的血，吸我骨頭裡的骨髓，就來吧，請便。無論是什麼痛苦降臨在我身上，來啊！就進來並帶走我的我執。假如你想要夷平這個五蘊之身，請便，對我來說都沒有差別。」假如你能夠像這樣地回應，徹底地無憂，困境就減弱了。那時，認出俱生本覺。這是我的第二個建言。

有時則是資深的修行者，會經驗到好運和成功。你的上師說：「很好，你真的了解禪修。」其他人都尊敬你，並讚美你，突然間——噗！——傲慢湧現，你變得過度有信心。相信你自己比你實際要好，就像是一頭羊打扮起來像隻獅子。別的修行者知道這點，對你喊道：「你不是獅子！你只是披上了獅子的外衣！」你馬上覺得難堪、洩氣。這真是藉由感激揭穿你的人，而成為一位第一流修行者的好機會。想著：「太好了！你真的知道！你真的很好。」運用淨觀的修心，然後安住在本覺的覺性中。我覺得這也是很好的建言。

總是留意和謹慎。根據噶舉派的祖師們，留意和謹慎在不同時候都有效。有正念之王，這是大大覺醒的本覺，在其中凡事都在這個指認中自解脫。這是第一流的正念。假如你還沒辦法修學這個，那麼有一種知曉心是快樂、不快樂、自在、或不自在的狀態。這是心知曉自身，像鏡子一樣，你僅是看著你自己。你可能不知道心的本性，但你還是可藉著留意來決定你的心是如何行事的。舉例來說，假如你在生氣，馬上你就知道那怒氣。這種知曉不一定被解脫，雖然有可能。即便瞋未解脫，你承認是在生氣，在這個過程中，瞋可以減輕。主要的問題是你甚至沒注意到瞋已經來了，這般地不自覺，你完全落入了煩惱的影響之中。

心的住在當下，也可能讓正念之王可以自然地解脫念頭。最重要的修行，是能夠保任在本覺和正念的無別之中。如果不行，那麼透過應用刻意的正念，你就覺察到你的心以及心是如何行事的。烏金・祖古仁波切常引用噶舉大師的一句名言：「保持正念就像是在牧羊。」你注意到羊群在哪裡。這是真的有利益的，因為讓你完全免於被散逸所帶走。在修學本覺時，當有一剎那，你從相續中散逸時，你可能偶爾發現應用觀看者，而非完全對散逸不自覺，是相當有用的。

現在假如總是保持著觀看者，這種維持的行為讓你不能夠消融所有的念頭。但是，觀看者的確有助於將修行帶到日常生活的情境中。所以，在刻意的正念和本覺的不費力之間交替著。裸然的本覺若不是在，就是不在。它不可能同時是這兩種情況。假如沒有本覺，就有念頭——我們只有這兩種選擇。直到你能夠穩定在本覺中，在散逸時應用刻意的正念，就像噶舉大師所建議的。顯然念頭會生起，但是在有念頭時，你現在可以察覺到這些念頭。藉由留意，你可以立即知道粗重的念頭。你的心就會變得平靜。當你的心變得昏沈時，你也會知道。於是再度地，保持平靜。這種強化的修行是非常有利益的。阿帝仁波切教給我這個建言。

廣泛而言，有六種正念，但可以濃縮為兩種：刻意的和不費力的正念。後者是大圓滿不共的正念之王——和本覺無別——無論你在哪裡，在一切的情況下，你都可以應用這點。這真的是最好的。但是，無論何時當你不能夠保持本覺時，修學刻意的正念是相當重要的。當你住在正念時會犯較少的錯誤，是不是如此？沒有正念，你就被顯相所橫掃。當某人說了不好聽的話時，保持正念並知道你是否生氣了。假如你甚至不自覺你已經生氣了，你就是早已被帶走了。有了正念，你至少知道你在生氣，怒氣不好，你可以對它做某些事。有了刻意的正念，你就會發現要將修行與日常生活融合會容易些。這是另一個關鍵的建言。

然後，在座下或休息時間裡，一心一意地向你的上師祈請；體驗深心的虔誠心，將你的心與你上師之心融合在一起，有信心他和你是親近的。以深深的虔誠心，唱誦《遙呼上師》，將你的心和上師之心無別地融合在一起。這樣一來，每個煩惱，即便是強烈的瞋或貪，都會粉碎和消失。告訴貪、瞋、癡走開，迎請你的上師；祈請並接受加持。然後安住在平等性之中。

在別的時候，做放和收的自他交換修行，將你的快樂和洞見，交換眾生的痛苦和無明：「多悲哀；這些可憐的眾生，這麼迷惑和不自覺；他們愚弄自己。」對他們感到真誠的悲心。即使你對他們沒有悲心，也要製造出來。大圓滿的禪修者發現造作有一點怪怪的，因為法教告訴我們要修行真的，並避免假的。但坦白講，假如你把它當真，假造悲心可能是相當有幫助的。保持真心，然後做一點這種「好的模仿」。特別是當有關生起正確的發心時，造作是相當有幫助的。絕對要製造出適當的發心。通常西方人對假裝覺得有罪惡感，他們不喜歡造假。他們說他們想要是誠實的，捏造悲心沒有用，悲心應該是自然出現的。這不是正確的態度。你需要**訓練**你的心是慈悲的，發願、渴求；念祈請文「縱使我不覺得有悲心，請讓悲心在我身上生起。」培養悲心，創造悲心，並祈願悲心能充滿你的心！向你的上師祈請悲心能在你身上開展。這麼做，且慢慢地、慢慢地，真的悲心就會長出。

我們全都有於內在具有真正悲心的潛能；我們只是需要讓其增長。現在它還是未開發的。這就像是當你招呼一個小男孩過來；你給糖果並說道：「來這裡，拿這個甜點！」任何小孩都會有所回應。這是一個善巧的方法。悲心、愛、俱生覺性全都俱在於我們本性中，我們需要滋養這些特質。空性、明性、和無礙能力必須讓其成熟。同時使用兩個法門——有時安住在空的覺性中，有時則說：「來這裡，」幾乎是將這些特質拉出來。這種拉引屬於座下，而安住在體性則屬於座上。我們不能總是一直在座上，所以這是一個方便的方法，能在座下修行。在休息時強迫特質出現，是必要的，然後讓特質得以自然地俱現在座上。

同樣的原則也用於生起次第的修行。讓觀想生起，有時則安住在體性中。事實上，顯現的面向是從這個體性中才能無礙地開展。這是一個非常重要的要點：不要過於強調顯現，而是要讓他們在空的覺性中生起。或者，當體性似乎要消融入阿賴耶識時，立刻現起本尊。假如你嚴重地誤入阿賴耶識裡，最好是起身，並做一些像是累積福德的善行：唱誦《遙呼上師》並生起悲心。做一般的修行活動，比待在阿賴耶中、平淡乏味又不動腦筋要好些。

事物的本性就是在目前的階段中、你現在所處的狀態裡，你沒辦法長時間地停留在本覺中。為什麼？不能保持本覺，反映出沒有足夠的福德。假如你發現你每次只要一放下就立刻散逸，那麼你應該藉著任何可能生起福德的時候，來增加福德。當你散逸時，你可能迷失在本覺的類似狀態裡，本覺的某種仿製。你可能認為那就是本覺，但事實上你是迷失在阿賴耶識裡。當你注意到這點時，立即打破它。唸誦**嗡 嘛呢 唄美 吽**；做大禮拜；做分辨輪涅（rushen）；喊呸；生起虔誠心、悲心、和出離心；積聚福德——然後再一次地讓你自己入定在不造作的覺性中。一整天下來，像這樣地交替著。晚上睡覺前，做一次美好的迴向，去除政治性、沒有要獲得某些東西回報的想法。真誠地祈請要達到佛果的果位，以便利益一切眾生。這是一些更為重要的建言。

我們談到將修行與日常生活融合在一起，因為在座下時間裡，我們通常被帶走。假如在座上和休息時沒有差別，就沒有需要在日常生活裡融合修行。事實上，問題是在禪修時和座下、座上和休息之間，有顯然的分別。一旦你累積了足夠的福德，並與本覺無別時，就不再有**若不是**座上**就是**休息的分別，也就沒有與日常生活融合或不融合的事情——一點都沒有！頂果・欽哲仁波切不再將其修行與日常生活融合，因為無論如何他所做的，都是在俱生覺性的範圍裡。阿帝仁波切可以坐在一個**法會**裡四、五個小時，不失去平等性的狀態。因為他沒有從入定中離開，就沒有和日常生活融合的需要。他只是坐在法會中，喝茶，並保任在本覺裡，早已經將修行和他的生活融合在一起了。

發願

不執著是佛教修行主要焦點的念頭，可能變成一種對本覺的誤解。有「執著無」的念頭，被誤導的修行者可能變得嚴厲、冷漠、和枯乾，就像我先前所說的，這種人將這種無汁、空洞的、阻絕感覺的不執著狀態，誤以為是大圓滿的了悟，且可能變得相當不負責和冷酷無情。這種運作不良的禪修者覺得孤立、切斷了一切的事物。吾人不知道如何放鬆且還是負責任的。有一種負責而不執著的方式，但假如不執著的重點被誤解了，那麼不執著的經驗方式，就轉變成冷冰冰的且整個情況都變得非常僵硬。這是個危險。你可以尊重事物運作和開展的方式，同時又認出其空性。沒有執著，你還是能讓萬物開展。

在你和外在現象之間的關係，基本上是奠基在悲心上的。真正的悲心不是自私的，因為沒有對自我的執著。悲心是自私與否，取決於執著。有些悲心看起來是不自私的，但實則不然，因為「慈悲的我」永遠都是自我。當自我消融時，真正的悲心才進入。這是一個非常重要的要點，我希望你們能夠了解。當我們修學本覺的覺醒狀態時，我們的體性是水晶般地清楚；同時也充滿了真正悲心的果汁。正是透過這種悲心的態度，使我們和世界產生了聯繫。

有時我們以一種像是寂天菩薩在《入菩薩行論》裡所說的，有點是下決心的方式來從事修心。我想這對大圓滿修行者來說是非常有幫助的。你訓練你的態度，不被任何事情所困住。培養悲心、培養四無量心，但永遠是在本覺的同一狀態裡。這種悲心與慈心的能量，有時是如此地強烈，以致於你可能會覺得你好像要昏過去了——但沒有。這種真正悲心的感覺，加強了你對空性的了悟。有時你覺得這麼強的悲心，幾乎要使你陶醉在其中，但不要讓它出現。讓慈心和悲心的溫暖滋潤，溶解了凍結的禪修狀態。

《入中論》的經典上說道：「初時悲心如種子，中時如水與養分；末時悲心如果實。」（譯注：原文法尊法師譯為「悲性於佛廣大果，初猶種子長如水，常時受用若成熟，故我先讚大悲心。」）。最終，悲心是佛行事業。沒有了悲心，吾人就被切斷。為了讓悲心是真的，我們必須免於執著，那是必然的，但是只片面地集中在不執著上，會妨礙了悲心，讓其不夠充分。當悲心生起時，你可能會認為：「喔，不行！這是一種平常的情緒，我不應該有這個！」這變成了斷的修道。相反地，你可能會視任何你所感覺的事物，都是**這麼地**珍貴，以致於扼殺了你所感覺到的真正同理心。於是悲心不能自由地散發，因為自然的清明，淹沒在這種悲心的「神聖」狀態或恍神的虔誠心裡。也要避免這種岔路。

總之，我們必須生起悲心。即便大圓滿法教通常不鼓勵對任何事物的人為造作，在這種情況下這是必要的。一旦你已認出了本覺，在任何可能的時間裡，刻意地生起悲心，因為這是強化對本覺指認的加強修行。我一直在強調這個重點，因為我覺得這是極為重要的。

另一個重要的要點是念發願的祈願文。沒有了發願，吾人的禪修就缺乏某個重要的東西，某種主要的豐足。你的發願必須是由菩提心利他精神所啟發。在一個聖物或一個聖地的面前，表達這些願文。舉例來說，當你去到菩提伽耶，首先供一千朵花，一千盞油燈，以及布施一千個乞丐。坐在**金剛座**旁，並以此聖地為你的見證，以一顆完全開放的心，對一切諸佛菩薩供曼達。然後僅是坐著，徹底地放下你的自我，並放下供養的念頭。現在虔誠地發願：「為了利益一切眾生之故，願我了悟本覺。」不要自私地祈請；不要利用這般珍貴的情境，做只為自我的事。反而，要發起這樣的願望：「即便我在此生沒有開悟，願我在來生為利益無數眾生而了悟本覺。」結合了環境和你的清淨發願，會是非常、非常強而有力的，甚至可以影響世界的和平。

不幸地，在西方見不到這些重點。我們發願的真誠力量、一切諸佛菩薩的影響力為依持、以及聖地本身——這一切創造出一種強大的能量，也加強了我們能在本覺中穩定的潛力。雖然，西方人通常不太想到這樣的事情是發願和積聚福德；他們認為這些事大多是初學者做的。事實上，發願是對資深修行者來說的資深修行。

發願和創造福德，不僅是為了加強本覺；它們也對自尊低的人們來說，很有用。在一個已開發的社會中，真的沒有提到發願和創造福德，有嗎？西方普遍的基本心態是：「去得到。」任何想要去得到的人，就可以。這個前提被視為理所當然：任何人都有同樣的機會，任何人都有同樣的潛能，同樣的聰明、同樣的可能性；機會是平等且對每個人開放的。「你可以像每個人一樣做到；你有智慧，你是人，你可以塑造自己的成功；將成功把握在你自己的手上。」我們都聽過這個，但事實是怎樣呢？那些能夠快樂地繼續的人，當然絕對沒問題。對他們來說，可能沒有比這個物質化的社會更好的系統了。但這對那些不能這麼侵略性地面對生命的人，可能是非常痛苦的。他們在內心深處覺得無能為力，彷彿他們是不完備的人。反而他們需要聽到：「你還是可以做某些事情，你可以製造更多的福德，你可以發清淨的願。」他們應該被告知做這些事，是一種對低自尊的對治。

現在創造福德的努力，結合了發願，比僅用來改善個人的自我形相要好多了；它們是證得佛果的主要因素。祈願、悲心、和善行是極為重要的，因為它們激勵我們向前：「我修行地越多，我學的越多，我就見的越多。哇！這太有意義了！」福德也創造出完美的情境，在精神上以及世俗上。不然我們都被自己的業和因緣所束縛著，我們都受制於因和緣的力量。不管我們是多想要否認這點，我們還是不能逃開自己的習性。缺少了福德，我們就走在有所緣的道上，攫住一個枯乾、知識的、無汁的大圓滿。我的上師，紐修堪仁波切，每天做薈供的供養。甚至敦珠法王，是一位完全證悟的大師，也從事規律的修行來創造福德。

在有所緣的現實裡，在此也有自然的力量在運作。以在西方你們是如何創造你們的生活環境為例，你們是讓你們目前的生活非常舒服並安全的專家。透過方便和智慧創造了福德，另一方面，是遠較於身體上的舒適；這是為了改善你自心的緣。透過創造善因和善緣、透過福德的力量，你的確**可以**改善你心的狀態。因為你已經累積資糧並清淨罪障，當福德在你的心境上成熟時，開悟自動到來。我建議你修行世俗諦時，可以結合勝義諦，即對本覺的指認。這樣一來，世俗和勝義相輔相成。就本覺修行的情況而言，世俗的福德幫助你能保任究竟的體性更久些，直到你終於獲得穩定為止。

有時我對在西方見不到這個面向，覺得很悲哀。福德的創造是一個精華的要點。我的精神傳統將甚深義歸諸於福德的原理，我認為我們應該都朝向積聚福德結合了禪定修行的層面前進。西方人的智慧是非常敏銳的，比西藏人的才智要好些。但坦白講，你們的福德不夠。你們沒有注意到你們是如何總是有缺陷、覺得有點凍結嗎？即便你們是盡力了，環境還是將你們拉下來。教導說空性是以因果來表達自身的。假如吾人對空性沒有太多的了解，那麼就不能真的相信或對因果有太多的信心。相反地，吾人越了悟空性，對因果的確信就越多。**有福慧同修的必要**。假如你擴展你修行上的福德面向，並將之加入智慧的禪修，我相信很快地在這個國家裡就會有許多開悟的上師。

有任何問題嗎？

學生：當一位眾生對其本性覺醒，並成佛，這時所有未覺醒的眾生是怎麼了？或者他們有別的方式？

仁波切：為什麼別的眾生沒有覺醒？這是因為他們有惡業。你可以只是離開了那個群體，但其他人還是在那裡做他們自己的事。他們全都有能力覺醒，但是卻沒有好好利用。當你覺醒後，你有能力賜予一切眾生加持，讓他們覺醒。但是，不知怎地，這些加持並沒有到他們身上，因為他們的業力。太陽有能力照亮所有的加州，所以為什麼在此我的杯子裡沒有陽光？陽光有力量照耀，對嗎？為何在我的杯子裡還是沒有光？因為蓋子蓋住了。完全蓋住。這個木槌能照亮所有的加州嗎？不行，當然不行——但從杯子的觀點看來，「槌子等同於太陽，它們都沒能對我做任何事；它們都不能照亮我。」但在槌子和太陽之間，有天壤之別不是嗎？

現在，在道上的時候，我們還沒有證悟，我們需要透過加持和善願來產生關連。我們透過發願來產生關連；我們締造了壞的關連、好的關連，我們說：「哈囉，你好」——所有各種不同的關連。藉由發清淨的願，我們和別人締造了業緣。現在，比方說你獲得證悟，然後透過你的善緣，你能夠利益任何和你有關連的人。不然，你可以試著利益某人，但它們就像蓋著蓋子的茶杯——你無法照亮它們的內部。

過去噶瑪巴的轉世之一，曾在西藏的不同地方旅行，有些人會向他丟石頭。有些人甚至打他、還見血，這不是一種非常好的製造關連的方式，但就某一方面來看，它至少還有某種關連。噶瑪巴成為一位偉大的菩薩，沒有咒罵這個人說：「願他馬上死掉，下地獄！」反而他還說：「可憐的蠢蛋！出於無明，他不知道該怎麼做。願他多少能得利！」

這樣一來，就製造了業緣。他把這傢伙放進他的祈請文裡，對他開展了更多的悲心，這會加強了業緣。

西藏人試著用許多的方式，來創造精神上的業緣。他們會送上一條白哈達、獻上某些東西、鞠躬、點燈等等，他們真的盡力了。許多人不是真的知道他們為何這麼做，但他們就是像其他人一樣去做，一開始或許有某人了解為什麼。在佛法已經成熟的國度裡，常常是文化裡的智慧特質減弱，而變得過於強調方便。因此看起來彷彿方便的面向是純粹民族性，但因為吾人僅是被告知：「做這個。」理由變得隱約，而方便到最後看起來只像是文化的運作而已。

在西藏寺院裡舉行密續儀典的期間，有某一小部份的僧人可能不知道其目的。他們的上師告訴他們這麼做，所以他們就這麼做。從外人眼中看來，做為旁觀者的我們可能會認為他們在「做文化的事」，但假如你從內部看來，儀式是徹底與本覺的本然狀態協調一致的。從皈依和發菩提心開始，密續儀典的每個面向都交織著事物本性的智慧，從一開始到結束。對察覺到為何和如何的任何人來說，這是一個逐漸熟悉與實相一致的完美方式。對某個不知情的人而言，這可能只是看起來像是一個民族性的儀式。就像所有的文化一樣，西藏文化也有某些特點是獨一無二的。有些受到佛法的影響，但有些實際上是將佛法修行吸納入文化之中。我們不能直截了當地說：「這只是文化，不是佛教。」我們可能相信我們可以斬斷所謂的文化包裝，但有這麼多不同的面向，兩者是彼此交織的。這是在佛法已經變得古老的國家裡的議題之一。

不管怎樣，我們談到「種下解脫的種子」，是就開放可能性的角度而言，讓我們杯子上的蓋子能夠被移開，那它就會被移開。種下解脫的種子，是一種對殊勝對象開放的態度。這不一定是指人類；也可能是悲心的氣氛、念及三寶，等等。只要一位眾生的心，一和這其中之一產生關連時，解脫的可能性就馬上被開放了。種子就被種下。這並不表示潛能不在那裡——當然潛能一直都在的。我們都有佛性；一切眾生一直都有這種潛能，但必須要有開放的時機。這種開放出現在和殊勝對象有所關連時，因為殊勝對象或精神性的人物有這種能力。並不是所有對象都有這種能力，舉例來說，就像這根棍子不會照耀。因此我們盡力地和有能力照亮我們的殊勝對象有所關連，而且我們從中所得到的啟發，幫助我們除掉負面的業習。將我們與更多的世俗對象連結，並不會種下解脫的種子，不管我們的心多次地固定在其上。解脫的種子增長和完全綻放的確切時間，並不是那麼確定可以知道的。它可能要花上十億個輩子，或者可能發生在這一生裡——這是不確定的。我們全都在這裡聽聞這些法教的事實，表示我們極可能在無數的過去累世裡，已經種下了解脫的種子。對我們之中的某些人來說，極可能這個作物快要成熟了。我覺得這絕對是可能的。

大圓滿法教提到，除非吾人在過去累世裡已經積聚了大量的福德，否則不可能聽聞到「大圓滿」一詞，更遑論遇到法教了。我們一定都是極為幸運的。

學生：證悟的狀態超越了業嗎？

仁波切：首先，讓我們先分辨兩種情況。一個是本覺被短暫地一瞥，另一個是真正和究竟證悟、佛果的無止盡本覺。這兩者是不同的。本覺的剎那，幫助智慧資糧的圓滿。請了解在此的「資糧」指的是超越了積聚者和某件事情被積聚的二元性。即便在此的智慧，藏文的yeshe，是本然狀態自身，有一種就圓滿我們在本初覺性的本然狀態中穩定度的角度而言的資糧。這是一個接著一個剎那的認出本覺的**積聚**。這個「智慧資糧」超越了業的行為。那麼是在積聚什麼？不是做為世俗諦運作的業報法則，而是俱生本性的法則。這個法則是本性的一種自然屬性。舉例來說，火的法則是會燃燒，任何靠近火焰的東西不是會被冷卻，而是被加熱——這就是其本性。這不是任何人所造成的，這就是自然法則，吾人可以稱之為火焰的自然屬性。什麼是覺醒狀態的自然法則？比方說到了某個時刻，你是完全證悟的，且本覺是永不中斷的；到那時就沒有任何的業。在證悟之後，在這個永無止盡的本覺中，萬物這時是混亂的嗎？假如業被超越了，香蕉是否會變成橘子？萬物是否都上下顛倒了？不，不是的。有另一種迥異於業的法則型態，一切諸佛還是自然地遵循其規則。因此**法性**的法則，是和萬物的內在本性一致，準確且毫無錯誤。

學生：在證悟之後，為了利益眾生的事業是如何顯現的？

仁波切：影響其他眾生並使其成熟的悲心事業，是這個自然法則的一環。這是覺醒狀態的一種自然屬性。也有某件事被稱做前願的成熟，這有時會被誤解。這不是悲心是前願的產品——這就像是說吾人沒有悲心，除非他在過去曾發過願。一位佛的悲心不是由先前的修行所創造出來的。這是覺醒狀態的自然屬性；但是利他的事業和先前的發願同時發生。

比方說你有五百位證悟的佛。在祂們證悟的身份上，絕對是沒有任何差別的。祂們的悲心程度，祂們的了悟、祂們的智慧、祂們的能力等等，都確實相同。但是祂們的事業和祂們如何與眾生關連的方式，可能有無限的差異。那是靠什麼來決定的？這端賴先前的發願、與祂們有關連的眾生有多少、以及看祂們仍是修道上的菩薩時，有多少善的能量是導向於利益其他眾生的。事實上，你可能注意到這點，假如你環顧現在這個世界的話。有些人有很高程度的開悟，但是他們並不是真的和其他人有關連；他們只是維持在自我滿足的狀態裡。所以或許當他們證悟時，其事業的觸及範圍會很小。我不太確定這點，但至少有此可能。一位努力利益並儘可能與愈多眾生有關連的菩薩，在證悟時會有更廣大的事業範疇。

學生：考慮到我們全都是迷妄的，祈願他人安好並迴向福德，又如何真正奏效？

仁波切：它直接有一點點幫助，但是以間接的方式有無限的幫助。在你同情某人痛苦的那一刻，在你的心續裡馬上有了悲心——那已經是一個利益了。在十萬個眾生之中，你是一個眾生，除此之外，你的悲心會讓你去利益其他眾生。最起碼它幫助了一個眾生。但除了對他人的痛苦感到抱歉之外，你也是將你的心朝向於究竟證悟的目標。這表示你是以利益其他眾生的意願，在邁向佛果的方向上前進。假如你持續地在這個方向上前進，證悟的狀態在某個時刻會完全地圓滿。那時，因為你在心中抱持著與其他眾生的關連，連結存在著，當時候對了，你就能夠利益他們。這發生的確切時間，不一定在今日就能知道。這不一定像是馬上就能夠飛過去，將他們山上的起火撲滅一樣，讓每個人都開開心心——是一個大奇蹟。但是，另一方面，假如你真的有心，當你發下善願，送出你想像得到的任何電音和祈願，灑下美好，那麼，假如眾生是開放的，他們就有可能會感覺到某些東西。這不是不可能的，首先你得要有空性的電線；其次，確定其它線路沒有佔線，他們的電話不是忙線中。將所有對的因緣聚集在一起要花時間，要有這種機會是有點困難。也許你有福德，但你不知道要去哪裡發送，因為你沒有電話線或是衛星傳送。

當迴向我們所製造的美好、美德時，必須是某些被創造出來的東西，而且我們也必須知道要如何迴向。假如別人還沒準備好去接受，祂們可能不能立即接收到。但有一個保證：在你開展悲心的那一刻，至少你是立即受益的。你的心轉向正面的方式：那是悲心的瞬間、保證的利益。其他眾生是否立即受益，是不能保證的，雖然他們在某個時候會受益。你肯定會在未來利益他們，但這可能會花上一些時間。

學生：可否請您再多解釋一下，加持力和上師虔誠心是一種加強本覺狀態的方式？為何上師瑜伽會加強本覺？

仁波切：假如吾人想要了悟心的本性，絕對有加持的需要。現象有時可能會「污染」空性。為了要讓你免於這種污染，來自上師的加持是非常重要的。你的心需要某種力量，以便讓它開放和受影響，需要一位和你的心溝通的上師。這是可能的，因為兩顆心都有著同樣的質地。要真正有作用，你需要某人的開悟之心，來影響你的心，來迎請能影響你的心釋出執著的加持。你需要加持來放下。

首先，你必須了解「加持」這個詞。你可能不喜歡這個字，所以我們可以用別的詞彙，像是特殊氛圍，或是能夠啟發或影響你的特別能量。偉大上師修行過、禪修過、並在那裡獲得開悟的地方，可得到加持。但是，我們可以接受各種不同的影響。誠如你們所知，一個人能被正面或負面地影響：可能會有好的影響或壞的影響。

加持或多或少是神奇的。在認出本覺之前，前行法——在這種情況下，是上師瑜伽的修行——清除了障礙，並形成了認出見的善緣。透過加持，認知的本性甚至變得更為敏銳。透過加持，本覺的相續甚至變得更持久。整個重點在於加持。你得到加持與否，是個沒有定論的問題。接受到加持就像是甦醒過來，又活過來一般。這不是一個技術性的解說，猶如你打開了上師瑜伽的開關，於是認出本性將照得更亮些；打開另一個開關，它就延伸地更多些。在此無疑地是有個關連，但這個關連的體性是由加持所構成的。正是加持，讓奇蹟有可能出現。要準備這個小小的加持奇蹟，你必須做真誠的祈請。受到祈請所產生的虔誠心，使你開放。藉由虔誠心而來的開放，你能夠接受到加持，而加持自會照料所有其它的部份。

關鍵點是臣服的態度，在西方並不太容易了解這點。對某些人來說，對這點似乎有點大障礙。無論如何，臣服僅是：「你最知道！你想要怎樣，就丟給我，這對我都不再重要，我徹底地服從。」這種態度是使一個人得以對加持開放的原因。重要的是了解到，臣服不是只對你肉體的上師而已。只對一個你碰巧有關連的人臣服，會有點太過狹隘了，甚至可能會多少有點冒險，假如這個人碰巧是一位徹頭徹尾的壞人的話。像這樣地臣服於某人，會有嚴重的後果；這**不是**我在這裡所說的意思。你對整個佛、法、僧、四身、以及證悟的整個傳承開放。

寧可，你是臣服於**上師原則**，可以這麼說。你說道：「好吧，我現在放棄！我徹底地臣服。」在此的真正目的，是要引領每個人證悟。但從這個原則的觀點看來，你不再在乎會發生什麼事：「就接管一切，你可以對我做任何你想要做的。給我壞運氣，我不在乎。」當然，一位證悟的大師是不會給人壞運氣的，但從吾人自身的觀點看來，是要摒棄一切概念性的希望和目的，放下一切。就是這種釋放或承諾的感覺，實際地讓吾人開放到充滿了加持。

否則，一般唯物的心態是：「假如我按這個按鈕，那麼我就得到那個。假如我按別的按鈕，我就得到這個和這個。」這會變得非常技術性，假如你老是試著在你的修行上，要做對的事，要按對的按鈕。以這種控制的心態，你會實際得到多少的加持，是非常令人質疑的。除非你能百分之百地信任別人，你不能擁有百分之百的清淨感覺，也不能有百分之百的愛。沒有了可媲美的信任與愛，是很難有百分之百的開放的。要接受加持，你得要**完全地**開放，陶醉在虔誠心中，幾乎就像是你的真正初戀般。

精進

佛教的顯教強調精進，這事實上是**六度**、超越的美德之一。誠如你們所知，六度是布施、持戒、安忍、精進、禪定、和般若。我們已經非常仔細地談過了第五度和第六度——以修止形式的禪定，和本覺的真正般若，就**般若波羅蜜多**的角度而言，這能發現心是完全離於任何的造作，沒有根源也沒有基礎。

我想要談論一個關於精進和努力的要點：有可能會搞錯這兩者。大圓滿的修行是不費力的修道，但那並不表示我們就可以往後躺、不做任何事。事實上，有一種毋須努力的精進方式，一種**不費力的精進**方式。為了要正確地了解這個，我想要界定費力和不費力之間的差別。我也想要提出精進的戒律和超越的精進。

一般來說，精進是對付懶惰的對治法。何時我們會覺得懶惰？一個情況是我們應該要在禪定中入定的時候。有一種要懶惰的引誘，我們就讓步了，於是入定的狀態、禪定狀態，就失去或消散了。事實上，懶惰的生起是因為習性的緣故。其生起是一種習性，在某一刻被引誘了，於是這個人就被其帶走了。但非常好地安住在不造作的本覺狀態中，本身就是精進的圓滿、超越的精進。為什麼？因為當懶惰的串習出現時，自然就被解脫。當懶惰被自解脫時，就沒有需要應用一般的對治法、即概念性的精進來對付懶惰。假如我們刻意試著要精進，那麼本覺就變成了概念性的。因此，那時沒有需要去特別精進。保任在本覺的狀態中本身，就是精進的圓滿。

另一個例子，是當我們在座下時從本覺散逸，我們不真的覺得在禪定時。鬧鐘設定在早晨六點鐘，但當它響起來時，我們覺得：「我可以在這裡再躺上五分鐘——沒問題的。」我是這方面的專家！那就是我們需要一般精進的時刻：超越的精進還未是問題的時候。我們必須告訴自己：「起床！」我們需要對自己嚴格一點。試著同時設定兩或三個鬧鐘，散落在房間裡你勾不到的地方。這是一個好的伎倆，因為那樣你就得要真的起來。一旦你站起來了，你可能覺得不想動，再一次，心又有被困在懶散裡的誘引。反而，要振奮起你的心境，想著：「嘿！我才不想要對這個煩惱習性讓步，我不想接受這個懶散的呼喚。」馬上起身，假如你有手鼓和鈴，就搖鈴打鼓。觀想一切諸佛、菩薩、勇父、空行、在此刻都出現在你面前的虛空中，聲勢壯大地充滿了無盡的天空。這時祂們告訴你：「你為什麼還睡著?!醒過來!你已經耗了半輩子在睡覺上，現在你還想睡更多?起來，甩掉這個癡!!你三十歲了，你已經睡掉十五年了，你不知道什麼時候會死去——你可能在兩分鐘內死去。誰知道?起床!做一些精神的修行或做一些事;這麼懶惰毫無意義。」所有的勇父和空行不斷吵著你，直到你起床為止。

事實上，這是一個締造更精進環境的傳統修行。這稱做醒來的修行，有一個伴隨的唱誦:「不要睡!不要睡!從無明中醒來!」這是一個短的唱誦，有幾句是關於人身難得、無常、你的好運、以及除非你修行否則人生就是虛度的。在唱誦時，你搖鈴打鼓，觀想勇父和空行在你的房間裡跟你在一起。這是一醒來就立刻做的修行，一起床就立刻做這個唱誦。

你看過電影《今天暫時停止》(*Groundhog Day*)嗎?當你起床時，以演奏一段曲調來取代鬧鐘是有可能的。你可以將唱誦:「不要睡!不要睡!從無明中醒來」錄起來。為什麼不呢?緊接著在這個唱誦之後，你應該認出心性。然後給你的心一點愛、培養一些慈心和悲心、一些止，然後溫柔地讓這個平靜狀態的本質，轉成為智慧。換句話說，在本覺中任其自然。一旦本覺的狀態成為事實，你就不需要其餘的念頭:「我要怎樣改善這個?我要如何延長它?我必須真的在本覺上精進。」那只會讓本覺變糟。換句話說，在入定的狀態中，即本覺自身時，我們不需要刻意的精進，因為超越的精進已然存在了。只有在我們一旦從本覺的狀態中散逸時，才需要提醒自己。假如我們在本覺的狀態中，運用刻意的精進，事實上只會將這個狀態變成概念性的而弄糟它。在入定期間，有著超越的精進，而在座下時，我們才需要一般的精進。

你知道這些句子：「盡力」和「不要做任何事」。我們需要知道什麼時候要應用哪一個。「盡力」是當你在懶惰時——斬斷懶惰……砍—砍。我們有這個懶惰、嘀咕、和抱怨的串習。這需要切掉，這不是什麼大不了的事。我們不用對懶惰的串習想太多。對付懶惰的最好對治法，就是四次各十萬遍的前行法。一旦你在合理的時間裡完成這些，你的懶惰就會全被切掉，好讓你能夠精進並徹底放下。前行會將這個對懶惰讓步的習性剁成碎片。

我們應該達到一定的準備程度，好讓我們願意馬上修行，不管我們身處何處，不用準備一大堆**然後**修行。有人對我說在美國，除非某些事情計畫好，否則修行是不會出現的。顯然每個人總是忙著先前就計畫好的其它事情。因此，本覺的狀態需要被計畫好，並放進每日的行程裡，這樣才有一個早晨和晚上的時段，好獻給本覺。要你的秘書提醒你：「老闆，這是本覺的時間：你和本覺的約會在早上十點四十五分。」這有什麼不對？這是重要旅程的一部份，不是嗎？不然，每天修行二十五分鐘或一個小時，將之放在一個指引禪修的脈絡下去做，並應用皈依和菩提心的觀想。在日修的座上，你可以將這些稍微縮短些，所以在半小時的時間裡，你可以花三、四分鐘在皈依和發菩提心上然後僅是任其自然在禪定的狀態裡。假如這是本覺，很好，不然就修止。盡力試試看讓本覺的相續變得越來越久。你可以稱之為「官方的修行」，並放進你的日常規律裡。但除了這個「計畫好的每日覺醒外」，我們需要準備好在任何地方、任何時刻認出本覺。你的身體姿勢沒關係：你不用為了認出而先調整你的坐姿。

有時人們會說：「我現在正是不好過的時候，但再過兩年，我就可以退休？成為全心的禪修者。」這種思考的方式，事實上是懶惰的一種騙人形式。假如你順從這個念頭，你就會在真心修行前等上兩年。那時，兩年已過了：「看看我的身體，我六十歲了，但不像過去，人們現在可以活到九十歲，所以我還有三十年的時間好活。拜現代科技、節食、營養品、運動等等之賜，活到八十歲不成問題。我至少還有二十年的時間可以修行。二十年是蠻長的時間！在我必須費心認真地修行前，還有五年可以輕鬆一下。」像這樣下去，有一天你會發現你的生命已經沒了。

我不是刻意要告訴你們壞消息——人們的確是這麼想的。因此，忠告是馬上修行，不管你碰巧處在什麼樣的狀況下。不管你在哪裡，假如你有五分鐘，修行，用不著太多的準備。在你有修行念頭的那一刻，馬上做。假如你只能在布置好之後修行，你可能永遠抽不出時間來做。準備只是和你的自我商議的另一種方式。人們喜歡找自私先生指點迷津，問要如何過他們的生活，然後他就會給很好的建言，出人意表地近似於你的願望。自私先生非常聰明；他非常熟知心理學。事實上，他是最好的心理學老師。他知道：「假如我這麼說，我的主人會喜歡。」自我試著取悅你的癖好，於是當然你就跟隨之。與其向自私請益，不如試著找到別的方式。

我現在不是在談論你的餘生，只是某一天而已。但假如你問自私先生要怎樣修行，哪怕只是一天，他都不會讓你做到那一點。自我知道你喜歡修行，所以它就附和並說道：「修行很好；我喜歡，但是你必須是舒服的，而且做對。你的環境應該乾淨又祥和。假如不是，你的心就會遊蕩。首先要確定每件事都對了，然後再修行——那時我也會很快樂。」自私先生有一種非常狡猾的討價還價方式，所以你就想：「哇！這真是個好點子。」你在你的房子裡設了佛堂，但這花了兩年的時間來完成。你很努力而且佛堂很昂貴，所以你的錢都花光了。你修行了一點點，然後你決定：「我還很年輕，所以在認真修行前，我應該工作、賺更多的錢。」你一直在拖延你的修行。你賺了一些錢，但之後認為你應該為你的佛堂買幅唐卡。你又耽擱了一年，就這樣持續下去。於是有一天你終於坐下來修行了，但你注意到燒的香干擾你，你擔心可能會對香過敏，所以你起身。人們出現的藉口，是沒完沒了的。這是將舒適擺在修行之前的心理。假如你一直屈服於藉口，就永遠不會發現完美的機會來修行。

在西藏有一種小哺乳動物，一種吃老鼠和其它小齧齒動物的肉食動物。當牠想要抓住一隻老鼠時，會坐在老鼠洞的入口，彷彿是在禪定和等待。然後，當一隻老鼠探出頭來時，這個更大的動物就攫住牠。「那裡頭一定還有更多。」牠這麼想：「與其現在就吃了這隻，我先留下牠並抓更多隻。」所以牠就把這受害者壓在屁股下、坐在牠上頭，繼續等著。當其它老鼠沒有很快跑出來時，牠就往前傾去看那個洞，那個被擠在屁股下的老鼠就一溜煙地逃了。另一隻老鼠跑出來，牠就攫住並坐在牠上頭。他想要抓住十隻老鼠，一個接著一個，但牠們全逃了，到最後沒有東西可吃。為什麼？因為牠一直準備著稍後要吃的東西，而忽略了眼前。到最後是餓肚子睡覺。

以這種態度面對修行，你將永遠不會修行。不管你在哪裡，無論你將經歷任何事，無論情況如何，就在那修行。當你去看醫生，坐在候診室裡時，就在那修行。假如你跟措尼仁波切有個面談，在排隊等候，就在那修行。當你打電話且在等候時，那時就修行；假如你是在本覺中，當他們終於回話打招呼時，你可以馬上就回應——但假如你是在蠢修中，他們會認為沒人在，就掛上了電話。不管你在哪，修行。當你回到家時，不要守株待兔地等待對的時機修行，因為對的時機永遠不會到來。請記得這點。這是我們需要的精進：當場就修行。

我覺得在現代我們有一個特別的障礙——一個叫做立即滿意的懶惰，當場覺得滿意的需求。有這麼多的小玩意兒和這麼多的情況，我們可以讓自己置身其中而給我們立即的滿意。這本身並不是問題；問題是實際上我們的心習慣於立刻的回饋，而且我們變得受制於這樣的期待。這是一個在當場修行的主要障礙。在昔日對精神修行者來說有別的障礙，像是被迫聽命於一國之君、是當地領主的奴隸、受制於家族的大家長而沒有資源可以離開去修行。今日我們擁有個人的自由；我們可以賺大錢並照顧自己。反而我們有別的阻礙佛法修行的問題，其中之一就是尋求立即滿意的串習。當你使用小玩意兒時，你期待它能立即奏效。假如天氣有一點冷，你馬上就穿上更多的衣物。假如有臭氣，你馬上就開空氣清淨機來清除。真的，雖然，輕微的氣味不會殺了你。或者你的椅子有點硬，那就讓你心煩。這不會殺了你或剝了你屁股的皮，但你覺得你得馬上站起來去拿個厚坐墊。假如你覺得有點睡意，你得馬上喝杯咖啡。回應這種衝動或串習而去尋求立即的滿意，只會給予暫時的緩解。這麼做，你便忙於這一切芝麻蒜皮的小事，而且似乎很難超越這些。當然我們為了自己的舒服而使用器物——這並不是我所談論的東西。是這種著迷才是問題。

某種程度的精進對臻至禪定修學的圓滿，是必要的。有一個密勒日巴給其主要弟子岡波巴開示的著名故事。密勒日巴有六個經常來去的主要洞穴。他從不會住在一個地方太久，而是每六個月之類的時間就移居。當他待在衛藏南方一個叫做年朗（Nyalam）的地方時，岡波巴問密勒日巴有關於精神修行的問題，他們有了許多討論。最後密勒日巴說道：「你不再需要跟著我的時間到了，你現在可以去任何你想去的地方，你不用特地去任何地方，只要離開去修行。這一生你和我可能不會再見面，但現在你得離開了。」這似乎是岡波巴得要斷除他對其上師的執著，這也是為何密勒日巴要他離開的原因。密勒日巴說：「你在早上離去，但我會陪你到途中。我通常不會這麼做，但既然這是我們最後一次的相會，我會送你一程。」

隔天早晨他們走上一座山脊，當他們抵達頂峰時，密勒日巴說道：「我有一個極為甚深的口訣還沒有傳給你。」岡波巴說道：「我是否該先做供曼達？有特殊的食子我應該用來當做佛龕的嗎？」密勒日巴回答道：「不用，你不需要準備任何東西。」他們又往前走了一下。岡波巴心想：「這就怪了。到現在我已經跟著密勒日巴許多年了，我從未感覺到有任何東西是我還沒有接受過的。」岡波巴自己對所有經典是極為博學的。他早已經是一位**班智達**，一位偉大的學者，但只有在他遇見密勒日巴之後，才獲得開悟。因為他廣博的精神教育，他下了沒有重要的法教尚未領受過的結論，他猜想著：「這個最後的法教是什麼？」

在小路上的某一處，密勒日巴停下來說道：「我不再往前走了，因為我不會待在世俗人的村子裡。」然後，他突然拉起他的簡單棉袍，所以他的臀部全被岡波巴看見。「摸摸看！」他說。岡波巴伸手過去感覺密勒日巴結滿繭的屁股。這硬得就像是犛牛的角一般，是來自於他多年的禪定修行。密勒日巴對他說：「你有了一切的法教，但假如你想要等同於我、你的父親，你的屁股就得像我的一樣！像我一般精進！」這是他最後的法教：沒有任何開悟是不用精進的。

在俗世自在生活的大圓滿之道

作　　者：措尼仁波切（Tsoknyi Rinpoche）
英　　譯：艾瑞克・貝瑪・昆桑（Erik Pema Kunsang）
　　　　　瑪西亞・賓德・舒密特（Marcia Binder Schmidt）
中　　譯：劉婉俐

總　策　劃：釋了意
主　　　編：洪淑妍
責任編輯：汪姿郡
美術編輯：黃偉哲

發　行　人：周美琴
出版發行：財團法人靈鷲山般若文教基金會附設出版社
地　　址：23444新北市永和區保生路2號21樓
電　　話：(02)2232-1008
傳　　真：(02)2232-1010
網　　址：www.093books.com.tw
讀者信箱：books@ljm.org.tw
總　經　銷：聯合發行股份有限公司
法律顧問：永然聯合法律事務所
印　　刷：東豪印刷事業有限公司
劃撥帳戶：財團法人靈鷲山般若文教基金會附設出版社
劃撥帳號：18887793
二版四刷：二〇二三年八月
定　　價：新台幣400元
I S B N：978-986-95591-1-9

國家圖書館出版品預行編目(CIP)資料

在俗世自在生活的大圓滿之道 / 措尼仁波切(Tsoknyi Rinpoche)著；
艾瑞克.貝瑪.昆桑(Erik Pema Kunsang), 瑪西亞.賓德.舒密特(Marcia
Binder Schmidt)英譯；劉婉俐中譯. -- 二版. --
新北市：靈鷲山般若出版, 2017.11
面；公分
ISBN 978-986-95591-1-9(平裝)

1.藏傳佛教 2.佛教修持 3.生活指導

226.965　　　　106020325

靈鷲山般若書坊

FEARLESS SIMPLICITY: The Dzogchen Way of Living Freely in a Complex World
by Tsoknyi Rinpoche and Foreword by Sogyal Rinpoche